CBS 가스펠산책

찬양속의 숨겨진 감동 스토리들

찬양 톡톡

위경환

디아콘

CBS 가스펠산책

찬양속의 숨겨진 감동 스토리들

찬양 톡톡

발 행   2019년 12월 20일
지은이   위경환
펴낸곳   디아콘
주 소   서울시 마포구 독말로 6길 9(합정로) 2층 2376호
전 화   070-7578-6804
           diatoon.com 기독만화
           holygift.co.kr 기독쇼핑몰
           hokmawi@daum.net 출판문의

가 격   15,000원
ISBN   979-11-967676-2-4(03230)

CBS 가스펠산책

찬양속의 숨겨진 감동 스토리들

찬양 톡톡

위경환 목사 페이스북

목 차

𝄞

은혜로운 찬양 톡톡

시대를 열어가는 찬양 톡톡

절기에 부르는 찬양 톡톡

영화 OST 찬양 톡톡

수련회를 불태우는 찬양 톡톡

QR(큐알)코드로 찬양집회 현장 보기

QR(큐알)코드 사용방법
1. QR(큐알)코드를 인식하기 위해서는 스마트폰의 Play스토어에서 QR(큐알)코드 스캐너 앱을 설치해주세요.
2. QR(큐알)코드 스캐너 앱을 실행하고 렌즈를 켜시거나 책에 나오는 QR(큐알)코드를 맞추면 찬양과 방송 실황, 관련된 동영상을 볼 수 있습니다.

"찬양은 몸으로 하는 겁니다."

♩

　최용덕 찬양사역자는 목소리를 잃었습니다. 찬양사역자가 목소리를 잃어버리는 것은 사형선고입니다. 그는 목소리가 나오지 않는데도 마치 베토벤처럼 찬양 사역을 계속하고 있습니다. 그가 작곡한 많은 곡은 한국 교회에 큰 영향을 미치고 있습니다. 그가 찬양하는 모습을 보았는데 온 힘과 마음을 다해 찬양하는 모습이 감동적이었습니다. 높은음이 나올 때면 마이크를 안고 울먹이며 기도하였습니다. 다른 가수들과 같이 찬양하는데 그가 높은음을 낼 수 없으니 마이크를 부여잡고 하늘 향해 우는 모습이 더 감동적이었습니다.

　그때 '찬양은 노래가 아니라 삶과 영과 몸으로 찬양하는 것'임을 깨닫게 되었습니다.

　그는 그 와중에 '낮엔 해처럼 밤엔 달처럼'이란 곡을 통해 인생의 밤에 달처럼 살고 싶어 하는 고백을 들으며 마음이 저미어 왔습니다.

　"넘지 못할 산이 있거든 주님께 맡기세요. 넘지 못할 파도 있거든 이럴 때 우린 누굴 의지 하나요. 주님밖에 없어요" 의 찬송을 부르며 삶의 막다른 길에서 주님을 또 한 번 만난 그의 모습이 그려져 숙연해졌습니다.

　딸 노아를 잃고 나서 "오 신실하신 주를", "하나님 한 번도 나를 실망시킨 적 없으시고" 부르던 생각할 때 참 많이 울었습니다.

　찬양은 우리의 삶이요, 우리의 신앙고백입니다. CBS에서 찬양 톡톡이란 프로그램을 1년 동안 진행하면서 찬양 속에 숨겨진 사연들을 찾아내면서 제 삶이 부끄럽기도 하고 참 아름다운 신앙인들의 찬양을 보며 주님의 사랑에 운 적이 한 두 번이 아닙니다. 그래서 그 감동을 같이 나누고 싶어서 이렇게 책을 쓰게 되었습니다.

그리고 우리 주변에는 찬양하며 인생의 낮과 밤을 몸으로 찬양하는 사람들로 가득 차 있습니다.

지금은 하늘나라에 있는 내 친구 경연이는 "주님 사랑해요"를 좋아했습니다. 주님께 미안하다고요. 그래서 사랑한다고밖에 못한다고

지금은 하늘나라에 계시는 어머니는 "저 높은 곳을 향하여 날마다 나아갑니다"를 좋아했습니다. 삶이 아프고 힘들어서 하나님만 바라본다고...

제가 좋아하는 목사님은 "나 같은 죄인 살리신 주 은혜 놀라워"를 심방 갈 때마다 부릅니다. 왜 인지 모르지만, 주님의 은혜만 생각하고 싶어 하는 맘이 느껴졌습니다.

먼 옛날 아버지가 되어 주시겠다는 목사님은 항상 "주님 다시 오실 때까지"만 불렀습니다. "왜냐" 물으니 "목사가 뭣 때문에 사니 그날을 준비하며 살아야지." 라고 대답했습니다. 그래서 그분의 비전이 좋아 미쳐 살았습니다.

난 실로암을 좋아합니다.
"어두운 밤에 깜깜한 밤에 새벽을 찾아 떠난다."
찬양하면서 어두운 맘 깜깜한 맘이
언제나 새벽이 되듯 빛을 얻고
사랑을 얻었기 때문입니다.

"오 주여 감사하리라 실로암 내게 주심을"
오늘도 당신을 만난 곳에서
당신을 기다리며 찬양합니다.
"나 같은 죄인을 사랑해 주셔서 감사합니다."

요즘은 하니의 '행복'이란 찬양을 부릅니다.
'이것이 행복, 행복이라오,
세상이 알 수 없는 하나님 선물
화려하지 않아도 정결하게 사는 삶
가진 것이 적어도 감사하며 사는 삶
내게 주신 작은 힘 나눠주며 사는 삶'

마음이 힘들어 행복을 잃으려 할 때 이 찬양을 하면 행복한 것들이 헤아릴 수 없을 정도로 생각이 나서 행복 해지기 때문입니다.

찬양은 몸으로 하는 겁니다. 찬양은 몸으로 할 때 진짜 찬양하게 됩니다. 찬양은 몸으로 할 때 주님과 만납니다. 찬양은 우리의 삶이요, 우리의 신앙고백입니다. 찬양은 주님에 대한 우리의 사랑이요. 주님께서 우리에게 하신 말씀입니다. 이 땅 모두가 찬양하는 그 날까지 찬양하길 원합니다.

주님의 마이크가 되길 원하는 위경환 목사

찬양톡톡의 이모저모

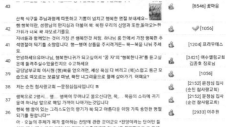

추천사

한국교회가 큰 위기에 봉착했다는 얘기를 들을 때마다 안타깝기 이를 데 없습니다. 이런 지적이 나온 게 한두 해가 아닌데 왜 해결의 실마리가 풀리지 않을까 고민해 보기도 했습니다. 어떤 목사님께서는 '예배가 회복돼야 교회가 바로 설 것이다'고 말씀하십니다. 전적으로 동감합니다. 교회나 목장, 가정에서 드리는 예배도 회복돼야 하지만 우리 삶이 송두리째 하나님께 드려지는 예배가 될 때 비로소 하나님이 대한민국을 영적 이스라엘이라 부르시며 크신 은혜로 축복해 주시지 않겠는지요. 특히 예배는 경배받으실 대상인 하나님에 대한 충실한 이해가 전제돼야 한다는 생각도 해봅니다. 우리를 사랑해주시는 분을, 우리가 사랑하고 싶은 분을 잘 알지 못한다면 진정한 예배가 어렵다고 여기는 까닭입니다.

예배의 필수요소라 할 찬양 역시 회복돼야 하는 것이 중요합니다. 특히 찬양에 얽힌 사연과 작곡가의 삶, 역사적 배경 등을 이해하고 찬양을 부를 때 그 찬양에 더욱 은혜를 받게 되고, 하나님을 훨씬 기쁘시게 해드릴 수 있을 것이라 믿기 때문입니다. 이런 이유로 위경환 목사님이 쓰신 이 책은 큰 의미가 있다 하겠습니다. 바쁜 사역의 와중에도 꼼꼼하게 원고를 준비하고, 생방송을 통해 청취자들이 진정한 찬양을 부를 수 있도록 수고를 아끼지 않으신 목사님께 감사의 마음을 전합니다.

목사님의 헌신적 노력이 밀알이 되어 한국교회에 찬양이 회복되고, 예배가 회복되며, 하나님께서 싱글벙글해 하실 그 날을 손꼽아 기다립니다.

전남 CBS 김의양 본부장

사랑하는 친구 위경환 목사가 책을 썼습니다. 위경환 목사는 불타는 열정과 깊은 감동이 있는 사람입니다. 가는 곳마다 그 불이 붙습니다. 그를 만나면 사람들이 울고 웃으며 변화가 됩니다. 그의 책이 그를 닮았습니다. 감동이 있습니다. 눈물이 있습니다.

CBS 사목 친구 김욱 목사

위경환 목사님과 찬양 톡톡을 진행한 지 1년이 되었습니다. 톡톡 튀는 유머와 들려주시는 찬양 이야기는 남들이 생각하지 못한 심리 상태까지 해석해서 들려주었습니다. 그리고 역사에 대한 해박한 지식이 하나님의 깊은 섭리를 깨닫게 했습니다. 이 책의 찬양의 이야기를 통해 더 깊은 주님의 은혜를 느끼고 싶으신 모든 분께 추천합니다.

가스펠 산책 진행자 CBS 아나운서 유영주

말씀과 기도 그리고 찬양이 균형 잡힌 사역은 아름답습니다. 위경환 목사님은 약 5년간 지근거리에서 함께 신앙생활을 해오며 그런 모습을 보여주셨습니다. 특히, 낯익은 전남 CBS 스튜디오에서 '찬양 톡톡'을 진행하는 카톡 사진 모습은 나이보다 훨씬 젊게 느껴집니다.

다윗은 시편 133편에서 "보라 형제가 연합하여 동거함이 어찌 그리 선하고 아름다운고"라고 노래하였습니다. 교회음악(敎會音樂:Church music)의 목적은 하나님을 찬양하기 위한 음악입니다. 찬양 톡톡은 교회음악의 배경과 사연이 소개되며 이를 통해 살아계신 하나님을 청취자와 공감하며 가슴에 새겨지는 믿음과 눈물로 화해를 경험케 합니다.

위경환 목사님은 귀한 달란트를 바쁜 목회시간을 쪼개어 헌신했습니다. 그 감동의 순간순간 메모하고 싶은 여운들을 친절하게 기록으로 엮어내어 믿음의 형제들과 나누신다고 하니 감사드리며 응원 드립니다.

전남 CBS 합창단 단장,
순천시 의사협회 회장,
위앤장서내과 서종옥 장로

부산에서도 방송을 들으면서 위목사님의 곡의 깊은 이해와 메마른 이 시대의 신앙인들에게 던져주는 메시지와 영성을 담은 멘트로 깊은 감흥이 함께 하였습니다. 더 많은 애청자들에게 들려줄 이야기 기대 하고 기다리며 기도합니다. 감사합니다.

부산성시화운동본부 사무국장 성창민 목사

믿음의 스승들의 추천사

찬양은 언제나 우리의 마음을 하나님께로 향하게 합
니다. 우리 교회는 매년 가을이 되면 말씀과 찬양, 간증
이 있는 아주 특별한 밤(감사특밤)을 갖습니다. 그때마
다 찬양사역자를 초청해 그들의 간증과 곡을 쓰게 된 사
연을 듣습니다. 찬양에 담긴 그들의 고백과 감사를 알게
되면, 같은 찬양을 하더라도 얼마나 은혜가 되는지 부를 때마다 눈시울이
뜨거워집니다.

새로운 찬양을 부를 때면, 이 속에는 또 어떤 고백이, 어떤 사랑이, 어떤
눈물의 기도가 들었을까 궁금해집니다. 그런 제 마음을 알기라도 하듯 위
경환 목사가 찬양 속의 숨겨진 감동 스토리들을 찾아서 "찬양 톡톡"이라
는 책을 출판하게 되었습니다.

예전 위경환 목사, 친구 김욱 목사, 김경연 목사가 마치 삼총사처럼 저
희 한소망교회를 신실히 섬긴 적이 있습니다. 세 사람이 소예배실에 둘러
앉아 기타를 치며 "나 무엇과도 주님을 바꾸지 않으리 다른 어떤 은혜 구
하지 않으리" 찬양하던 모습이 지금도 눈에 선합니다. 그때의 찬양은 자신
들의 신앙고백이었고 주님을 향한 사랑의 고백이었습니다. 위경환목사는
지금도 그 고백을 신실히 지켜가고 있습니다.

찬양에는 그리스도인의 기쁨이
담겨 있고, 신앙고백이 담겨있고, 감
사와 기도가 담겨 있습니다. 위경환
목사는 대한민국을 대표하는 찬양사
역자들의 삶과 그들이 지은 주옥같은
찬양의 이야기를 담백하게 써내려갔
습니다. 이미 라디오 "CBS 찬양 톡톡"을 통해서 많은 사람들이 위로와 감
동을 받고 있습니다. 그러나 책은 라디오와 달리 두고두고 읽을 수 있습니
다. 이 책을 통해 두고두고 찬양속의 은혜와 감동을 펼쳐보시기 바랍니다.

믿음의 아버지 한소망교회 류영모 목사(CBS 이사장)

위 목사님은 기타도 잘 치고 목소리가 좋아서 찬양
에 큰 은혜가 넘칩니다. 우리 교회 찬양 예배 때 찬양 인
도를 하면 은혜가 충만합니다. 우리 위 목사님은 누구
보다 열정이 넘칩니다. 에너지가 넘칩니다. 그래서 모든
일에 적극적입니다. 그 열정으로 교우들을 사랑하고 섬

 깁니다. 그래서 성도들이 어떤 찬양
으로 은혜를 경험하고 일어서는지 잘
알고 있습니다. 찬양이 은혜로운 이
유는 그 찬양의 배경을 잘 알고 있기
때문입니다. 이 책을 통해 찬양을 깊
이 할 수 있기를 바랍니다.

믿음의 아버지 금당남부교회 박병식 목사

위경환 목사님은 손양원 목사님의 순교지인 애양원
에서 멀지 않은 곳에서 7남매 중 막내로 태어났습니다.
순교자의 신앙을 가지신 어머니는 모진 핍박을 이겨내
고 그 동네에 교회를 세우셨으며, 한 마을을 복음화시키
는 일에 큰 공헌을 하셨습니다. 위경환 목사님은 그 어
머니의 손을 잡고 어린 시절 새벽기도회부터 다니기 시작했고, 어머니가
들려주신 하나님의 말씀으로 신앙이 자랐습니다. 중학교에 다닐 때 그 교
회에서 열린 부흥회에 참석하여 뜨거운 성령체험을 하고 목회자가 되기로
서원했습니다. 비록 어린 나이였지만 주님을 위해서 무엇인가 해야겠다는

 생각으로 아동부 교사로 자원하여 봉
사했는데 그때 맡았던 반이 30명으
로 불어나는 놀라운 체험을 했습니
다. 중학교를 졸업하고 서울에 올라
와서도 중고등부와 청년부를 섬겼는
데, 그때마다 섬기는 부서에 놀라운
부흥이 일어났습니다. 그것은 목사님

안에 복음에 대한 열정과 영혼 사랑이 가득 차 있었기 때문입니다.

저는 한동안 위경환 목사님과 같은 교회를 섬겼습니다. 목사님이 맡은 사역과 부서에는 언제나 놀라운 변화가 일어납니다. 그리고 그 변화의 현장에는 언제나 찬양과 기도가 있습니다. 목사님은 먼저 찬양단을 조직하였고, 뜨거운 찬양으로 사람들의 마음 문이 활짝 열리게 했습니다. 기도와 찬양으로 주일예배와 철야 기도회의 분위기를 바꾸었습니다.

목사님은 섬기는 교회뿐 아니라 다른 교회, 선교단체, 군부대 찬양 집회, 청년 연합 찬양 집회 등 여러 곳에서 찬양 집회를 인도했습니다. 목사님의 찬양 인도에는 언제나 하나님의 임재와 신비로운 은혜가 있어 눈물이 나고, 회개가 일어나며, 새로운 삶을 위한 결단을 하게 됩니다.

목사님에게는 특별한 찬양의 은사가 있지만, 그 은사를 개발하기 위해서 부단한 노력도 하신 분입니다. 교회마다 찬양단은 있으나, 하나님의 임재는 없고, 유명한 찬양단을 흉내 내는데 그치는 경우가 많습니다. 이것을 안타깝게 여긴 목사님은 하나님이 기뻐하시는 진정한 찬양사역자가 되기 위해 부단한 노력을 했습니다. 찬양을 공부하기 위해 경배와 찬양학교와 어노인팅, 프리즈 음악신학교 찬양사역자반을 수료하였으며, 개인적으로 찬양 예배와 영성 훈련에 많은 시간을 할애하여 공부하였습니다.

위경환 목사님은 그동안 해박한 찬양에 대한 지식을 바탕으로 찬양프로그램인 'CBS 찬양 톡톡', 'CTS 라디오조이 가스펠스토리', 'CTS 라디오조이 탈무드 스토리'를 진행해왔습니다. 목사님은 이 프로그램에서 청취자들에게 성도들이 애창하는 찬양이 만들어지게 된 배경을 설명했습니다. 찬양은 주님을 만난 경험이고, 주님께서 그 사람에게 들려주신 소중한 음성이며 깨달음이기 때문에 그 찬양이 만들어지게 된 배경을 알고 부르면 은혜가 배나 더 한다는 것입니다. 방송을 들으면서 애청자들이 몰랐던 사실을 새롭게 깨닫고 감동의 눈물을 흘렸는데 방송에서 함께 나누었던 은혜를 오래 간직하고 싶어 책으로 묶어서 소개하게 되었습니다. 이 책은 일반 성도들은 물론 예배자, 찬양사역자들에게도 큰 은혜가 되며, 귀중한 자료가 될 것입니다. 이 책이 읽히는 곳마다 찬양의 현장에서 있었던 성령의 임재와 기름 부으심이 있기를 기도하며, 귀한 책을 적극 추천합니다.

믿음의 아버지 예장 통합 총회 선교부장, 봉일천교회 김용관 목사

위경환 목사님이 우리교회에 부임하시어 육중한 몸매에 기타를 치며 열정적으로 찬양하는 모습이 생각이 납니다. 찬양 인도하실 때마다 시간 가는 줄 모르고 이마에 땀방울을 닦으면서 열정적으로 찬양 인도를 하실 때 많은 은혜를 받습니다. 그런데 어느 날 운전하면서 CBS 전남 방송을 듣는데 목사님이 아나운서와 같이 '가스펠 산책의 찬양 톡톡' 진행을 맡고 있었습니다.

저희가 전혀 알지 못한 찬양 속에 숨겨진 사연들을 찾아내어 청취자들의 이해를 돕게 설명할 때 많은 은혜를 받았습니다. 그러나 우리의 머리는 한계가 있어 잠깐 들을 때는 이해가 되지만 돌아서면 잊어버리는 놀라운 습성이 있음을 고백합니다. 그런데 다행히도 다시 한 번 볼 수 있도록 책으로 나온다고 하니 기대가 됩니다. 이 책을 많은 분이 보시고 위로와 소망을 얻기를 기도합니다.

금당남부교회 황금연 장로

저는 "눈을 들어 산을 보니 도움 어디서 오나"라는 찬송을 좋아합니다. 찬송을 통해 주님은 삶에 지쳐 고개 숙인 우리의 고개를 들게 하셨습니다. 찬양 톡톡을 통해 고개 숙인 많은 사람이 일어나는 것을 보았습니다. 힘들었던 찬양 작곡자들이 소개될 때마다 소개된 찬양곡들이 새롭게 보이고 새 노래인 양 찬양하게 되어 행복했습니다. 이제 책으로 나온다고 하니 그때의 기쁨을 다시 누리고 싶습니다.

순천 남노회 장로회 회장 진외문 장로

하나님을 사랑하는 사랑들은 아름다운 신앙 이야기가 있습니다.

가스펠 산책 찬양 톡톡의 시간은 천상의 메시지로 삶의 힐링을 주고 있습니다. 찬양 톡톡을 통해 들려지는 사연이 있는 찬양이 더욱 은혜답습

니다. 듣고 있노라면 하루가 행복하고 은혜가 넘칩니다. 언제나 함께하고 픈 최고의 코너입니다

전 순천 남노회 장로회 회장 김재근 장로

내가 깊은 은혜의 강가에서 주님께 드리는 찬송 324장, 예수 나를 오라 하네(I can hear my savior calling)는 1890년 E. W. Blandy가 작곡한 곡입니다. 아내가 암 투병 중에 있습니다. 한 영혼이라도 더 구하려고 같이 전도하는 아내의 모습을 보면 마치 암을 초월한 듯 보입니다.

이렇게 삶이 힘들어 절망의 길을 걸을 때, 주님은 우리를 부르며 '자기 십자가를 지고 나를 따르면 절망을 희망으로 바꿔 주신다'고 하셨습니다. 고난과 역경의 길에 있을 때에도 주님은 나를 부르면 염려와 두려움을 이기는 힘을 주셨습니다. 시련과 고난의 어둔 터널을 헤맬 때에도 주님은 나를 불러 마음을 다스리는 지혜를 주셨습니다. 우리 인생을 만드신 하나님은 인간의 매뉴얼을 아시기 때문에 주님은 나를 항상 주님께로 오라하셨습니다. 주님 없이 견디기 힘든 이 시간 이 찬양을 부르며 오늘도 힘을 냅니다. 아내와 멀리 서울 병원을 오가며 CBS 찬양 톡톡을 들으며 찬송하던 기억이 납니다. 그 때 내 사연과 비슷한 사연들을 들으며 힘을 얻었는데 이제 책을 통해 볼 것을 생각하니 기대가 됩니다.

금당남부교회 문왕철 장로(전 치앙마이선교사)

애청자 추천사

CBS 방송을 통해 듣게 된 가스펠 산책의 찬양 톡톡. 유쾌하다 못해 상쾌하며 통쾌까지…. 어랏! 또 감동과 눈물이 있고 웃음이 있고 사연이 들어있습니다. 완전 왕 팬이 되어버렸습니다. 그냥 듣기만 했던 찬양들을 풀어주십니다. 어떻게 이 찬양이 나오게 되었는지~~~

이곳엔 위로가 있고 치유가 있고 은혜가 있습니다. 그 통로 가스펠 산책 찬양 톡톡이 쓰임 받게 되고…. 많은 이들을 사랑으로 안아주는 전파전도사가 되어 하나님 나라가 확장됨에 참 아름답고 감사드립니다. 무엇보다 한결같이 한 자리에서 좋은 찬양을 선곡하고 들려주시는 아나운서와 목사님, 온 마음 다해 깊이 감사드립니다.

널리 널리 더 많은 이들에게 들려지기를 소망합니다.

그런데 귀로만 들었는데 책으로 나온다니 심장이 두근두근합니다. 기대됩니다.

저는 아들을 하늘나라에 보내고 슬픔 중에 있는데 딸 온유의 아픔을 간증하시는 장종택 목사님 말씀에 많은 은혜를 받았었답니다. 그 목사님의 찬양에 대해 나누시는데 종일 울었습니다.

광주 시청자 임주희

찬양 톡톡으로 찬양 지식뿐 아니라 배경과 비하인드 스토리까지 구체적으로 알려주신 위경환 목사님 ~♥진주 보석 같은 유 아나운서님, 감사합니다. 다이아몬드 같았던 찬양들이 눈에 선합니다. 전 소진영 간사의 스토리 중에 백혈병 속에서 깨달은 주님의 마음이 찬양되었다는 이야기가 기억에 남습니다. 가끔 힘이 들 때 "고단한 인생길 힘겨운 오늘도 예수 늘 함께하시네"라는 가사가 생각이 나서 한참을 울곤 합니다. 이번 주에 이곳 순천에 와서 뵙고 항상 옆에 있었던 사람처럼 느껴졌습니다. 이렇게 책으로 보니 더 자세하네요. 감사합니다.

프라우테스 최만승 집사

'바다 같은 주의 사랑'을 신청했습니다. 그런데, '바다 같은 주의 사랑'이 웨일즈 부흥 때 불린 곡임을 알고 더 은혜가 되었습니다.

마하나임 찬양단 박희석 장로

위경환 목사님, 기타 들고 찬양하실 때 너무 좋았어요. 기타 소리만. ㅎㅎㅎ 그래도 은혜는 되었어요. 사연들이 너무 감동적이라서요. 오늘도 바쁜 일상 중에도 변함없이 많이 준비하셨네요. ㅎㅎㅎ

대전 송미경 집사

영혼을 정화해 주는 아름다운 곡 소개해주셔서 감사합니다. 언제나 성령 안에서 성령의 법을 따라가며 살아갈 수만 있다면 참 좋겠습니다. 여호와의 이름만이 경고한 망대이자 피난처 되시죠. 정말 신나는 곡이네요. 잘 들었습니다. 그리고 조셉붓소의 찬양이 영혼에 울림이 되었습니다.

박선미 권사

항상 찬양을 들으며 힘을 얻었습니다. 저는 위경환 목사님 때문에 은혜 받고 새 삶을 시작했습니다.

파주 김철한 집사

여수성암교회 청소년, 주일학교 학생들이 이번 수련회를 통해 즐거워하는 모습 보면서 같이 즐겁고 신이 납니다. 찬양 톡톡을 통하여 더 큰 힘을 얻습니다.

여수 1465

샬롬 !!! 청소년 시절 'CCC' 전국 대회에서 '불과 같은 성령이여' 찬양으로 '은혜의 강가'를 거닐었던 생각이 나네요. 오늘 찬양 톡톡을 통해 현시대의 교회 교육을 다시 생각해봅니다. 마음으로나마 '팥빙수'를 보냅니다.

광양 교사 이시형

무더위를 식혀주는 촉촉한 비가 시원하게 느껴지는 시간입니다. 오늘도 찬양 톡톡과 함께 하시는 위경환 목사님께 감사드립니다. 강수정 선교사님의 "내 기도 들어 주소서" 신청합니다. 저의 사랑하는 남동생과 함께 듣고 싶습니다. 동생의 암 수술 당일 아침내 기도하며 눈물을 쏟았던 동생이 이제는 많이 회복되었습니다. 수술 전에 불안했던 동생에게 이 찬양을 보냈었는데 듣고 은혜받아 마음이 차분해지더랍니다. 누나가 대단히 사랑한다고 전해 주세요. 5537

신은영 전도사님의 'Return'을 신청합니다. 일 년 전에 이 찬양으로 종일 눈물범벅이었던 기억이 납니다. 그때의 제 마음을 담은 글과 함께 찬양을 듣고 싶습니다. "목사님. 주님을 너무 멀리 떠나 있었나 봅니다. 주님은 저를 떠나지 않으시고 손 내밀고 계셨는데, 제가 주님을 밀어내고 또 밀어내고 있었나 봅니다. 늘 후회하고 당신을 애타게 찾아도 잠시 뿐, 시간이 다 지나면 다시 뒤돌아서는 나 자신이 너무 싫지만, 다시 손 내밀어요. 내 마음을 드려요. 이 곡을 한 번, 두 번, 세 번 계속 반복해서 들었습니다. 기도할 수 없는 마음에 위로를 주셨습니다. 은진아, 난 네가 사랑하는 아버지란다. 하는 음성을 듣고 얼마나 울었는지 모른답니다." 오늘도 찬양 톡톡 감사합니다.

부산 아지매 주은진 집사

제가 아는 목소리 중에 목사님 목소리가 제일 은혜가 넘쳐요. 저 이 문자 보내려고 며느리에게 어렵게 배웠어요. 목사님 보내주신 방송 너무 감사해요.

파주에서 이희구 권사

찬양이란 단어만 나와도 은혜가 됩니다. 언제나 오후 예배 때 하나님을 찬양함으로 그 은혜로 말미암아 일주일 살아갑니다. 찬양 들을 때마다 제 아이들이 생각나고…. 우리 아이들을, 그들의 인생을 아버지께 전적으로 맡긴다고 고백합니다.

참사랑교회 문정심 집사

찬양 톡톡은 기쁨이고 감사입니다. 백성희 전도사

찬양 톡톡을 통해 위로와 소망을 얻었습니다.　　　　　　염선희 권사

저는 소진영 간사님이 기억에 남네요. 항상 귀한 찬양만이 아니라 찬양의 사연까지 들여주셔서 찬양을 깊이 할 수 있게 되었습니다. 항상 신나는 찬양 들으니 기분이 좋아지고 행복해지고 세상이 아름다워지네요.

꽃마음

오늘도 어노인팅에 대해 많은 것을 알게 되었습니다. 은혜는 많이 들어야 하나 봐요.

김한글 전도사

위 목사님께서 청소년 사역을 하시던 때 저는 다른 교회를 다니고 있었지만, 열정적으로 청소년 예배에 참석하는 딸을 좇아가 처음 목사님을 뵈었던 기억이 새록새록 납니다. 그때 왜 그렇게 찬양이 뜨거웠는지 찬양 톡톡을 들으면서 알게 됩니다.

일산에서 슬기 아빠

천관웅 목사님의 찬양 들으며 부르심의 사명을 다시 다짐하는 귀한 은총의 시간을 갖습니다. 정말 톡톡 튀네요.

양주에서 김유단 목사

목사님, 항상 사람을 웃게 해주십니다. 저희 새 가족부는 항상 목사님 때문에 웃습니다. 오늘도 웃을 수 있어서 행복합니다.

금당남부교회 김종흡 장로

방송 잘 들었습니다. 애써서 설명해주시는 모습이 참 아름답습니다.

이꾸라가오리

한동안 방송을 안 들었는데 목사님 때문에 다시 방송을 듣습니다. 항상 하나님을 깊게 찬양하고 싶습니다.　　　　　　김문주 집사

봄에 피는 꽃과 가을에 피는 꽃이 다른 점은 봄에는 잎보다 꽃이 먼저 핍니다. 왜 그런지 아시나요? 봄꽃은 겨우내 땅속에서 애를 쓰고, 가을꽃은 여름 내내 잎이 태양을 맞으며 애를 쓰기 때문입니다. 한편에 찬양 톡톡을 만들기 위해서 애써 주셔서 저희가 은혜의 꽃을 보았습니다.

일산에서 정춘남 권사

'왜 나만 겪는 고난이냐고~' 찬양에 대해 알고 싶습니다. 5년 전 남편이 부당 해고를 당해 참 많이 힘들었는데 이 일로 인해 기도하게 되었고 인격적인 주님을 만나게 되었습니다. 그래서인지 어지간하면 흔들리지 않을 믿음도 갖게 되었고 지금도 눈앞에 문제보다 그 뒤에 있는 주님을 바라보는 눈도 생겼습니다. 여전히 문제는 해결되지 않아 진행 중이나 이 고난 뒤에 주실 축복을 기대하며 찬양하고 싶습니다.

인천 송도에서 김미영

들고 싶은 찬양이 있습니다. 시와 그림의 '허리를 숙여 돌을 주으라'입니다. 이 찬양을 들을 때면 어떠한 어려움과 시련 앞에서도 주님이 함께하신다는 마음의 확신이 드는 것 같아서 참 좋습니다. 사랑하는 가족과 하나님을 사랑하는 모든 분과 함께 듣고 싶습니다. 주님 오늘도 동행해 주옵소서.

목사님의 수고와 헌신으로 찬양 톡톡에서 흘러나오는 찬양이 치유와 은혜가 넘쳐나는 것 같습니다. ♡♡♡

브엘세바 찬양인도자 이만호

감사합니다..항상 마음만 있어서 목사님의 찬양톡톡 방송 통해서 마커스워십을 알게 되었고 이제 매일 아침을 여는 찬양과 함께 시작합니다..구수한 목소리로 찬양 사역자들의 이야기를 듣는게 너무좋았습니다..물론 울교회 마지막주 찬양단 인도하실때도 그립고요..^^

이은진 집사

찬양 톡톡 사연들

은혜로운 찬양 톡톡

"낮엔 해처럼 밤엔 달처럼"의
찬미예수의 최용덕 찬양사역자

1. 최용덕 찬양사역자

최용덕 간사님(CCC)은 찬양 악보집 '찬미예수(Praise Jesus)'를 손수 그려서 만든 분입니다. 찬미예수 300에서 찬미예수 2000까지 나와 있습니다.

대구에서 CCC 사역, 찬미예수 찬양단을 조직하여 활동하다가 목소리를 잃어 버리고 나서 대전 인근 대청호 호수 옆에 어부동 갈릴리 마을에서 <해와 달>이라는 쪽지의 발행인으로 섬기고 있고. 글과 문서로 하나님을 찬미하며 그리스도의 복음을 전하고 이웃들을 위로 격려하는 사역을 하고 있습니다.

최용덕 찬양

2. 최용덕 간사의 대표곡

이분이 작곡한 곡들이 "나의 등 뒤에서", "가서 제자 삼으라", "이 하루도 정직하게", "내가 먼저", "넘지 못할 산이 있거든.", "오 신실하신 주" 등 있습니다.

3. 최용덕 간사의 고난

1) 목소리를 잃음

찬양사역자가 목소리를 잃었습니다. 동영상을 보았는데 높은음이 나올 때면 찬양을 부를 수 없어서 자신은 마이크를 안고 울먹이는 것을 보았습니다. 그 모습은 찬양하는 것보다 더 진한 감동으로 다가왔습니다. 그때 찬양은 노래가 아니라 삶이 찬양이라는 것을 알게 되었습니다.

그 와중에 작곡한 곡들이 "낮엔 해처럼, 바울처럼 예수님처럼 살 순 없을까?"인데, 목소리가 안 나오는 와중에 주님처럼 살고 싶은 마음을 노래한다는 것은 주님을 정말 사랑한다는 것입니다. 주님께 드릴 한 가지가 찬양인데 그것을 잃어버리고 원망도 할 법한데 예수님처럼 살고 싶다는 것은 다 주님께 맡기지 않고는 나올 수 없는 고백입니다. 그래서 찬양 부르는 것을 포기하고 찬양집을 펴내는 사역과 쪽지를 발행하면서 하나님을 사랑하는 사람들의 간증을 펴내는 새로운 사역을 하게 됩니다. 무엇이라도 남은 게 있다면 다 드리고 싶은 마음이 이 찬양과 그의 삶을 통해 표현되었습니다.

"넘지 못할 산이 있거든 주님께 맡기세요. 넘지 못할 파도 있거든 이럴 때 우린 누굴 의지 하나요. 주님밖에 없어요"

목소리가 안 나오는 것이 "넘지 못할 산"처럼 암담했을 텐데 "이럴 땐 우린 누굴 의지 하나요. 주님밖에 없어요." 하면서 주님이 주신 고난 때문에 주님과 멀어졌을 법한데 주님을 더 의지하며 부른 찬양이 큰 도전이 되었습니다. 이 찬양을 부를 때마다 "넘지 못할 산" 같은 일이 있을 때 큰 위로가 되는 찬양입니다.

많은 찬양이 최용덕 찬양사역자의 삶으로 부른 찬양이어서 한국교회
의 성도들이 은혜를 받는 것 같습니다.

2) 딸 노아를 하늘나라로 보내며

딸 아이(로아, 14)가 갑자기 몸이 안 좋
아졌습니다. 2012년 6월, 뇌종양이라는 청
천벽력과 같은 선고를 받고 서울 세브란
스병원에서 감마나이프 수술을 받았는
데, 그 이후로 무려 7년간이나 아무런 변
화 없이 참으로 건강하게 잘 지내왔는데,
7년이 지난 시점에 급작스럽게 말입니다.

이때 3가지 후회를 하게 됩니다.

첫째 후회는 딸 아이가 이렇게 급작스럽게 발병하기 두어 달 전부터
학우 문제로 아주 혹독한 스트레스를 받고 있었는데, 딸아이의 그 깊은 고
뇌와 아픔에 부모로서 적절히 대응하지 못한 사실입니다.

둘째 후회는 딸 아이의 건강을 돌보는 일에 대한 방심이었습니다. 7년
이나 괜찮았으니 괜찮겠지….

셋째 후회는 딸 아이가 두통을 호소한 이후 한 달 넘게, 그동안 부모로
서 중요한 결정을 내려야 했을 때마다 왜 좀 더 지혜로운 결정을 신속하게
내리지 못했을까 하는 후회입니다.

그런데 하나님은 이 때도 감사 거리를 주었습니다. 그는 이렇게 고백합
니다.

"이 세상에 머리카락 1mm가 새로 돋아오를 때 그것에 대해 기뻐하며
감사할 사람은, 항암제나 방사선 치료로 머리카락을 다 잃었던 암 환자가

아니라면 누가 그렇게 하겠습니까? 가족의 음성을 알아듣고 눈만 껌뻑거려도 그것이 기쁘고 감사해서 눈물을 흘리며 자녀의 뺨을 쓰다듬을 사람은 의식을 다 잃어버린 자식을 둔 부모 외엔 누가 그렇게 하겠습니까? 속을 좀 썩여도 좋으니 망나니 자식이 멀쩡하게 곁에 살아 있기만 하여도 감사할 사람은, 생사를 가늠할 수 없는 사투를 벌이고 있는 병석의 자식을 둔 부모가 아니면 누가 그렇게 하겠습니까?

그것이 재물이든 건강이든 무엇이든, 우리가 가진 것을 밑바닥까지 다 드러내야 할 때는, 진정한 감사의 사람으로 변화되는 훈련이 시작된 것입니다. 지금까지 우리가 당연하게 여기며 누렸던 그 모든 것들이 사실은 하나님께서 우리에게 친히 허락하신 소중한 선물이었음을 깨닫는 기회입니다."

이렇게 하늘 나라로 노아를 보내고 나서 작곡한 곡이 "오 신실하신 주"입니다.

이때 하나님께서 최용덕 간사에게 음성을 주셨는데 "노아가 나와 함께 있다"는 음성이었습니다. "그래요. 하나님과 함께 있지요. 우리 아버지, 영원한 아버지, 아픔도 고통도 없는 영원한 천국의 아버지와 함께 있지요." 하며 울며 찬양했다고 합니다.

"하나님 한 번도 나를 실망시킨 적 없으시고"

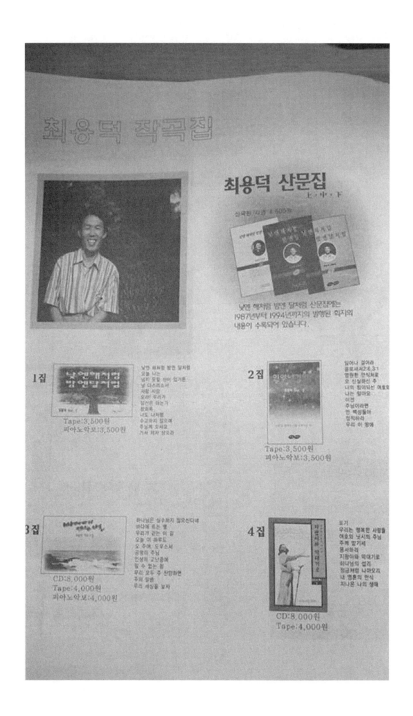

"주님 다시 오실 때까지"의 소향

$\clef treble$

1. 소향에 매스컴 평가

"한국 최고의 프리마돈나"
"미국의 벽을 뛰어넘을 수 있는 유일한 동양 가수라고 칭송을 받은 가수"
– 마이클 잭슨의 보컬트레이너 세계적인 보컬트레이너 세스릭스

"내가 만난 최고의 디바 중의 한 명이다."
– 스타제조기 데이비드 포스터 –
(마이클 잭슨, 셀린 디옹, 마돈나, 시카고, 휘트니 휴스턴, 마이클 부블레, 토니 브랙스톤, Earth, Wind & Fire, 안드레아 보첼리, 마이클 볼튼, 브라이언 아담스, 에릭 베넷, 샤카 칸을 배출 한 사람)

'나는 가수다'에서 최단 시간 가수들의 명예전당 오른 가수

"이 가수가 최고인 이유는 낼 수 있는 고음이 5옥타브 레#(D#7)까지 낼 수 있기 때문입니다."

소향을 소개하는 매스컴들의 반응입니다. 실력으로 세상의 어떤 가수들 보다 뒤지지 않는 실력과 가수입니다.

2. 소향의 달란트

1978년 4월 5일 광주 출생, 경희대 불문학과 졸업,

소향 찬양

20살 때 결혼, 대한민국의 CCM 가수이자 영화 시나리오 작가. CCM 밴드 POS의 보컬로 활동하다가, 2010년 대중음악계로 진출하였습니다. 국내 가수 중 고음과 테크닉에서는 말 그대로 전무후무하다 싶은 수준입니다. 리듬 앤드 블루스부터 락, 팝 음악과 가스펠, 발라드, 오페라, 뮤지컬, 힙합에 이르기까지 다양한 분야에서 전반적으로 수준급의 표현력을 보여 줍니다.

그녀가 소속된 POS의 곡 중 '반석 위에', 찬양사역자 고형원 목사가 작곡한 '주님 다시 오실 때까지'와 '마라나타'는 CCM계에서 대히트를 기록하고, 꾸준히 교회에서 불려지고 있습니다.

그녀는 가창력 외에도 작곡 능력과 글솜씨에도 뛰어난 재주가 있어, 자신의 음반 활동에 참여를 하거나 직접 쓴 책을 출간하는 등 여러 방면에서 자신의 꿈을 이루고자 하는 모습을 보였습니다. 소향은 현재 '크리스털 캐슬', '아낙 사이온'에 이어서 '사랑, 그 알고리즘에 대하여'를 집필하였습니다. '사랑, 그 알고리즘에 대하여'는 2019년 1월 16일부터 발매가 시작되었습니다.

그녀는 현재 가수로서 세계인들에게 인정받기보다 '크리스털 캐슬', '아낙 사이온', '사랑, 그 알고리즘에 대하여' 등의 작품을 '해리 포터'나 '반지의 제왕'과 같은 블록버스터급의 영화로 재구성함으로써 영화 시나리오 작가로서의 명예를 얻는 것이 자신의 훨씬 더 큰 꿈이라고 간증 영상에서 밝힌 바 있습니다.

'사랑, 그 알고리즘에 대하여' 이 책은 그리스도의 사랑을 쓴 것입니다. 그녀가 이제껏 경험한 예수님의 사랑에 관한 내용입니다.

3. 소향 가수의 인생 3단계

 그 가수 인생은 3단계로 나눌 수 있습니다.
① 초기 : 1978년~1998년: CCM 가수 초기 활동 시기
② 중기 : 1999년~2009년: POS와 중기 활동 시기
③ 현재 : 2010년~현재: 대중가수 활동 시기

1) 먼저 초기는
소향이 녹음실에서 연습하던 중 조환곤 전도사('방황하는 친구에게'의 작곡자)가 그녀의 노래를 듣게 되었습니다. 그 후, 소향은 그의 테스트를 거쳐 게스트 보컬로 발탁 되었고, 1996년 '음악이 있는 마을 가이드포스트'의 <방황하는 친구에게>로 데뷔하게 됩니다.
앨범 출반 후, 조환곤 전도사의 제안으로 소향은 그와 함께 1년 정도 선교단 활동을 하면서 집회 참여, 뮤지컬 공연 등을 하였습니다.

2) 그리고 중기 단계에 POS와 같이 사역을 하게 됩니다.
소향의 연습실은 그가 다니는 교회 바로 옆에 있어 교회의 목사와 연결되어 POS와의 인연이 시작되었습니다. POS(포스)의 멤버들은 소향이 다니고 있는 큰 믿음선교교회 목사의 자녀들로 구성된 팀으로 베이스, 키보드 치는 자매와 드럼 치는 형제로 구성되어 있으며 소향이 보컬을 맡았습니다.

Pos란 말은 헬라어로 '빛'이란 뜻이다. 2001년 3월 소향 & POS 1집 '이해', 2001년 9월 POS 2집 'Letter To The Sky', 2004년 9월 POS 3집 'Butterfly', 2007년 9월 POS 4집 'Dream', 2009년 2월 POS 5집 'Story'를 발매하며 '반석 위에', '주님 다시 오실 때까지', '꿈' 등의 히트곡을 탄생시켰습

니다.

1998년, 소향 1집을 발매하며 CCM 가수로 데뷔한 해의 어느 날, 새벽기도 중에 "결혼을 하지 않으면 유익이 없으리라"라는 하나님의 메시지를 듣고 막 교제를 시작하던 CCM 그룹 POS의 리더 김희준과 결혼하였다고 합니다. 이때가 20살 때입니다. 1997년 당시 자궁암 수술을 받아 임신할 수 없는 몸이 되었습니다.

2007년 6월 9일, 29세에 사랑의교회에서 촬영된 '주님 다시 오실 때까지'의 찬양 동영상이 'CCM을 부르는 소리 카페'와 유튜브에 소개되었습니다. 그리고 이 영상을 통해 소향이 대중들에게 알려지는 계기가 되고 그래서 솔로 가수로 활동하기 시작합니다. 그때 소향은 앨범보다 공연 사역을 합니다. 소향 본인이 딱히 자신의 노래나 인기에 집중하지 않았기 때문입니다. 소향은 자신이 노래하는 목적을 '상처받고 아픈 사람들을 위로하고 다독이는 것'이라 합니다.

3) 3단계는 CCM 가수에서 대중 가수로 활동 영역이 바뀝니다.
① 놀라운 대회 '스타킹' 출연
2010년 3월 20일, SBS 놀라운 대회 스타킹에 출연해 믿을 수 없는 가창력을 보여줘서 교회 밖에도 이름이 알려지기 시작합니다. 스타킹에서 소향은 R. 켈리의 'I Believe I Can Fly'를 한 옥타브 올려 초고음으로 불렀고, 휘슬 발성법으로 유명한 머라이어 캐리의 'Emotions'를 불렀습니다. 2011년 7월 9일, 다시 스타킹에 출연하여 상반기 결산 특집에서 야식 배달부 출신 성악가 김승일과 듀엣으로 'the prayer'를 열창하였습니다.

② 앨범 참여
2010년 중반에 SG워너비의 멤버 이석훈과 2011년 초반에 대중음악 가수인 하하와 듀엣곡을 부르고, 2011년 중반에 박정현, 이영현과 함께 디바 프로젝트에 참여해서 '인어공주(Mermaid)'라는 노래를 불렀습니다. 셋이 파트를 나눠서 부른 것 같지만, 사실은 각자가 노래를 부르고 파트를 취합해서 믹싱한 것입니다.

2014년 12월 30일, 이영현과 '곁'이라는 디지털 싱글을 발표했습니다. 그리고 양동근과 Dok2와 '어떻게 내게'를, 임재범의 30주년 기념 앨범에 '이 또한 지나가리라'를, 조수미의 '라 프리마돈나' 앨범에 '꽃밭에서'를, DNCE의 멤버 진주.L과 듀엣곡인 '너의 노래'를 부르기도 하였습니다.

③ 방송 출연
'나는 가수다 2'에 7월 B조 새 가수로 합류한 소향은 첫 경연(7월 B조)에서 휘트니 휴스턴의 'I Have Nothing'을 불러 1위를 하였습니다. 'Never ending story'로 8월의 가수 전에 등극하여 가왕전에 출전하게 됩니다.

2012 '슈퍼 디셈버 가왕전 개막제'에서는 자기 노래 부르기로 POS의 꿈을 개사하여 불러 2위를 차지하고, 7강전 이어 4강전까지 진출해서 이선희의 <인연>을 불러 당당히 1위를 차지하였습니다. 3강전에서 3위로 최종 3위로 탈락하였는데, 탈락 후 인터뷰에서 "'나가수'가 나에게는 학교였다. 굉장히 도전적이고 스파르타식 훈련을 받은 느낌"이라고 말했습니다.

4. 소향의 노래의 에피소드

1) 애국가 독창
2012년 7월 21일, 2012 한국 프로야구 올스타전에서 경기 전 애국가를 독창했습니다. "역대 최고의 애국가"라며 많은 호평을 얻습니다. 애국가를 불렀을 뿐인데, 영상 조회 수가 200만을 돌파했습니다.

2) OST 참여
2012년 10월부터 방영하는 MBC 드라마 <마의>의 주제곡 "오직 단 하나"를 부릅니다. 그 노래를 들은 시청자들은 그 목소리의 애절함과 보이지 않는 간절함에 반해서 "저 가수 누구야?" 하며 순간적으로 스타 반열에 오릅니다. 그래서 출연한 것이 "나는 가수다"입니다.

"아무것도 어떤 것도 눈에 보이지 않아, 가려진 어둠 속을 혼자 걷네, 아픔도 슬픔도 가져가 버린 오직 단 하나 우리 하나의 이유"

마의의 가사를 가만히 들어보면 가사가 진리를 찾는 구도자의 삶을 그린 노래 같습니다. 우리가 사실 그렇게 진정한 사랑을 찾다가 하나님을 만나는 것 같습니다. 소향의 노래가 드라마 1위를 하는데 한 몫을 합니다.

* 그 외의 OST 곡 KBS 드라마 아이리스 2의 OST인 백지영의 '잊지 말아요.' KBS2 드라마 최강 배달꾼의 OST인 'HOME', 고백부부의 조용필의 '바람의 노래', MBC 수목드라마 "시간"의 '눈을 감아', 애니메이션 '모아나' 한국판 OST, KBS2 드라마 "하나뿐인 내 편"의 '사랑합니다.' 등이 있습니다.

　3) 소설 '크리스털 캐슬' 출간

2013년 9월, 평소 할리우드 영화를 만드는 게 꿈이었던 소향은 직접 자신의 신앙관을 바탕으로 판타지 소설 '크리스털 캐슬'을 집필하여 출간합니다. 전 8권 완결을 계획하고 있으며 현재 5권까지 집필을 마친 상태입니다.

4) 미국 NBA 초청

2014년 3월 4일, 소향은 한국가수로는 최초로 미국 NBA의 구단인 LA 클리퍼스의 초청을 받아 미국 국가인 The Star-Spangled Banner를 불렀습니다. 이에 LA 클리퍼스의 가드인 크리스 폴 선수는 "이제까지 들어 본 국가 중 최고의 국가였다."며 소향에게 직접 찬사를 전했습니다.

5) 2017 세계수영선수권 대회 폐막식 (2017-07-30일)에서 '홀로 아리랑'을 불렀습니다.

6) 2018년 평창 패럴림픽(장애자올림픽) 개회식에서 조수미와 함께 패럴림픽 주제가인 'Here as ONE (평창, 이곳에 하나로)'를 열창합니다. 여담이지만 조수미가 수호랑처럼 보이고 소향이 반다비처럼 보였다고 합니다.

5. CCM 가수를 하다가 대중 가수를 하는 것에 대한 생각

주영훈, 태진아, 송대관, 현 철, 장욱조 이런 분들은 대중 가수를 하다가 찬양을 부르는 케이스입니다. 이들은 여러 가지의 아픔을 경험하고 하나님을 만나면서 그들의 재능으로 하나님을 찬양하여 많은 분을 하나님께로 인도합니다.

반대로 CCM 가수를 하다가 대중 가수를 하는 경우가 있는데 흔하지 않습니다. 박재범, 트와이스 다연, 에일리 등 몇 명 되지 않습니다. 소향 같은 경우는 세속적으로 변했다고 욕을 많이 먹고 배신자 소리도 듣습니다.
그러나 그것이 하나님 눈에도 그럴까 하는 생각은 해봐야 합니다. 우리는 다 세상 속에 살아갑니다. 세상 속에서 직장을 가지면 다 세속적인 것

일까요? 하나님께서는 세상 속에 우리를 파송하는 것입니다. 사도 바울도 이방을 선택 나의 그릇이라고 합니다. 의사는 크리스천다운 의사가 되고, 정치인 크리스천다운 정치인 되면 됩니다. 가수도 마찬가지입니다. 예수 믿는 가수, 예수를 전하는 가수가 되면 됩니다. 그러나 연예계는 다른 데보다 유혹이 많습니다. 그래서 항상 기도하고 승리하길 기도해야겠습니다.

소향의 노래 듣고 인터넷 검색하다가 예수 믿는 사람도 많다고 합니다.

6. 소향에게서 배울 점

대부분 여성은 결혼 후에 꿈을 접는 경우가 많습니다. 그러나 소향의 경우는 20살 어린 나이에 결혼하고 계속해서 꿈에 도전하는 모습이 참 짠

하고 아름답습니다. CCM 가수로, 소설가로, OST 가수로, 스타킹, '나는 가수다'에 도전하고, 우리나라 애국가건, 미국 국가건 장르에 상관없이 도전하는 모습을 하나님께서 귀히 쓰시는 것 같습니다. 앞으로도 더 큰 꿈을 향해 끊임없이 도전하여 더 넓은 지경을 차지하길 기대합니다.

7. "주님 다시 오실 까지"에 대한 개인적인 묵상

저는 "주님 다시 오실 때까지"가 참 좋습니다.
'내가 무엇을 위해 살아야 하나?' 잊을 때가 많습니다. 그때 이 찬양을 하면 깨닫게 되는 것이 있습니다.

마지막 후렴 부분에
"주님 다시 오실 때까지 나는 일어나 달려가리라
주의 영광 온 땅 비칠 때 나는 일어나 노래하리
내 사모하는 주님, 온 세상 구주시라
내 사모하는 주님 영광의 왕이시라"가 특히 좋습니다.

특히 "나는 일어나?" 이 부분이 맘에 와 닿습니다.
가끔 좌절이 올 때 "아, 내가 이렇게 있을 때가 아니지" 라는 생각이 들게 하기 때문입니다.

그리고 "내 사모하는 주님"은 우리가 어떻게 일어날 수 있는지 알려줍니다. 우리가 힘들 때 못 일어나는 이유가 있습니다. 바로 우리는 힘든 것에 집중하기 때문입니다. 주님께서 이 가사를 통해 힘든 것을 이기는 답을 이야기해 주시는 것 같습니다. 주님을 사랑하는 것에 집중하면 당연히 우리가 겪어야 될 것이 발견이 되고 알게 됩니다. 사명이니까요!. "나를 사랑하는 것에, 나를 사모하는 것에 집중하면 힘들지 않다." 그 가사가 그런 주님의 말씀으로 들립니다. 정말 그런 것 같습니다. 사실 힘든 것을 느끼는 것은 주님만을 사랑하는 것에 집중하지 않을 때 오는 것입니다. 예수님께서 베드로에게 네가 나를 사랑하느냐 물어보시는 이유와 같은 것입니다.

그래서 이 찬양을 부르고 있으면 다시 일어나 집니다. 노래하게 됩니다. 다시 복음을 전하는 것에 집중하게 됩니다. 그래서 "내 사모하는 주님"이 좋습니다.

"주님 말씀하시면"의 김영범 예배사역자

"주님 말씀하시면 내가 나아가리다,
주님 뜻이 아니면 내가 멈춰 서리다."

'주님 말씀하시면'은 2003년 예수전도단 캠퍼스 워십 1집 앨범을 시작으로 수많은 앨범에 수록되면서 크리스천들이라면 이제 모르는 사람이 없을 정도로 유명해진 찬양 곡입니다. 많은 이들의 사랑을 받는 이 찬양은 어떻게 만들어진 것일까?

주님 말씀하시면

김영범 예배사역자에 의해 만들어진 곡입니다.

그는 2003년 예수전도단 캠퍼스 워십팀 멤버였을 당시 태국과 인도로 전도여행을 떠나게 됐습니다. 몇몇 멤버들이 개인적인 사정으로 전도여행을 함께 떠날 수 없게 됐는데 당시 팀의 리더였던 한 간사가 "함께 전도여

행을 가든지 못 가든지 다 하나님의 부르심입니다. 못 가는 사람도 하나님의 뜻이 있는 것입니다. 남아서 기도하라는 하나님의 부르심이니 그 뜻에 순종합시다."라고 이야기했다고 합니다. 그때 무조건 선교는 가야지라고 생각을 하고 살았는데 그 생각에 큰 충격을 주었다고 합니다. "안 가는 것도 하나님의 뜻이 있다"는 말씀에 "주님의 부르심 없이 가는 것이 더 문제다."라는 생각을 하게 되었다고 합니다.

찬양 가사에 "주님 말씀하시면 내가 나아가리라"라는 부분보다 그 뒷부분이 김영범 찬양사역자가 새롭게 깨달은 것이라고 합니다.

"주님 뜻이 아니면 멈춰 서리라"

그래서 이 찬양을 통해 주님 말씀 없이 사역하고, 주님 말씀 없이 어떤 일들을 시작하는 우리 모습을 회개하는 시간이 되었으면 좋겠습니다.

또, 한 가지 김영범 찬양사를 통해 도전을 받은 것은 예배사역자들이 실수하기 쉬운 것이 "하나님 사랑" 즉 예배만을 강조하다 보니, 놓친 것이 있는데 바로 "이웃 사랑"이라는 것입니다.

그래서 찬양사역자에게 이웃사랑은 무엇일까 생각하다가 거리 찬양 사역을 시작했는데 카페나 거리에서 찬양하면서 하나님의 마음을 전하는 것입니다. 그는 카페에서 안 믿는 분들에게 어떻게 주님 사랑을 전할까? 생각하다가 그들이 들을 수 있는 찬양을 작곡했는데 "인생이란 무엇일까요?"라는 찬양입니다. 이 찬양을 카페에서 부르는데 한 분이 듣더니 하염없이 울더랍니다. 인생을 잘못 산 것 같다고 말입니다.

그때 한 영혼이 살아나는 것을 보면서 하나님의 영혼 사랑을 전하겠다고 결단했다고 합니다.

"주만 바라볼지라"의 박성호 형제

1. 작자 미상곡

이 곡은 작자 미상으로 한국교회에 불리다가 14년 만에 작사 작곡자의 이름을 찾았습니다. 작곡은 1986년에 했고 발표 후 1989년에서 2003년까지 작자 미상이 된 이유는 같이 음반을 내기로 한 친구의 배신 때문에 모든 것을 다 잃고 파산 하면서 원망과 배신감으로 신앙과 삶을 포기했기 때문입니다.

주만바라볼찌라

2. 곡이 알려지게 된 배경

1997년 IMF로 인해, 하고 있던 장사 밑천까지 모두 날려버리게 되었지만, 1998년에 아내가 예수님을 영접하고 박성호 형제도 제2의 신앙생활을 시작합니다. 그러던 중 1999년(2000년?) 기독교 방송의 "하덕규 ccm camp"에서 흘러나온 작가 미상의 "주만 바라볼지라"를 듣고 그때서야 자신의 곡이 많이 애창되는 곡임을 알게 되었습니다. 그 곡을 작곡한 지 14년 만의 일입니다.

3. 제3의 인생 "호스피스 사역"

지금은 이 찬양을 자신이 사역하는 샘물 호스피스 병동에 암 말기 환자나 천국을 준비하시는 분들에 들려주고 있다고 합니다 예수님을 떠나 절망의 시절 지날 때 우연히 1996년 "남천안 제일의원"에 진료받으러 갔다가 "심석규" 원장에게 기타 개인교습을 하게 되었는데 그때 호스피스 사역을 듣게 되고, 심 원장은 박성호 형제에게 사역 동참을 요청했다고 합니다.

말기 암으로 투병생활을 하는 사람들의 한결같은 호소는 "어떻게 하면 좋을까요?" "나 죽고 싶어요. 하나님께 빨리 데려가 달라고 기도해 주세요."라고 합니다.

그럴 때 참 해줄 말이 없는데 이 분들에게 이 찬양을 불러주면 위로와 소망을 얻는 분들이 많아 하나님께서 "이 때를 위해 작곡하게 하셨구나!"라고 느낀다고 합니다.

하나님의 사랑을 사모하는 자….
어두움에 밝은 빛을 비춰주시고
너의 작은 신음에도 응답하시니
너는 어느 곳에 있든지 주를 향하고
주 만 바라볼지라!

어느새 봉사자인 자신이 위로받는다고 합니다.
환우들에 할 말이 없으면 "참으세요. 예수님만 바라보세요." 말로만 하다가 이 곡으로 서로 은혜받으며 암 말기에 주만 쳐다보며 이겨나가는 모습을 보며 행복하다 합니다.

"경제적으론 힘들지만, 마음은 기쁩니다. 제 노래를 듣고 위안을 얻는 환우가 있고 제 노래를 불러주시는 분들이 계시는 한 힘을 얻을 수 있을 것입니다"라며 박성호 형제는 환하게 웃었습니다.

4. 박성호의 어린 시절

박성호(朴成鎬)는 1962년 11월 25일 서울 성북구 종암동에서 태어났습니다. 넉넉하지 못한 가정에서 자란 박성호의 어릴 적 기억은 항상 "배가 고팠다"고 했습니다. 집 근처에 동네 어린이들을 내 자식같이 돌보는 감리교회 목사님이 계셨는데 배가 고플 때면 언제나 그 교회를 찾곤 했습니다.

중 · 고등학교 시절은 상계중앙교회에서 보내게 됩니다.
아버님이 기타리스트였던 관계로 초등학교 2학년 때부터 기타를 만졌고 중학교 때는 상당한 수준의 기타리스트가 되었습니다. 작곡은 고등학교 때부터 하게 되는데 교회에서 기타를 가까이하지 못하게 하는 목사님 때문에 "문학의 밤"을 통해 기타 치고 찬양을 하며 주님을 향한 마음을 키워갑니다. 그리고 노래 잘한다는 소문으로 타 교회의 "문학의 밤"에 초청받아 까만 교복을 입고 본인이 작곡한 곡으로 찬양했던 기억을 가진 학생가수 박성호 형제는 그때가 가장 행복했다고 합니다.

공대를 졸업하고 군대를 다녀온 후 여전히 어려운 가정환경 때문에 여러 직업을 경험합니다. 설상가상으로 아버님의 폐가 나빠져서 버는 돈이 모두 약값으로 들어가고 피곤한 나날이 계속됩니다. 25살이 되던 1986년 어느 날 그 날도 피곤한 몸을 이끌고 집에 돌아와 자리에 눕는데 그날따라 조그만 창으로 들어오는 별빛이 유난히 아름다웠다고 합니다.

그때 별 빛이 자기 방을 환하게 비추는 것을 보고
"어두움에 밝은 빛을 비춰주시고"를 떠오르게 되었고 자신에게 주신 하나님의 사랑이 하나하나 다가왔습니다.

우주 만물을 지으신 주님!
나를 자녀 삼아주신 주님!
어려운 환경에서 나의 신음을 들으시는 주님!

그리고 그때 결단한 것이 "주만 바라보고 살겠습니다"라는 것입니다

그래서 제목이 "주만 바라볼지라"입니다

5. 작곡자에 대한 또 다른 에피소드

방송 후 실제 작곡자를 안다는 분이 있어서 인터뷰한 내용입니다.

실제 작사, 작곡자는 미국에서 성공한 사업가로 살고 있고, 박성호 형제와 1986년 같은 팀이었는데 음반을 준비하면서 자매분이 작사하고, 지금은 남편이 되신 분이 작곡을 했다고 합니다. 그리고 박성호 형제와 한 팀이 되어 사역을 하면서 발표를 했다고 합니다. 처음 곡 초안을 했던 실제 작사자와 작곡자는 미국에 이민을 가면서 팀이 해체되고, 이들은 헤어져서 작곡 미상으로 남게 됩니다. 이 곡이 한국에서 많이 불려지고 있다는 말에 아는 찬양사역자들을 통해 소식을 전해 왔고, "복음성가 경연대회"에 출품한 곡이라 그때 악보에서는 이 분들의 이름으로 되어 있었습니다.
그리고 처음 작사, 작곡했다는 분들은 박성호 형제의 작사, 작곡에 대해 맘이 처음엔 어려웠는데 그대로 인정하기로 했다고 합니다. 처음 음반을 준비할 때 같이 사역하고 아이디어를 같이 냈으니 박성호 작사, 작곡으로 해도 틀리지 않는다고 허락을 했다고 합니다.

그리고 작자 미상으로 있던 14년 후에 어떤 분이 성가곡으로 발표하면서 각 교회에서 불리게 됩니다. 그때 편곡자가 한때 작곡자로 오인 되어 일부 악보는 아직도 그분의 이름으로 된 악보가 있습니다. 그 후 하덕규에 의해 소개되면서 세상에 알려집니다.

"하나님의 은혜" 박종호 장로

♪

1. 박종호 장로에 대해

34년 동안 12집 앨범, 30여 장의 음반, 200만 장 가까이 되는 판매 기록한 박종호 장로는 동탄 지구촌교회 장로로 서울대성악학사와 한동대학교 객원교수로 지냈고, 춤추는 테너, 노래하는 거인, 한국교계에서는 한국의 파바로티, 최고의 성악가란 수식어가 붙을 만큼 실력과 신앙심을 겸비한 인물로 실력 있는 찬양사역자입니다.

박종호 찬양

이제 한 가지 수식어가 더 붙었습니다
"죽음에서 살아 돌아온 박종호"

박종호 장로(왼쪽 세 번째)가 콘서트장에서 나비넥타이와 멜빵바지를 입고 트로트와 로큰롤 등의 장르로 편곡한 찬양을 부르고 있다.

2. 간암 투병으로 새롭게 삶을 시작한 박종호 장로

2016년 간암 1기, 2기, 3기도 아닌 간이 아예 죽었다는 판정을 받았습니다. 간암 투병으로 많은 분이 걱정하셨는데 은혜로 투병생활 끝내고 이제는 목소리까지 되찾으셨습니다. 많은 농담으로 몸까지 제자리를 찾게 해주셨다고 하나님의 은혜를 이야기합니다. 몸무게가 무려 160kg에서 73kg까지 빠져서 예전을 기억하는 사람들은 알아보기가 힘이 듭니다. 요즘엔 몸무게가 좀 늘었다고 합니다.

"이제 기성복이 다 맞아, 4XX, 5XX 아니면 못 입던 몸이 이젠 옷이 다 맞아", "요즘 불편한 점이 있는데 몸이 날씬해지고 나서 이제 춤추면서 찬양하면서 하는 몸 개그가 안 통해서 슬퍼"하며 웃는 모습이 천진난만하기까지 합니다.

3. 간암 투병하면서 하나님의 은혜를 느낀 고백

"지난 해 가을 '하나님의 은혜'를 작곡한 사랑하는 후배 작곡가 신상우 씨가 간암 투병 5개월 만에 하나님의 품으로 떠났습니다. 이렇듯 주변에

간암으로 세상을 떠난 이들이 꽤 있습니다. 똑같이 기도해도 누구는 낫고 누군가는 죽음을 맞습니다. 그래도 신앙을 가진 이들 중에는 죽음마저도 하나님의 은혜로 받아들이는 이가 적지 않습니다."

요양원에서 암 투병 중인 한 집사는 이런 말을 해주셨다고 합니다. "이런 상황 속에서 저를 만나주신 하나님께 감사해요." 죽음을 초월해 신앙을 고백하는 모습을 보며 이분이 진정 승리자란 생각이 들었습니다. 삶과 죽음의 결정권은 우리에게 없지만 그래도 치유의 소망을 품고 기도했으면 합니다. 나의 작은 재능으로 고통받는 이들이 함께 웃고 노래하며 희망을 잃지 않길 바라고 있습니다.

"저는 투병 중에 '예수의 십자가 죽음이 어떤 의미인지' 다시 한 번 생각해보았습니다. 십자가는 본디 치욕스러운 형틀이었습니다. 그러나 예수께서 돌아가신 후부터 의미가 반전됐습니다. 수치스러운 십자가에 희망이란 의미를 부여한 것입니다. 주님은 이렇듯 의미 없는 존재에 생기를 불어넣어 생명을 주시는 분입니다."

평소 가까이 지내던 한 목사가 수술 후 8개월 만에 만났을 때 이렇게 말했습니다. "아끼는 만년필은 고장 났다고 버리지 않는다. 고쳐서 쓴다." 하나님께서 자신을 아낀다는 이 말에 한없이 울었다고 합니다. 보잘 것 없는 자신을 아껴준 하나님의 은혜에 감동해 매일 눈물을 흘리는 '은혜의 바보'가 되었다고 합니다.

그때의 고백입니다.
"주님이 아끼시는 게 비단 나뿐이랴. 하나님은 우리 모두를 엄청나게 아끼십니다. 하나뿐인 아들을 십자가 형틀에 죽이기까지 우리를 아끼고 사랑하십니다."
"나의 바람은 교회에서 찬양하고 기도할 때 아픈 이들이 위로받고 치유되는 기적이 있었으면 하는 것입니다. 나뿐 아니라 암으로 고통받는 이들이 주님의 은혜로 건강을 되찾길 바랍니다. 그래서 주변인에게 하나님을 전하는 '산 증거'가 되길 소망합니다. 혹 치유되지 않더라도 영혼을 책임지는 주님을 끝까지 포기하지 않길 바랍니다. '하나님의 은혜'는 오늘도 내일도 우리에게 영원토록 임하실 테니 말입니다."

그의 2가지 사역에 대한 소망입니다. 첫째는 기독교 인구가 가장 많은 나라 중국에서 사역하길 소망하고, 둘째는 노숙자, 가난한 자들을 위한 사역하고 싶다고 소망을 밝혔습니다.

4. 뇌졸증으로 탄생한 "하나님의 은혜"

미국 뉴욕의 매네스 음대 프로페셔널 스터디 과정을 준비하는 중, 2000년 2월 어느 날이었습니다. 오전 5시쯤 일어났는데 숨이 깊게 쉬어지지 않았습니다. 불안한 마음이 들어 아내를 깨워 911을 부르도록 했습니다. 갑자기 오른쪽 눈이 뒤집혀 어지럼증이 밀려왔습니다. 뇌졸증 증세였습니다. 911 구조대가 오자마자 산소 호흡기를 달고 병원으로 실려 갔습니다.

'미국 와서 꿈을 펼치려 했는데… 내가 서른아홉에 죽는구나.'

앰뷸런스에 누워 병원에 가보니, '일시적 뇌출혈 증상(TIA)'인데 잠시 뇌에 산소 공급이 안 돼 시신경을 다친 것이라 했습니다. 다행이었습니다.
그때 또 하나님의 은혜를 체험한 것이 병원으로 이동할 때 한국의 처남에게 중보기도 부탁을 했는데, 처남이 다니던 온누리 교회에서 '박종호가 위독하다'며 중보기도를 부탁했습니다. 교회 성도들이 박종호 찬양사역자의 치유를 위해 간절히 기도해 주었습니다. 한 사람을 위해 온누리 교회 전체가 기도해 주었다는 것이 너무 감격스러운 은혜였습니다. '나 같은 것이 무엇이라'고 이렇게 많은 사람들이 간절히 기도해 주나 하며 울다가 자기의 삶과 사역을 다시금 돌아보고 '지난 14년간 하나님 일을 자기가 한다고 생각했는데, 죽음 문턱까지 다녀오면서 모든 게 다 하나님께서 하신 것임을 깨달았고, 다 하나님의 은혜임을 알게 되었다고 합니다. 그때 만든 곡이 "하나님 은혜"입니다.

"나를 지으신 이가 하나님, 나를 부르신 이가 하나님"

이 가사는 그의 회개가 담겨있는 아름다운 찬양입니다. 10집 '모든 열방 주 볼 때까지'에 삽입되어 발표하게 됩니다.

5. 박종호 장로의 회개와 감사

1) 교만의 회개
박종호 장로는 서울대성악학사와 한동대학교 객원 교수로 지냈고, 한국 교계에서는 한국의 파바로티, 최고의 성악가란 수식어가 붙을 만큼 실력과 신앙심을 겸비한 인물로 유명했습니다. 그리고 팬들도 많았습니다.

간증

그가 투병 중에 깨달은 가장 큰 것은 "내가 교만했습니다."라는 것입니다.

"내가 회개한 가장 큰 것은 그동안 하나님께 이끌려서 사역한 것이 아니라 내가 하나님을 이끌고 가면서 '하나님 따라오세요.' 하며 사역한 것을 알게 해 주셨습니다. 얼마나 부끄럽고 죄송하던지 얼마나 울었는지 모릅니다."

2) 하나님 사랑에 감사해서 한 회개
수술 이후엔 혈액과 분비물을 빼내기 위해 1년 동안 간과 복부에 호스를 낀 채 살았습니다. 또 회복을 위해 매일 하루에 3시간씩 걸어야 했습니다. 퇴원 이후엔 햇빛에 노출될까 봐 한 여름에도 꽁꽁 싸맨 채 매일 산책했습니다. 면역력이 약해진 상태라 햇빛을 쐬었다가 피부암에 걸릴 수 있어서였습니다. 매일 국수 반 그릇에 다량의 약을 먹으며 3시간씩 걷는 생활을 반복하니 일 년에 40kg 가까이 체중이 줄었습니다. 어떨 땐 너무 힘들고 처지도 비참해 하염없이 울며 걷기도 했습니다.

그러던 2016년 여름, 마음에 '종호야 애썼다'라는 소리가 느껴졌습니다.

그 순간 무릎관절이 아픈 것도 아닌데 힘이 탁 풀려 길바닥에 주저 앉았습니다. 하나님이 수고했다고 격려해준 데 벅찬 감동이 올라와 또 다시 눈물이 났습니다.

3) 목소리가 회복되면서 감사해서 한 회개

수술 직후 6~7개월간 나지 않았던 목소리도 걸으면서 점차 회복됐습니다. 그간 목에서 바람 새는 소리만 나서 '하나님이 목숨만 살려주셨나 보다'라고 생각했습니다. 수술을 집도하는 의사에게 '평생 노래는 하지 못하는 것이냐'고 조심스레 물었습니다. 그러자 그는 "저는 성대는 안 건드렸어요. 맘 놓고 노래하셔도 되요" 라고 웃으며 대답해 주었다고 합니다. 그렇게 수술한 지 8개월 쯤 되자 예배 도중 갑자기 터지듯 목소리가 나왔습니다. 그 순간 기절할 것 같이 기뻤고 또 눈물이 났습니다. 목숨뿐 아니라 노래도 허락해주신 주님의 은혜에 감사해 나온 눈물이었습니다.

4) 끝까지 같이 있어 준 친구들을 주신 것에 감사해서 한 회개

수술 10개월 뒤인 2017년 2월엔 찬양사역자 고형원 송정미 등과 함께 서울 여의도침례교회에서 '초심'을 주제로 회복 감사 예배도 드렸습니다. 이때 몸무게가 73kg 정도였습니다. 1,000여 명의 성도가 변한 자신의 모습을 보고 놀라며 치유의 기적을 행한 하나님께 영광을 돌렸습니다.

마치 청년으로 돌아간 듯 젊은 시절 전성기 때의 목소리가 나오고 건강도 어느 정도 회복되니 앞으로 어떤 일을 할지 고민이 됐습니다. 주님이 새로 주신 삶을 허투루 쓸 순 없어서였습니다. 얼마 동안 기도하니 '그냥 하던 거 하라'는 마음을 주셨습니다. 오로지 주님을 찬양하며 다시 살려주신 은혜를 간증하고 병으로 고생하는 한국예수전도단 선교사들을 돕는 것, 그 일을 다시 감당하라는 부름이었습니다. 이전처럼 여러 생각 않고 주신 마음 그대로 따랐습니다.

6. 간암 확진 판정을 받은 것도 하나님의 은혜였습니다.

2016년 2월 대학병원에서 종합검진을 받으면서 알게 됐습니다. 그간 병원에서 지방간 등이 의심된다는 주의는 받았지만 한 번도 질병 진단을 받은 적은 없었습니다. 소고기 15인분을 먹어도, 커피에 설탕을 밥 숟가락으로 넣어 먹어도 병이 없었습니다. '하늘이 내려준 건강 체질'이라고 자만했는지 몸 생각 않고 내키는 대로 행동한 게 화근이었습니다.

의사인 사촌 매형의 조언대로 그분이 속한 대학병원에서 종합검진을 받았는데 3일 뒤 다시 방문하라는 연락을 받았습니다. 가보니 매형과 담당 의사 얼굴이 굳어있었습니다. "어쩌다 이렇게 됐는가. 간이 거의 다 죽었어." 무겁게 입을 뗀 매형의 말이었습니다. 보통 사람보다 1.5배 정도는 큰 간이 간경화로 대부분 굳었다고 했습니다. 굳지 않는 간에 종양이 번졌는데 이걸 떼 내면 간이 남아나질 않는다고도 했습니다. 수술도 항암치료도 불가해 무조건 간 이식을 해야 하는 상황이었습니다. 매형을 비롯해 의사 7~8명이 치료방향을 두고 논의하는 걸 보면서도 현실을 받아들이기 힘들었습니다. 수술도 불가능하다니, 이젠 정말 별도리 없이 죽을 수밖에 없다는 생각이 들었습니다.

7. 죽음을 받아들일 수 밖에 없는 상황

사실 많은 분이 박종호 장로가 '하늘나라로 가겠구나!' 생각했습니다. 그때 박종호 장로의 고백입니다.

"인간으로 태어났으니 언젠가는 죽는 걸 알았지만, 나이 쉰 넷에 죽음을 마주하자니 허무감이 밀려왔습니다. 암으로 목숨이 경각에 달렸다니, 마치 드라마에서나 접하던 이야기 아닌가. 돌연 배를 갈라 간의 암 덩어리를 잘라내고 싶다는 충동도 들었습니다. 그러다 이내 수술도 항암치료도 불가능하다는 의사의 이야기를 떠올렸습니다. 이제는 죽음을 받아들여야 했습니다. 다른 선택지는 없었습니다."

8. 죽음을 받아들이는 순간에 찾아온 하나님의 일하심

간경화와 간암 진단을 받은 뒤 간 이식으로 유명한 종합병원을 찾았습니다. 아내는 의료진에게 간 이식 수술을 위해 자신의 간을 내놓겠다고 말했습니다. 의료진은 간 이식이 그렇게 진행되는 게 아니라며 간의 수여자뿐 아니라 공여자도 검사가 필요하다고 했습니다. 아내는 미국에 있는 첫째와 둘째 딸을 불렀습니다. 워낙 몸무게가 나가다 보니 간이 너무 커서 한 사람만 기증해서는 이식할 간이 부족할 수 있다는 것입니다. 검사를 하니 두 딸의 간으로 이식할 수 있다는 결과가 나왔습니다.

그런데 문제는 두 사람의 간을 한 사람에게 이식한 경우가 없다는 것입니다. 성공사례도 없다는 것입니다. 절망의 순간, 기도도 안 나오는 그 순간이 며칠 계속되면서 박종호 장로와 가족들은 포기할 수밖에 없었습니다.

그때 한 사람이 나타났습니다. 아산병원의 이승규 박사!
우리나라에서 유일하게 두 사람의 간을 한 사람에게 이식할 수 있는 사람이라는 것입니다.

각각 서른 살, 스물일곱 살인 딸 둘은 아빠를 살리기 위해 수술대에 오르겠다고 나섰습니다. 만일 수술이 잘못되면 수술 도중이나 이후에 죽을 수도 있었습니다. 나중에 들었지만 둘째 딸은 얼마나 무섭던지 수술동의서 서명 직전 '난 못 하겠다'는 말이 입안에서 빙빙 돌았다고 했습니다. 그런데도 언니와 손을 잡고 태연한 척 서명을 했다고 합니다. 그리고는 이렇게 기도했다고 합니다. "하나님, 아빠와 언니, 저까지 수술하면 엄마가 너무 힘드니 언니는 말고 내 간 하나로 다 이식할 수 있게 해 주세요."

수술 당일, 둘째 딸은 수술이 시작된 지 12시간이 지나서야 수술실에서 나왔습니다. 보통 8~10시간 정도 걸리는데 이보다 더 지연된 것이었습니다. 둘째 딸이 나온 뒤엔 수술실로 들어가 16시간 동안 간 이식 수술을 받았습니다. 수술 이후 중환자실에 옮겨진 박종호 장로는 누군가 툭툭 건드리는 느낌에 눈을 떴습니다. 눈 앞엔 집도의가 서 있었습니다. 그는 "수술이 잘 끝났다. 둘째 딸 간이 크고 좋았다"는 말을 남겼습니다. 그제야 둘째 딸만 수술대에 오른 사실을 알았습니다. 얼마나 아팠을까. 목숨을 건 자식의 희생에 눈물이 계속 흘렀다고 합니다.

그런데 심각한 상황에서 웃을 수 밖에 없었던 이유는, 둘째도 아빠를 닮아서 간이 엄청나게 컸다고 합니다. 그래서 혼자의 간으로 충분했다고 합니다. 참 하나님은 이런 상황에서도 어이없게 웃게 하시는 유머가 있으신 분이라고 박종호 장로는 간증합니다.

9. 죽음 앞에 박종호 장로가 알게 된 것은?

첫째 깨달음
"죽음을 경험하고 나니 사역도 2위요, 모든것이 다 2위라는 것을 깨달았습니다. 가장 시급한 문제가 '영생의 문제'이더군요."
참 그 말 한마디가 정말 우리에게 소중한 깨달음을 줍니다.
하나님 앞에 섰을 때는 다 필요가 없습니다. 영생의 문제만 남습니다.

둘째 깨달음
수술 후에 목소리에서 바람세는 소리가 나서 '이제 노래를 못하는구나' 했는데 8개월 후에 예배드리는 중에 갑자기 목소리가 터졌다는 겁니다.
그때 알았다고 합니다. "내 것이 하나도 없네! 목소리도 가족도 사역도 몸도 다 주님 것이라는 것을!"

셋째 깨달음
할 수 있는 것이 아무것도 없음을 알았다고 합니다
1988년 "살아계신 하나님"이란 곡이 히트하면서 이대 강단에서 4,000명이 넘는 공연에 이어 한국의 가스펠의 황제로 불리면서 승승장구의 삶을 살았습니다. 심지어 "하나님 제가 할 테니 하나님 따라만 오세요." 할 정도였다고 합니다. 그런데 죽음 앞에 서면서 아무것도 할 수 없다는 것을 알았습니다.

넷째 깨달음
모든 것이 다 하나님의 은혜임을 알았다고 합니다
그동안 사역뿐만 아니라 모든 것이 하나님께서 거두어 가시면 아무것도 아닌 것을 발견하고 그동안 하나님의 은혜로 살았는데 자기가 이루어 내었다고 착각한 것을 후회했다고 합니다.

다섯째 깨달음
살아계신 하나님을 알게 되었습니다. 모든 과정을 하나님께서 관여하여 살려 주셨다고 합니다.
 - 간암 발견한 것도 하나님의 은혜이고
 - 수술비 마련한 것도 하나님의 은혜였습니다. 선배 전용대 목사와 박종호 살리기 콘서트를 열어 준 동료들, 모두가 하나님 은혜였습니다.
 - 여러 간을 붙여 수술하는 의사가 한국에 없는데, 아산병원 이상규 의사 만나 수술한 것도 하나님의 개입이었습니다.

여섯째 깨달음
하나님의 마음을 알게 되었다고 합니다. 딸이 아버지에게 간을 주기 위해 12시간 수술을 받는 모습을 보면서 자신이 부른 찬양이 생각났다고 합니다.
"얼마나 아프실까 하나님 마음은 인간들을 위하여"

일곱째 깨달음
주님 것을 주님께 드리기로 했다고 합니다. 이젠 초심으로 돌아가 하나님 부르시는 곳이면 어디든 가기로 결단했습니다. 특히 노숙자, 가난한 사람들, 중국에서 선교하길 원했습니다.

초심 콘서트

"기대"의 입양아 박요한 목사

1. 박요한 목사는 입양아입니다.

그가 인도하던 어느 집회에서 "저는 입양아입니다. 버려진 아이였습니다. 그런데 지금은 이렇게 멋지게 살고 있고 하나님께서 쓰시는 사람이 되었습니다. 얼마나 큰 기적입니까? 그런데 여러분이 힘들다고 삶을 포기한다고요. 안될 말입니다. 다시 일어나십시오. 다시 힘을 내세요. 하나님은 우리에게 특별한 계획을 가지고 계십니다."

기대

참 충격적인 말 있었습니다. 그가 부른 찬양은 밝고 희망적이고 즐거워

서 한 번도 입양아라는 생각을 한 적이 없습니다. 그런데 저런 아픔이 있었구나 싶어 눈물이 났습니다.

'기대', '축복의 사람' '예수, 나의 가장 큰 힘' 등의 찬양을 부를 땐 그는 즐거워 했습니다. 행복해 했습니다. '정말! 어떻게 저렇게 기뻐할 수 있을까?' 할 정도였습니다. 그런데 입양아였다는 게 믿어지지 않습니다. 더구나 그는 '입양은 함께 나누는 행복입니다' 외치며, 입양아와 미혼모 사역을 돕고 있습니다. 또한 청소년들에게 복음을 전하기 위해 자전에세이 '요한의 고백'을 썼습니다.

'요한의 고백'엔 입양아로 자란 삶을 털어놓았습니다. 그는 책에서 '주님이 입양의 고귀한 메시지를 전하는 도구'로 자신을 사용해 주심을 감사하고 있습니다.

2. 박요한 목사의 삶

1) 처음엔 중학교 시절 입양아인 것을 알게 되면서 하나님에 대해 원망과 가족들에 대해 원망하여 가출했습니다. 가족들이 '자기가 입양아인 것을 다 알면서 그 앞에 투정하는 자기를 보면서 얼마나 비웃었을까?' 하는 생각에 견딜 수가 없었고, '하나님께서 계시면 이렇게 낳자마자 버림당할 수 있을까?' 하는 원망에 사로잡혀 살았습니다.

2) 그런데 입양한 어머니가 끝까지 자기를 포기하지 않고 힘들 때마다 방황할 때마다 기도하고 참아주고 기다리는 모습을 보면서 점점 마음이 녹아 내려갔고 마침내 자신을 포기하지 않으시는 하나님의 마음을 알게 되었습니다.

3) 그리고 입양되지 못한 아이들을 보았습니다. 시설이나 여러 곳을 전전하다 방황하는 많은 고아를 보면서 자신을 입양한 부모님의 사랑을 알게 되었고 또한 하나님의 은혜를 알게 되었습니다. 입양은 '또 다른 깊은

사랑이구나'라는 것을 알고 입양사역을 하게 되었습니다.

4) 가수 비와 같은 소속사에서 가수를 꿈꾸기도 했는데, 어머니가 기도하면서 "하나님을 찬양하는 사람이 되게 해주세요. 목사 되게 해 주세요."라는 기도소리를 듣고 찬양사역을 하게 되었다고 합니다. 사람은 사랑하는 사람의 말을 듣게 되어 있습니다. 우리가 하나님의 말씀을 지키고 싶은 것은 주님께서 우리를 얼마나 사랑하는지를 알기 때문입니다.

그의 고백과 찬양으로 많은 입양아와 가족의 문제로 고민하는 사람들이 힘을 얻고 행복해하는 모습을 보면 기쁘다고 이야기합니다.
그래서 그는 5년 전부터는 홀트 아동복지회, 한국 입양 홍보회(MPAK), 위드 맘 등의 홍보대사로서 입양아와 미혼모 사역을 하고 있습니다.

3. 그의 찬양하는 모습을 보고 느낀 점은?

1) "하나님께서 사랑하시면 세상의 어떤 아픔도 치유되는 구나" 하는 것입니다.
2) "참 사람이 의리가 있다"는 것입니다. 임우현 목사나 여러 찬양사역자들과 사역하면서 부르면 어디든지 가고 어려운 일이든, 힘든 일이든 같이 해준다는 것입니다.
3) 박요한 목사를 보면 희망이 생긴다는 것입니다. 그처럼 외롭고, 버림당하고 아픈 사람이 없었을 터인데 웃고 행복한 모습을 보면서 하나님이 함께 하심을 믿게 됩니다.
4) 정말 잘 섬기는 사람이라는 것입니다. 그와 있으면 편합니다. 행복합니다. 왜냐면 그가 낮아지기 때문입니다. 참 좋은 사람입니다.
5) "하나님을 많이 사랑하는 구나"라는 것을 느낍니다. 다른 것 없어도 하나님만 있으면 행복해하고 하나님만 노래하는 그의 모습이 참 아름다웠습니다.
6) 마지막으로 하나님이 많이 사랑하는 사람입니다. 돈이 되는 일을 하

지 않지만 하나님께서 채워주시는 것을 보고 정말 많은 사람이 좋아하고 같이 동역하길 좋아합니다. 그리고 세상에 그늘이 없는 사람입니다.

4. 박요한 목사의 인터뷰 중에서

한국교회의 중,고등부가 과거 문학의 밤 시절보다 많이 약해졌습니다. 청소년 사역자로서 교회의 회복과 진정한 부흥을 위해 필요한 변화는 무엇일까요?

저는 청소년 시절, 놀아도 교회에서 놀고 공부를 해도 교회에 모여서 하고, 여름이면 수련회준비, 겨울이면 크리스마스 행사 준비로 교회에서 보낸 추억이 많습니다. 심지어 사찰집사님과 숨바꼭질을 할 정도였으니까요. 물론 요즘 친구들에게 스마트 미디어나 놀 거리가 풍부해진 것도 있지만, 많은 교회가 화려한 교육관을 세련되게 지어놓고 평일에 아무 활용도 못 하는 공간으로 놔두는 점이 아쉬워요. 다음 세대 아이들이 주 중에 함께 어울려 즐기고 쉬며 공부도 할 수 있는 지역 문화공간으로 열어 주는 교회가 늘어났으면 해요. 주일예배 드리는 곳으로의 역할을 넘어 아이들이 늘 가고 싶은 친숙한 공간으로의 기획이 필요하다고 생각해요.

음악적 재능과 열정은 대중음악을 하셔도 충분하셨는데 CCM으로 20년을 사역하신 계기와 지속할 수 있는 힘이 궁금합니다.

사실 군대 전역 후 대중 가수의 꿈을 품고 수많은 오디션에 도전하며 유명기획사 연습생으로 뽑혀 트레이닝을 받은 경험이 있었습니다. 짧게 경험한 그 시간을 통해 깨닫게 된 건 하나님이 주신 음악적 재능으로 대중들에게 사랑받는 가수로 활동하며 신앙의 본질도 놓치지 않고 잘 지켜내는 사람이 있는 반면, 저는 사람 좋아하고 절제력이 부족하여 점점 세상 즐거움 속으로 빠져 하나님을 잊는 기질이 다분했습니다. 늘 죄책감과 불안이 마음에 자리해 있더군요. 저를 위해 기도해 주신 어머님이 요한이에게 목소리를 주신 하나님을 노래하는 삶을 살라고 권유해 주셨고, 그 시작이 지금까지 복음을 노래하는 인생으로 살게 했습니다. 하나님은 저를 만드신 분이시기에 제 체질과 성향을 가장 완벽하게 아시는 분이시죠. 그분의 인도 하심을 따라온 이 길이 새삼 감사합니다.

　CCM이 90년대 정점에 이른 뒤 많이 약화됐다고 합니다. 찬양사역이 부흥하고 사역자들이 힘을 얻기 위해선 무엇이 필요할까요?

　결국, 한국교회 안에서 찬양사역의 힘은 사역자 개개인의 철저한 준비와 영성이 본질이라고 생각해요. 대중음악계에서 변함없이 사랑을 받는 뮤지션들을 보면 끊임없는 노력과 준비, 연습을 게을리하지 않고 치열한 싸움을 하기에 그 자리에서 사랑받고 있습니다. 영혼의 노래를 부르는 사역자라면, 더더욱 믿음의 경주 가운데 만나는 수많은 성도의 지치고 상한 마음을 어루만지고 치유할 수 있는 영성의 노래를 만들고 불러야 합니다. 그 노래를 흘려보내는 단단하고 온전한 통로가 되고자 늘 우리 자신의 모습을 갈고닦는 긴장을 놓치지 말아야 합니다. 바로 저 자신에게 던지는 평생의 과제이기도 합니다.

　찬양사역자로서 꿈과 바람이 있다면?

　제가 부른 찬양들이 장벽을 넘고 바다를 건너 물리적으로 만날 수 없는 사람들을 만나 그 마음속으로 성령의 은혜가 흘러들어 가 하나님께 쓰임 받기를 소망해요. 제 평생의 기대이고 간절한 소원입니다. 찬양사역과 더불어 다양한 문화사역을 하시는 분들을 위해 기도해 주시길 부탁드립니다. 여러 문화적 루트를 통해 예수님의 복음이 전해져야 하는 이 시대에 찬양사역자들이 지치지 않도록, 그리고 교회와 단체들이 함께 동역하는 파트너라는 인식으로 동행해 주시길 소원합니다.

"주님 손잡고 일어나세요." 김석균 목사

"왜 나만 겪는 고난이냐고 불평하지 마세요.
고난의 뒤편에 있는 주님이 주실 축복 미리 보면서 감사하세요….
(중략)~~ 힘을 내세요. 힘을 내세요. 주님이 손잡고 계시잖아요
주님이 나와 함께 함을 믿는다면 어떤 역경도 이길 수 있잖아요."

IMF로 우리나라가 한창 어려울 때 김석균 목사가 다윗과 요나단에게
준 곡입니다. 자살하는 사람, 삶을 포기한 사람이 너무 많았는데 하나님께
서 "힘내라"고 주신 찬양이라고 합니다.

1. 김석균 목사의 대표곡(작곡)

사랑의 종소리, 주를 처음 만난 날, 돌아온 탕자,
주 예수 나의 당신이여, 금보다도 귀하다, 베드로의
고백, 나의 참 친구, 고백, 예수가 좋다오, 눈물의 참
회록, 나는 행복해요, 용서하소서, 내가 너를 도우리
라, 주님 손잡고 일어서세요, 주님의 빚진 자, 쓴 잔,
주의 길을 가리, 찬양이 언제나 넘치면, 해같이 빛나

김석균 찬양

리, 하나님의 약속, 어머니의 기도, 겸손, 작은 불꽃 하나가, 어디서 들리는
가, 가장 소중한 주님, 하나님의 약속 (축복송), 사랑하는 내 아들아, 낮엔
해처럼 밤엔 달처럼, 내가 너를 기쁘게 하리라, 나의 삶으로 드리는 찬양,
여호와를 송축하라 등 400여 곡이 있습니다.

다른 가수들에게 많은 곡을 주었습니다. 그는 정말 찬양계의 대부라고

할 수 있습니다. 그가 다른 가수에게 준 곡들은 다윗과 요나단에게 '주님 손잡고 일어나세요', '내가 너를 기쁘게 하리라'을 주었고, 보배 담은 질그 릇 (김성진. 고에덴)에게 '가장 소중한 주님'을 주었고, 옹기장이선교단에 게 '하나님의 약속 (축복송)'을 주었습니다.

2. 김석균 목사의 프로필

안양 새중앙교회(박중식 목사) 파송선교사
전 서울 문일고등학교 교사 (2000년 8월 31일 명예퇴직)
안양대학교 신학대학원 졸업(1999년)
안양대학교 신학대학원 Th. M 과정 졸업(2001년)
2014년 10월 6일 목사안수 받음

복음성가 작곡가 / 찬양사역자
국내외 부흥회 및 찬양과 간증집회를 인도하며 39년째 사역 중
극동방송 <김석균과 함께> 21년째 진행 중
기독교 TV <내 영혼의 찬양> 14년간 진행함(전)
CTS 라디오<김석균의 동행 7년째 진행 중(현)

(음반) 김석균복음성가작곡집 1집~18집 출반

<수상경력>
한국기독교 문화예술대상(음악 부문) 2013년 11월 29일

제31회 기독교문화대상(음악 부문) 2018년 2월 8일

월드비전 홍보대사 (현)
밀알심장재단 홍보대사(현)
한국호스피스협회 홍보대사(현)

한국 복음성가협회 증경회장(현)
한국기독음악 저작권협회 회장(현)

3. 김석균 목사 찬양사역 시작

김석균 목사는 1981년에 찬양사역을 시작했습니다. 처음엔 김석균 목
사는 대중가수로 데뷔했습니다. 무대에 섰지만 채워지지 않는 갈급함 때
문에 힘들었다고 합니다. 그래서 '그 갈급함의 원인이 무엇인지' 한참 고민
하고 기도한 끝에 답을 찾았습니다. 내 삶의 주인으로 하나님을 모시지 못
했기 때문이었다는 것을 깨닫고, 찬양사역자의 길로 들어섰습니다.

4. 찬양 전문 사역자의 길

전문성을 키우기 위해 96년 안양대 신학대학원에 입학해 목회학석사

와 신학석사 과정을 마쳤습니다. 96년도 안양대학교 신학대학원에 입학했을 때입니다. 어느 교수님이 강의 도중에 이런 질문을 하셨습니다. "여기에 있는 학생 중 혹시 목사 안수를 받지 않을 사람이 있습니까?" 그때, "사람마다 각자의 사명에 따라 사역할 수 있지 않겠습니까?" 라는 항변을 했습니다. 왜냐면 그때 문일고등학교 교사를 하면서, 찬양사역도 하고 또 신학교도 다니고 있었기 때문입니다.

그때 교수님의 말씀은 그를 당황하게 만들었다고 합니다. "학생이 이곳 대학원에 들어오지 않았으면 다른 사람이 들어와 목사가 한 명 더 늘어나지 않겠느냐?"

그후에 전적으로 찬양사역만 할 수 밖에 없는 일이 생깁니다.
20여 년간 서울 문일고에서 국어 교사로 재직하며 찬양사역을 병행하고 있는 그에게 문득 '하나님은 내 인생에 어떤 계획을 세우고 계실까' 하는 의문이 들었습니다. '혹시 내가 하나님의 계획과 전혀 다른 삶을 살고 있지 않을까?' 걱정 되었습니다. 그때가 고3 담임을 맡던 쉰 살이었습니다.

김석균 목사는 곧장 오산리 최자실 기념 금식기도원으로 향했습니다. "며칠을 기도한 후에 얻은 결론은 하나님이 상황을 통해서 답을 주시겠다는 것이었습니다. 답은 바로 왔습니다. 금식 기도를 마친 후 첫 식사 때부터 목이 따끔거리더니 이후 3개월 동안 상태는 더욱 악화되고 목소리가 나오지 않았습니다."

병원에서는 원인을 알 수 없다고 했습니다. "기도의 응답이라고 할 수 밖에 없었습니다. 교사의 자리를 내려놓으라는 명백한 신호였습니다." 2000년 4월 김 목사는 명예퇴직을 신청하고 그해 8월 퇴직합니다. 목은 거짓말 같이 나았습니다.

전문 사역으로 하나님의 부르심에 대한 김석균 목사의 이야기인데 우리가 생각해야 할 것이 있습니다. 사실 부르심은 우리의 영역이 아니라는 것입니다. 우리는 교회에서 여러 가지 봉사를 합니다. 교사와 성가대, 찬양단을 하기도 합니다. 지금 자기가 봉사하는 방식이 중요하다고 생각합니다. 그때 다른 봉사 방식을 이야기하면 다른 사람을 평가할 때가 있습니다.

그런데 부르심은 법칙이 있는 것도 어떤 사람을 부르실지 우리가 판단할 문제가 아니라는 사실입니다. 하나님의 영역입니다. 삼손이나 예수님의 제자들은 다른 사람이 볼 때 부족함이 많았습니다. 그런데 하나님께 멋지게 쓰임을 받았습니다. 때론 학자를, 때론 목동을, 때론 철부지를 쓰셨습니다. 누구를 부를지 모릅니다. 부르심은 하나님의 영역입니다. 부르심의 가장 큰 방해 거리는 자기 자신입니다. 자기의 생각과 꿈입니다. 그때 하나님이 이끄신다면 순종하길 원합니다. 그 길은 불가항력적으로 이끄시는 것 같습니다.

5. 한 영혼이 있는 곳이라면 "비바람이 앞을 막아도~나는 가리라"

김석균 목사는 그때 찬양 전문사역자의 길을 걸어갑니다.

2001년 CTS 기독교 TV에서 최미 찬양사역자와 '내 영혼의 찬양' 프로그램을 진행하게 되고, 2004년에는 안양 새중앙교회에서 찬양선교사로 파송 받았습니다. 작사·작곡과 방송진행 등 활발히 활동했습니다. 찬양사역자로서 입지는 더욱 탄탄해졌습니다. 하지만 유명세가 마냥 좋지는 않았습니다.

"2005년 이전에는 제게 찬양집회를 요청한 대부분 교회가 상가 건물에 있었습니다. 성도 수가 50명 미만이었지만 하나님을 사모하는 그들의 뜨거운 믿음에 매번 감동과 도전을 받았습니다. 하지만 제가 TV에 나오고 이름이 알려지자 작은 교회에서 더 이상 연락을 하지 않았습니다. 많은 사례비를 지불해야 한다고 지레짐작해 부담을 느낀 것 같습니다."

김석균 목사는 잃어버린 사역지를 찾게 해 달라는 기도를 드렸습니다. "교회가 작아 성도 수가 적고, 사례비를 줄 수 없다 한들 아무 상관이 없습니다. 하나님을 기쁘게 찬양하는 사람들만 있다면 어디든 갈 생각입니다."

이때 탄생한 찬양이 "주의 길을 가리라"는 찬양입니다.

"비바람이 앞길 막아도 나는 가리 주의 길을 가리
눈보라가 앞길 가려도 나는 가리 주의 길은 가리
이 길은 영광의 길 이 길은 승리의 길
나를 구원하신 주님이 십자가 지고 가신길
나는 가리라 주의 길을 가리라
주님 발자취 따라 나는 가리라 나는 가리라
주의 길을 가리라 주님 발자취 따라 나는 가리라"

6. '사랑의 종소리'의 뒤 이야기

<주께 두 손 모아 비나니 크신 은총 베푸사
밝아오는 이 아침을 환히 비춰주소서>

이렇게 시작되는 <사랑의 종소리>가 작사 작곡된 지 20년이 되었습니다. 그동안 많은 일화를 남긴 이 곡은 지금도 많은 성도가 애창하는 복음
성가입니다.

<사랑의 종소리>는 1984년 5
월, 당시 함께 찬양사역을 하던 전
춘구 전도사(현 인천 은성교회 담
임목사)의 결혼 축가로 쓰인 곡입
니다. 그러나 이 찬양은 이 땅에 태
어나지 못했을 뻔한 곡입니다.
82년도에 창단된 <어부들> 중
창단은 김석균, 전춘구, 심희원(피

아노) 세 사람으로 구성이 되어 사역하고 있었습니다. 멤버 중 한 사람인 전춘구 전도사가 결혼하게 됩니다. 그 소식을 접한 김석균 목사는 축가를 작곡해서 불러주겠노라고 약속을 했습니다. 그러나 결혼 날짜가 임박하는데도 가사 한 줄도 떠오르지 않았습니다. 고린도전서 13장을 수 없이 읽고 또 읽었습니다. 그러나…. 결국 작곡을 포기하고 결혼하는 전도사에게 축가를 부를 수 없음을 통보했습니다. 그런데 어찌 된 일인지 결혼식 며칠을 앞두고 결혼식 날짜가 일주일 연기되었다고 연락을 해온 것입니다.

그날 <나타샤>라는 명화극장을 보다가 하나님의 특별한 은혜를 경험하게 됩니다. 남녀 주인공이 독일군에게 쫓기다가 어느 성당에서 신부님의 주례로 간략한 결혼식을 올립니다. 그런데 그때 독일군이 성당 안으로 들이닥칩니다. 결혼 축하하러 왔던 동료들이 결혼식장엔 들어가지 못하고 성당 밖에서 성당 종에 총을 쏘아 축하 메시지를 전합니다. "땡그랑 땡그랑" 그 장면을 보고 <사랑의 종소리> 가사를 써나가기 시작합니다.

> "주께 두 손 모아 비나니 크신 은총 베푸사
> 밝아오는 이 아침을 환히 비춰주소서"

축하할 수 없는 동료들이 총으로 종을 울리며 보낸 간절한 축하 메시지를 상상하며 쓴 찬송입니다. 사실 우리는 많은 사람의 행복을 빌지만, 행복하게는 할 수 없습니다. 주님만이 행복을 줄 수 있는 분이십니다. 그래서 가장 아름다운 관계는 그렇게 서로 기도하는 관계가 아닐까 생각했습니다. 가장 아름다운 찬송은 기도입니다. 그 찬송이 <사랑의 종소리>입니다.

며칠 뒤 곡이 완성되었고, 신랑(전 전도사)에게 축가를 부르겠노라고 전화를 했으나 거절당하고 맙니다. 축가를 불러주겠다고 한 사람들이 너무 많았기 때문입니다.

그래서 <사랑의 종소리>는 정작 축가로 준비한 신랑 신부를 위해서 불려지진 않았습니다. 그런데 김석균 목사는 그 일에 대해 더 큰 하나님의 섭리를 이야기합니다. "결혼식이 한 주간 연기되지 않았으면 축가를 작곡할 필요가 없었고, 결혼식이 연기되는 바람에 명화극장을 보게 되어 <사랑의 종소리>를 작사 작곡하게 되었고, 새롭게 출발하는 이 땅의 많은 가정에 하나님이 들려주고픈 메시지가 있기에 결혼식을 연기하게 하신 것이 아닌가? 라고 고백합니다.

또 다른 사연 1
어느 날 옆방에서 나지막하게 부르는 노랫소리가 들리는데 어찌나 마음이 평안해지는지…. 교도관에게 부탁해서 그 노래를 부른 사람을 찾아냈고 그 사람에게서 노래를 배우게 되었습니다. 찬양을 통해 주님을 만나게 된 그녀는 눈물을 펑펑 쏟으면서 그 찬양을 부르고 간증을 합니다. 그 곡은 <사랑의 종소리>이고, 그 사람이 바로 80년 초 어음부도 사건으로 세상을 뒤집어 놓은 <장영자>입니다. 그녀는 우리가 잘 아는 대로 불교 신자입니다. 세계에서 제일 큰 불상을 제주도에 만들겠다고 호언장담한 사람입니다. 그런 그녀가 가슴에 들려온 노래(사랑의 종소리)로 인해 삶의 주인을 주님으로 바꾼 것입니다.

또 다른 사연 2
몇 년 전, 부활절이 임박한 어느 주일, 북한 평양에 있는 봉수대 교회에서 남북한 기독교 연합회 주최 부활절 연합예배가 열렸다고 합니다. 그 자리에 참석한 목사님의 간증입니다.
"봉수대교회 성가대가 <반갑습니다-북한의 가요>와 <사랑의 종소리>를 부르는데 어찌나 눈물이 쏟아지던지, 큰 감동을 하였노라고…. 생명이 없는 노래를 부르는 북한 주민의 가슴에 <서로 참아주면서 서로 감싸주면서 서로 사랑하면서 주께로 가는 길>이 이 땅에서 살길이라고 말씀하시는 하나님의 음성이 들리더라"고 고백을 합니다. '어떻게 북한 땅에서 <사랑의 종소리>가 울려 퍼질 수 있겠는가!'하며 감동했다고 합니다.

또 다른 사연 3
1985년 12월, MBC TV에서 김석균 목사에게 전화가 왔습니다. 연말 특집으로 <아름다운 노래 대상> 시상식을 준비하고 있는데, "김 선생님의 <사랑의 종소리>가 뽑혔으니 방송국에 오셔서 준비에 협조해달라"는 것이었습니다. 방송국 담당자가 조건을 하나 내세웠습니다. "선생님! 사랑의 종소리라는 곡이 오늘 행사에 너무나 어울리는 곡입니다. 가사를 약간만 고치면 상을 받을 수 있을 것 같습니다. 어떠세요?" 방송 담당자는 특정 종교의 단어 '하나님', '주'가 들어가서는 안 되므로 스태프가 작업했으니까 그대로 불러달라고 하는 것이었습니다. 김석균 목사는 거절했습니다.

"방송 출연을 그만두겠습니다. 하나님 이름을 지워가면서까지 상에 얽매이지 않겠습니다. 그만 가겠습니다" 하고 돌아서려니 방송 담당자가 붙잡고 사정을 하면서 생방송의 차질이 생기니 그대로 하라는 것이었습니다. 그날 김석균 목사는 50인조 오케스트라를 지휘했고, 문경일, 손영진 두 사람이 듀엣으로 찬양하여, 하나님께 영광을 돌렸습니다. 물론 상금은 받지 못했습니다. 김석균 목사는 그날을 상상하며 이렇게 고백합니다. "만약 내가 그들의 요구를 들어주고 상금까지 받으며 유명해졌다고 해보자. 그것이 과연 하나님이 원하는 것이었을까? TV를 시청하던 수많은 성도가 얼마나 가슴 벅차게 찬양을 들었을까? 또 하나님은 얼마나 기뻐하셨을까? 참 잘했다는 생각을 두고두고 하고 있습니다."고 말입니다.

"친구의 고백"의 다윗과 요나단 황국명 목사

♪

대표곡 : 아름다웠던 지난 추억들(친구의 고백) 주만 바라볼지라, 주님
손잡고 일어나세요, 요한의 아들 시몬아

1. 다윗과 요나단 멤버와 시작

황국명 목사님과 전태식 목사님이 속한 CCM
듀엣찬양팀으로 1981년에 팀을 결성하였고, 대학가
요제를 나가려 했지만 황국명목사님이 신학생이라
찬양만 하기로 하였다고 합니다. 그시절은 찬양문
화가 태동하기 전이라 문학의 밤 찬조출연과 결혼
식 축가, 그리고 헌신예배 특송정도가 활동의 전부

방송실황

였다가 1985년 극동방송 제4회 전국복음성가경연대회를 통해 방송활동을
시작하여 전국적으로 활동을 넓히게 되었다고 합니다. 다윗과 요나단이라
는 이름은 같은고등학교와 같은 교회의 친구사이여서 다윗과 요나단의
우정을 닮고저 그렇게 이름을 지었다고 합니다.

다윗과 요나단은 제4회 복음성가경연대회 특별상을 받았습니다. 그때
대상이 찬냇소리(놀라운 주의 사랑), 금상이 듀엣 샬롬(기도), 다윗과 요나
단은 아름웠던 난 추억들로 시작하는 "친구의 고백"으로 PD들이 주는 특
별상을 받았다고 합니다.
극동방송복음성가경연대화는 박종호(6회 대상), 송정미(8회대상) 등
유명한 복음성가가수들을 배출했습니다.
다윗과 요나단은 대상이 아니었는데도 지금까지 쓰임받는 것을 보면

서 하나님의 눈과 사람의 눈은 많이 다른 것 같습니다. 그래서 못 알아준다고 실망 말고 하나님 맘에 드는 것이 더 중요한 것을 깨닫습니다.

2. 황국명 목사의 어린 시절

황국명 목사님께서는 굉장히 어려운 어린 시절을 보냅니다. 아버지가 일찍 돌아가시고 형님도 월남전에서 전사하십니다. 그래서 어렸을 때 꿈이 군인이었습니다. 형님의 복수를 하고 싶었다고 합니다. 경상북도 영덕이라는 시골에서 어머니와 단둘이 살다가 중학교 때 서울에 있는 네째 누나가 불러서 누나 집에서 같이 살았는데 단칸 여관방에서 가족 9명(누나부부2명, 누나자녀 5명, 엄마, 자기)이 생활할 정도로 여려웠다고 합니다. 고등학교 1학년 때 덩치가 제일 컸던 반장이 전도를 했는데, "교회 안 나오면 죽어"라고 협박같은 전도를 해서 교회 나가기 시작 하였고, 한 동안은 예쁜 여학생 때문에 다니다가, 그 후에 선생님이 너무 잘해 줘서 다녔다고 합니다. 하나님은 참 묘하게 우리를 인도하시는 것 같습니다. 그러다가 수련회 때 캠프파이어를 하는데 목사님께서 십자가에 죄를 적은 종이를 못박게 하고 우리 죄 때문에 주님께서 십자가에 못박혀 돌아가셨다고는 말씀하시며 십자가를 태우시는데 눈물 샘이 터졌습니다. 온갖 죄들이 떠 올랐다고 합니다. 하나님의 은혜를 처음 체험한 것입니다. 어릴 때 죄가 있으면 얼마나 있겠습니까? 그런데 주님은 그때 죄보다 주님의 사랑을 보게하십니다. 그래서 우리 죄가 그렇게 크게 느껴지는 것입니다.

찬양 모음

그때 누나는 신이 내린 상태라 좁은방 한 켠에 신주단지를 모셔놓고 매일 빌었는데 동생이 하나님의 은혜로 사는 것을 보고서 지금은 전도사가 되었다고 합니다.

3. 다윗과 요나단의 대표곡과 작곡 배경

1) 친구의 고백, 요한의 아들 시몬아

권희석이란 신학교 후배가 작사 작곡한 것입니다. 시각 장애우였고, 나중에 목사님 되셨고, 지금은 돌아가셨다고 합니다. 첫째준 곡이 "친구의 고백"입니다. 그리고 두번째 준 곡이 "요한의 아들 시몬아" 인데 성지 순례를 가면 갈릴리 호수의 선상에서 매일 이 찬양을 틀어줍니다. 그런데 이 두곡이 베드로의 이야기를 다룬 곡입니다.

황국명목사님은 베드로가 처음엔 요즘으로 얘기하면 교회만 다닌 것 같다고 하십니다. 예수님의 설교를 매일 들었지만 다 이해하지도 못했고,

자신의 가치관으로 해석했다는 것입니다. 그래서 실패자가 되기도 했도, 예수님을 부인하고 저주까지 하며 도망가고 말았습니다. 그러나 부활하신 주님을 만난 후 그의 인생과 가치관이 비로소 변하는 것을 보는 것 처럼 오늘날 우리도 나의 소원을 이루는 방편으로 교회를 다니지 말고 예수님을 인격적으로 만나야 한다고 목소리를 높이시더군요.

그리고 요한의 아들시몬아를 통해 목사로서 다시 거듭난 이야기도 들려 주셨습니다.

지금까지 그 노래를 만번 이상 부르셨는데 수천번 부르면서도 노래할 때마다 배드로에게 하신 것처럼 목사님께도 묻고 계셨는데 노래하는 일에 집중하느라 못 들으셨다는 겁니다.

어느 실패의 현장에서 들려 온 질문에 자신있게 대답했지만 거듭거듭 물으시는 바람에 대답은 점점 기어들어가다 결국 내 삶에 문제가 있음을 깨닫고 기도굴에 들어가 밤새도록 주님과 씨름을 하게 되었답니다.

모든 죄를 회개했지만 편치 않은 마음에 자신을 돌아보고 회개하기를 반복하며 밤을 지새운 새벽에 건강을 잃을 정도로 찬양하며 사역했던 것이 온전히 주님을 위한 것이 아니라 자신을 위한 것이었음을 깨닫게 되셨다고 합니다. 다윗과 요나단으로 성공하고, 황국명목사로 유명해 지고 싶은 것이 주님을 사랑하는 마음 보다 크고 우선이었으며 그 사역을 통해 평안을 맛보지 못했다고 합니다. 그날 새벽 눈물로 회개하고 이제는 어디든 부르시는 곳에 환경 보지 않고 기쁨으로 달려 간다고 하십니다.

음반에 얽힌 사연)17년동안 교회에 다니는 것 때문에 남편에 맞고 고난 당하다가 남편을 위한 기도를 포기하는 순간 남편이 갑자기 교회에 가겠다고 해서 왜 그런가 물었더니 어디서 무슨 노래를 들었는데 가슴에 와 닿고 좋더라고 해서 무슨 노래인가 봤더니 '친구의 고백'이라는 곡이었습니다.

이민자들 중에는 남편 따라갔다가 공항에서 버림받고 영어도 안되니까 구걸해서 30년, 40년 근근히 버텨온 이민자들이 그 찬양이 없었으면 난 죽었어요라는 눈물의 고백을 들을 때는 정말 소름이 돋습니다.

2) 주님 여 이 손을 꼭 잡고 가소서

침례신학대학교를 다니던 시절 마지막 학기 학비를 못내서 졸업시험을 못 보고 절망하고 있을 때 친구 전태식형제가 작은 교회당에 앉아 "주님여 이손을 꼭 잡고 가소서"피아노를 치면서 들려 주었습니다.

처음엔 맘음이 가지 않는데 계속 부르는 것을 보면서, 자기도 모르게 따라 불렀다고합니다. 몇 번인지 몇 시간인지 모르게 부르며 통곡한 후 전태식형제가 내민 성경이 "사41:10 두려워 말라 내가 너와 함께 함이라"는 말씀이었고, 그 말씀을 아멘 하고 붙들었는데 3일 만에 납부금이 해결되었다고 합니다.그리고 그해 졸업을 했습니다.

그리고 담임목회를 해야하는 상황이 되어 고별 콘서트(꿈나무 소극장)와 기념음반을 내고 활동을 접으려 했는데 많은 성도들에게 들려지면서 1년 만에 2집을 내게 되었고 그게 100만장이 팔렸다고 일간스포츠 신문에 "복음성가밀리언시대를 열다"라는 제목으로 나왔는데 음반회사는 돈을 벌어 빌딩을 세우기도 했지만 본인들에게는 말도 안되는 작은 돈을 주어 지금까지 월세를 살며 만나로 사역하고 있다고 하더군요.

3) 주만 바라볼지라
1992년 4집 음반 발표 후 전태식은 미국으로 떠났습니다.
그리고 혼자 남았는데 위기가 닥쳤습니다.
다윗과 요나단은 남성 듀엣인데 혼자가 되었으니 당연히 방송국에서도 곤란해 했고, 집회가 취소되기도 했습니다.
그래서 홀로서기를 하려고 두 사람이 부르는 정도의 파워를 기르기 위해 훈련에 돌입하였습니다. 이때 락음악을 틀어놓고 악을 쓰며 따라하다 너무 무리를 해서 인지 목에서 피가 나왔고, 심각한 성대결절 진단을 받습니다.
의사는 "수술을 할 수도 없고 노래는 물론 말도 못 할 수도 있는 거예요."라고 가수에게 사형언도 같은 진단을 받습니다.
그때 어느 교회 찬양집속에 작사 작곡자가 없는 곡을 발견하게 됩니다.
"너의 작은 신음에도 응답하시고"이 찬양을 부르면서 그 가사에 얼마나 울었는지 모릅니다. 하나님은 저의 컥컥대는 소리에도 귀 기울이고 계셨다는 사실에 위로를 얻었습니다. 2년 동안 "다시 노래 할 수 있도록 해달라"고 기도했는데, 하나님은 기적으로 치료하셨고, 다시 노래 할 수 있게 해주셨습니다. 그게 5집 음반입니다. 5집 음반 10번째, 마지막 곡이 "주만 바라볼지라"입니다.
이 음반 때문에 매일 집회하게 되고. 하루 6번까지 집회할 정도로 성공적이었습니다.
4년 연속 연말에 극동방송국으로 부터 한국복음성가 대상이라는 상을 받으면서 홀로서기에 성공하게 되었었던 것입니다.

저도 절망 가운데서 이 노래로 다시 일어설 수 있었지만 첫열매가 청주에 사는 고3 여학생이었습니다.

입시의 압박에 못 이겨 자살을 결심하고 시행하러 가던 중 레코드 가게에서 흘러나오는 이 노래를 듣고 주님을 만났다는 편지를 받았습니다.

4) 주님 손잡고 일어서세요

그렇게 혼자서 쉴틈 없이 사역하다 98년 건강이 무너졌습니다.

청각신경마비가 왔고, 날마다 미열에 시달리며 몸이 아파 병원엘 갔더니 만성피로 증후군이라며 "쉬지 않으면 죽습니다."라는 진단을 받습니다.

그때 한국은 IMF 상황으로 교인들도 자살할 만큼 힘들었는데 김석균 작곡자(고백, 비바람이 앞을 막아도, 쓴잔 등을 주신)로부터 "주님 손잡고 일어서세요"와 "해같이 빛나리"를 받아 7집을 발표한 후 활동도 못한채 99년 1년만 요양을 하고 올 계획하고 미국으로 갑니다.

그곳에서 이민자들이 겪는 아픔을 경험하게 되고 그들을 주님의 마음으로 품고 14년을 머물다 이제는 다시 한국으로 돌아와 활동을 이어가며 월드비전 홍보대사로 죽어가는 아이들을 살리는 사역과 미자립교회를 찾아가 섬기는 사역을 하고 있습니다.

항국명 목사님의 고백입니다.

"고난은 우선 순위를 바꾸라는 하나님의 사인(sign)입니다. 어떤 잘못을 살았든지 어떤 죄를 지었든지 빨리 주님께로 돌아오면 새벽빛같이 어김없이 회복시켜 주십니다."

황국명목사
전화 010-3006-1478
페이스북 https://www.facebook.com/dnjhwang

"내가 죽고 주가 산다면"의 찬양사역 35년 인생
최인혁 찬양사역자

♪

1. 찬양사역자로 부르심

고등학교 수련회 때 전도사님께서 "내 평생에 가는 길 순탄하여" 작곡가 스태포드에 대해 이야기해 주는데 감동을 하여 찬양사역자의 길로 헌신했습니다.

그때 "나도 찬양을 부르면서 저렇게 찬양에 대한 이야기를 해주고 싶다."고 결심했다고 합니다. 사연을 알고 찬양하는 것과 모르고 찬양하는 것이 다르잖습니까?

지금도 최인혁 찬양사가 힘들고 어려울 때 이 찬양을 부른다고 합니다. 그러면서 "예수를 믿는다는 것은 환경이 바뀌는 게 아니라 환경을 보는 눈이 바뀐다."고 이야기 합니다. 그는 60세가 다 되었는데 청소년들 앞에서 춤추면서 찬양합니다. 그리고 찬양에 얽힌 사연을 이야기해 주곤 합니다. 그것이 그의 사명이라고 이야기합니다.

2. 전도사님께서 들려준 스태포드 이야기

1872년 프랑스 호화여객선 드 아브르호가 뉴욕을 떠나 영국으로 항해하던 중 바다 가운데서 영국의 철선과 충돌하여 침몰합니다.

방송실황

그때 스태포드의 아내는 구조되고 네 자녀는 목숨을 잃게 되었습니다.

비보를 접한 스태포드는 즉시 영국행 여객선에 승선하고 자녀들이 탔던 배가 침몰한 지점에서 검푸른 파도가 일렁이는 비극적인 현장을 목도하면서 스태포드는 하나님을 향해 울부짖었습니다.

"나는 하나님을 사랑하는데 어찌하여 나의 사랑하는 아이들을 데려갔습니까? 나를 버리신 것입니까?"

그때 비통한 아버지의 심정을 하나님께서 위로하시고 주신 말씀으로 찬송가를 짓습니다. 그 찬송이 "470장 내 평생에 가는 길 순탄하여"입니다.

"내 평생에 가는 길 순탄하여
늘 잔잔한 강 같든지 큰 풍파로 무섭고 어렵든지
나의 영혼은 늘 편하다.
저 마귀는 우리를 삼키려고 입 벌리고 달려와도
주 예수는 우리의 대장 되니 끝내 싸워서 이기겠네.
내 영혼 평안해 내 영혼 내 영혼 평안해"

지금도 최인혁 찬양사는 힘들고 어려울 때 이 찬양을 부른다고 합니다.

3. 예수전도단 찬양사역

1985년 예수전도단 화요모임 찬양인도자로 섬기다가 그의 첫 번째 앨범은 1988년 예수전도단 4집으로 박종호씨와 함께 내었습니다.

예수전도단 찬양사역에는 세 갈래가 있습니다.
① 예수전도단 시리즈 가수- 박종호, 최덕신, 송정미 등
② 예수전도단 화요모임 찬양인도자 - 최인혁, 박휘광, 고형원, 조근상, 윤주형, 이정민, 이천 등

③ 예수전도단 캠퍼스워십 - 심형진 등 으로 나눕니다.

　최인혁 찬양사는 찬양인도자를 하다가 찬양사역자(가수)로 헌신합니다. 그리고 35년을 그 길을 걸어옵니다.

최인혁 가수
　　　　남성

출생　1960년 10월 20일 (서울◻
소속　인피니티뮤직 (제작이사)
사이트　미니홈피

4. 인간 최인혁 찬양사역자

　참 정이 많은 사람입니다. 어려운 이웃들을 위해 없는 살림에 500만 원을 기부하며 자기는 하나님께서 시켜서 한 것 밖에 없다고 하나님을 찬양하고, 월드비전 같은 사회 운동에도 열심이 있는 분입니다.
　특히 예수전도단 출신들과 깊은 교제를 나누고 있습니다.

고형원 씨의 곡을 많이 불렀습니다. "오 예수님 내가 옵니다.", "모든 이름에 뛰어난 이름"은 고형원 씨가 준 곡입니다.

예수 전도단 출신 사역자들은 전국을 찬양의 부흥으로 물들인 '부흥 투어' 때 1년여 간을 집에도 가기를 포기하고 같이 생활하면서 전국을 돌며 부흥 찬양 집회를 인도하는데 헌신합니다.

그리고 박종호 장로가 암 투병할 때에도 최인혁 찬양사역자는 "우리 박종호가 다시 노래할 수 있게 해 주세요"라고 하면서 '프렌즈'라는 콘서트를 열어 수술비를 마련할 정도로 인간적인 면에서도 참 좋은 형님 같은 사람입니다. 그때 함께 했던 분들이 고형원, 송정미, 최덕신, 하덕규씨 등이었습니다.

5. 찬양사역을 하며 힘들 때마다 생각나는 일

워싱턴에 유학을 가 있던 후배와 어느 무명의 교역자가 워싱턴의 한인들을 위한 집회를 와 달라고 부탁을 받고 가게 됩니다. 지금도 그렇지만 어디든 부르면 달려가는 것이 자기의 사명이라 생각한 그는 오랜 시간 비행기를 타고 워싱턴으로 향했습니다. 후배와 그 교역자는 이민 교회 안에서 큰 영향력이 있거나 인맥이 좋은 것은 아니었지만 도착해 보니 여러 교회 집회가 잡혀 있었습니다.

그때 집회 중 하나는 워싱턴 지구촌교회의 본당을 빌려서 준비한 것입니다. 좌석이 700에서 800석쯤 되어 보이는 예배당이었는데 한두 사람이 모이든가 싶더니 막상 집회가 시작될 때 모인 사람의 숫자는 겨우 20명 정도였습니다. 참 황당하고 당황스러웠지만, 다행히 그는 사람이 적게 모인 곳에서도 자주 찬양사역을 해 보았고, 예수 전도단 시절에는 이삼십 명의 사역자가 시골 할머니 한두 분 앞에서도 전도하며 찬양하던 경험이 있었습니다. 그는 비록 적은 숫자의 사람들이었지만 예배당에 모인 귀한 생명을 위해 찬양의 목소리를 높였습니다. 그리고 집회시간은 그의 예배시간

이기도 했기에 하나님을 만나고 싶은 마음으로 목숨을 다해 예배를 드렸습니다.

그가 일정을 마치고 한국에 돌아온 후 일주일이 지났을 때 한 통의 전화가 걸려 왔습니다. 다름 아닌 그를 초대한 후배였습니다. 그리고 그 후배가 전해 준 소식에 그는 감격하지 않을 수 없었습니다. 그 후배가 말하기를 이민생활에 찌들어 여러 번 자살을 결심하고 시도까지 했던 한 자매가 예배당에서 울려 퍼지는 음악 소리를 듣고 호기심에 워싱턴 지구촌교회를 찾았다고 합니다. 그날도 죽으려고 단단히 마음먹고 있던 그 자매는 잠시 예배당에 앉아 최인혁 찬양사역자의 찬양과 간증을 듣게 되었고, 감사하

게도 최인혁 찬양사역자의 간증을 들은 자매는 뜨거운 눈물을 흘리며 하나님께서 주신 남은 삶을 열심히 아름답게 살겠다는 굳은 다짐을 했다고 합니다. 그리고 그녀는 다시 살 수 있는 계기를 마련해줘서 고맙다는 말과 마음을 최인혁 찬양 사역자에게 꼭 전해달라고 했답니다.

그런데 그 후배와 통화하던 말미에 주님이 "인혁아 전화하지 않은 수많은 사람도 있단다"라고 하는 마음을 주셨습니다. 그는 부족하고 나약한 자신을 사용해서 한 영혼이 살아 났다는 감격에 전화를 끊고 너무 감사해서 한참을 울었다고 합니다.

6. 최근 앨범과 찬양에 대한 사명

2017년 12년 만에 솔로 앨범을 발표합니다. 그중에 "인생 한번"이라는 찬양이 있습니다.

"인생 한번"

인생 한번 왔다 가는 세상 무얼 위해 살까
영원한 내 집을 바라보며 주를 위해 살리

인생 끝이 나고 주께 가면 주님 뭐라실까
그때 주님 칭찬하시도록 주를 위해 살리

내 마음 내 능력 모두 주님께 드리리
내 능력 내 소망 모두 드리리라

가라 세상 향해 못다 한 네 꿈 이뤄지리라
세상이 널 감당치 못하리
담대함으로 담대함으로 가라 세상으로
내 마음 내 능력 모두 주님께 드리리

내 능력 내 소망 모두 드리리라

이 곡의 가사에 그의 사명이 담겨있습니다.

　인생 한번 왔다 가는 세상 무얼 위해 살까
　영원한 내 집을 바라보며 주를 위해 살리

　인생 끝이 나고 주께 가면 주님 뭐라실까
　그때 주님 칭찬하시도록 주를 위해 살리

　외로운 찬양사역의 길 35년, 그리고 나이 59세 그가 바라보는 것은 주
님께 칭찬 받도록 주를 위해 사는 것입니다.

　그는 한 인터뷰에서 "찬양은 호흡이고, 하나님을 깊이 만날 수 있는 예
배"라고 이야기했습니다. 그는 찬양 때문에 살고 있었고, 앞으로도 찬양
때문에 살 것입니다. 검은 머리가 하얗게 될 때까지 청소년 앞에서 뛰면서
찬양하는 것을 상상해 봅니다.

30주년 콘서트

"부흥"의 고형원 선교사

1. 고형원 선교사의 찬양

대표곡 : 비전, 물이 바다 덮음같이, 모든 열방 주볼 때까지, 그날, 주께
　　　서 주신 동산에 피 흘리며 씨를 뿌리고, 파송의 노래, 오직 주
　　　의 사랑에 매여, 부흥, 부흥 2000 등

부흥 2000 콘서트에 불린 곡들은 CD로 만들어 5십만 장 정도 팔렸다
고 합니다. 이 곡들을 통해 한국교회 예배음악이 바뀌었고, 경배와 찬양,
찬양예배가 새로운 성격으로 바뀌었습니다. 친교, 은혜 위주의 찬양에서
선교, 열방을 향한 하나님의 마음을 담은 찬양이 생겨났다고 봐야 합니다.
이때 불렸던 찬양들이 식어버린 부흥의 열정과 기도를 새롭게 하는 놀라

운 역사가 일어났습니다.

고형원 선교사의 찬양 특징은 복음이 내 안에만 머무는 것이 아니라 외부로 확장되어야만 하는 것임을 강조한 찬양들이 많습니다.

2. 고형원 선교사가 찬양사역자가 된 배경

고형원 선교사는 원래 찬양사역자가 꿈이 아니었습니다. 고대 건축공학과 출신입니다. 공고 출신이 고대에 간다는 것은 하늘의 별 따는 것보다 더 힘든데 정말 하늘의 별을 땄습니다. 이 만큼 노력파라고 보면 됩니다.

1) 예수전도단 활동의 시작

고등학교 때 예수전도단 간사 선배를 따라 화요모임에 갔다가 교회에서 찬양인도를 하게 되었다고 합니다. 그리고 예수 전도단 제자훈련(DTS)를 6개월을 받았고, 그때 사실 악보도 음악도 몰랐다고 합니다. 선배가 도와주어 악보를 그리게 되었고, 대학교 2학년 때엔 해외의 바이블칼리지에 가고 싶었지만, 건강 문제로 접었습니다.

그러다 기도하는 중에 창세기 12장의 아브라함이 믿음으로 본토와 친척, 아비 집을 떠나는 이야기에서 깊은 감동을 받았습니다. 하나님이 주신 마음이었습니다. "형원아, 네가 평생 나를 위해 살기 원한다면 나를 의지해라. 너의 모든 필요를 내가 제공해 줄 것임을 믿고 네 본토와 친척, 아비 집을 떠나거라." 주님의 길을 따라야겠다는 확신이 왔습니다. 군대에서 2년 반 있는 동안 기도를 하면서 하나님께서 전임 사역자로 부르셨다는 확증을 갖고 제대를 하게 됩니다.

1986년부터 파트타임으로 사역하다 이듬해부터 전임 사역자로 예수전도단 공동체에 들어갔습니다. 한국에서 5년간 풀타임으로 사역하다 캐나다로 넘어갔습니다. 캐나다에서도 5년 정도 예수전도단의 전임 간사로 일했고 이후 5년 정도는 신학교를 다니며 파트타임으로 예수 전도단 찬양팀을 인도했습니다.

2) 허리통증이 심해 대학을 중퇴

제대 후 복학을 했습니다. 당시 대학 축제 기간에 선교 동아리들이 캠퍼스에서 예수 행진을 하면서 기도하는 행사들이 많았습니다. 그는 6~7개의 예수 행진 행사를 섬겼었는데 마지막으로 고대에서의 행사를 마쳤을 땐 허리통증이 극심해졌습니다. 의사는 그가 5~6개월 누워 있어야 한다고 했습니다. 그때가 인생에서 제일 힘든 시기 가운데 하나였다고 고백합니다. 건축과에선 설계 작품을 해야 하는데 허리가 아파서 할 수 없었습니다. 결국, 학업을 내려놓게 됩니다.

학교를 그만두고 예수 전도단 공동체로 들어가서 아픈 몸으로 사역했습니다. 점차 통증이 완화됐지만, 캐나다에 가서도 3일에 한 번은 약을 먹어야 잘 수 있을 정도로 증세가 오래 지속됐습니다. 고생을 많이 했습니다. 그런데 생각해보니 그 고통의 시절이 있었기에 지금 이 길을 걸을 수 있었다고 고백합니다.

"허리 통증이 없었다면 건축과를 마쳤을 것이고, 그러면 제 인생은 지금과는 많이 달라졌을지도 모릅니다. 결국, 모든 것이 하나님의 섭리라는 생각입니다. 오히려 감사할 수 있었습니다. 지금도 당시 함께 활동했던 예수 전도단 사람들은 '허리 어때'라고 묻습니다."

3) 예수 전도단을 선택한 이유

고등학교 1학년 때인 1978년부터 명동에서 매주 열린 예수 전도단 화요 모임에 참석했습니다. 아주 강력한 하나님의 임재가 있는 모임이었습니다. 당시 교회 예배와 일반 선교단체에서도 하나님의 임재를 기대하기는 어려웠던 시기입니다. 매번 1,000명에서 2,000명이 모여 찬양하는데 하나님의 임재가 그곳에 가득하여 울고, 회개하고, 헌신하고 자연스럽게 자신을 표현하는 예배를 드렸습니다.

그때 "하나님, 평생 당신의 영광을 위해, 당신의 임재 가운데 살고 싶습니다. 60살까지는 찬양인도를 하고 싶습니다."라는 고백을 드렸다고 합니다.

3. "부흥"의 작곡 배경

1997년 예수 전도단에서 낸 첫 앨범 "부흥-이 땅의 황무함을 보소서"에 실린 곡이 '비전'과 '부흥'입니다. 이 곡이 만들어지게 된 배경이 인도네시아 선교 때문입니다.

1992년에 DTS의 스탭으로 인도네시아를 방문합니다. 이슬람권인 인도네시아에 강력한 예배가 있을 것이라고는 생각지 못했습니다. 그러나 반전이 일어났습니다. 첫날 갔던 인도네시아 교회에서 수백 명의 성도가 1시간이 넘도록 모두 함께 일어나서 찬양하며 기쁨 충만한 예배를 드리는 것이었습니다. 이후 방문한 교회마다 뜨거운 임재의 예배를 드리는 모습을 보았습니다.

그것은 신선한 충격이었습니다. 사역하러 갔다가 사역을 당했다고나 할까요?

어느 교회에서 예배 중에 성찬식이 있었습니다. 인도네시아 장로님께서 성찬 잔을 들고 6~7분간 울면서 감사 기도를 하시는 것이었습니다. 평생 그런 장면을 처음 봤습니다. 그때 고형원 선교사는 이렇게 기도를 드렸습니다. "하나님, 우리 한민족을 마지막 시대에 주님이 다시 오실 길을 예비하는 민족으로 부르셨음을 믿습니다. 하나님, 부디 그 사명과 부르심의 촛대를 옮기지 말아주세요."

인도네시아를 선교지로 알고 왔는데 일반 기독교 가정에서도 방언 찬양을 하며 뜨거운 예배를 드리는 모습과 청년들이 헌신하는 것을 보면서 우리나라의 예배를 생각하며 회개 기도를 드리게 됩니다. 이후 4~5년 동안 그 기도를 품고 살았습니다. 그런 가운데 하나님께서 주신 노래가 '부흥'과 '비전'이었습니다. 운전하면서도, 들판을 거닐면서도 그 기도를 드렸기에 부흥 음반이 나오게 된 것입니다.

사실 음반에 '부흥'이라는 이름은 캐나다에 있을 때 당시 예수전도단 한국 대표였던 홍성건 목사님께서 "지금 한국에 고형원 선교사가 작곡한 '부흥'이란 노래가 급속히 퍼지고 있으니 부흥을 타이틀로 하면 좋겠다"고 제안하셨습니다. 그래서 홍성건 목사님의 제안을 따랐습니다.

'부흥'의 판매량

'부흥'은 당시 IMF로 힘들었던 한국에 위로와 힘을 준 찬양이기도 합니다. 1999년 발매한 부흥 2000 앨범은 판매량은 몇천 장도 나가기 힘든 시절인데, 판매를 주도한 예수전도단 출판부에서는 '부흥'과 '부흥2000' 앨범이 50만 장 넘게 나갔다고 합니다. 일부에서는 100만 장 정도 나갔다는 이야기도 나왔

부흥 콘서트

습니다. 기독교 음반 시장이 일반 시장의 7분의 1에서 10분의 1에 불과하다는 점을 감안하면 내난히 많이 팔린 것입니다. 전적으로 하나님이 하신 일이라고 생각합니다. 이후로 일반 가수들도 CCM계로 뛰어드는 배경이 되었습니다.

'부흥'의 특징

먼저는 한국 최고의 CCM 가수들이 연합으로 음반 작업을 했다는 점입니다. 고형원 선교사가 곡을 쓰고 다른 가수들이 와서 노래를 불렀습니다. 자연스레 연합사역이 됐습니다. 당시엔 연합으로 사역하는 분위기가 아니었습니다. 모두가 자신들보다는 하나님의 영광이 드러나기를 소망했습니다. 그때 이렇게 기도했다고 합니다. "하나님, 이 음반을 듣는 사람들이 우리를 기억하는 것이 아니라 '찬양 가운데 하나님을 만났습니다'라는 고백을 하기 원합니다."

또 하나는 음반에 들어있는 메시지입니다.

고형원 선교사는 CCM (Contemporary Christian Music)과 관련해서 컨템퍼러리 크리스천 뮤직뿐 아니라 컨템퍼러리 크리스천 메시지가 있어야 컨템퍼러리 크리스천 미니스트리가 일어난다 생각을 했습니다. 이 앨범이 나오기 이전에도 아주 아름다운 가사와 멜로디의 노래들이 많이 있었습니다. 그러나 메시지 적인 측면에서 과거에는 개인적 간증들이 많았습니다. 그러나 '부흥'과 '부흥 2000' 앨범에는 개인의 간증보다는 좀 더 큰 그림의 메시지가 들어 있었습니다. 하나님의 나라와 영광, 부흥, 민족, 통일, 북한 등 주제가 이전과는 좀 달랐습니다. '부흥'에 성공 비결은 하나님께서 기뻐하신 것에 초점을 맞추었다는 것입니다.

4. 북한에 대한 마음을 품게 된 계기

'그날'이 북한을 위해 처음 쓴 곡이고, 둘째 곡이 '강한 용사', 그 후 5개월 동안 '물이 바다 덮음같이', '부흥2000', '우리 함께 기뻐해' 등이 나왔습니다.

1) '그날'

1998년 '부흥 2000' 앨범에 담긴 하덕규 목사님의 '그날'이라는 노래는 북한을 위해 처음 쓴 곡입니다. 그 곡을 만들 즈음에 전 세계 3만여 명이 북한을 위해 금식 기도를 드렸습니다.

"하나님, 제가 생각하고 교육받았던 북한의 이미지가 있습니다. 그런데 하나님은 북한을 어떻게 보십니까?" 질문에 하나님이 주신 답이 있다고 합니다. "형원아, 저 북녘 땅에 사망의 그늘 아래 있는 백성이 있는데 그들은 오랫동안 나의 큰 슬픔이었다. 이 음성을 듣고 작곡한 곡이 '그날' 입니다. 유약하고 일이 잘 안 풀리는 자녀로 인해 근심하는 부모의 마음처럼 남한으로부터 점점 잊혀가는 저들은 정말 오랜 나의 슬픔이었단다."

2) '강한 용사'

1998년 6월 어느 날 성경 이사야 35장 3절과 4절 말씀을 읽을 때, '강한 용사'의 메시지가 강력하게 다가왔습니다. 이 전에도 읽었던 말씀인데 마치 처음 보는 말씀 같았습니다. "너희는 약한 손을 강하게 하며 떨리는 무릎을 굳게 하며 겁내는 자들에 이르기를 굳세어라, 두려워하지 말라. 하나님이 오사 너희를 구원하시리라"는 그 말씀이 레마(문자화된 성경 말씀이 삶의 현장에서 하나님의 음성으로 다가오는 것)로 강하게 임했습니다.

당시 해외에 있던 고형원 선교사는 북한에서 무슨 일이 일어나고 있는지 전혀 모르고 있었기에 북한 사람들에게 "두려워하지 마십시오. 하나님이 오셔서 당신들을 구원하실 것입니다"라는 말을 해도 되는지 이성적으론 납득되지 않았습니다. 하나님께서 분명 레마로 그 말씀을 주신 것이 확실했는데 말입니다. 그래서 그 말씀을 영어 성경으로 다시 보았습니다. 그 순간 생전 처음 '하나님께서 지금 내 입에 새 노래를 부어주신다'는 마음이 들었습니다. 그 마음과 함께 멜로디가 나왔습니다. 그렇게 나온 노래가 '강한 용사'라는 곡입니다. 고형원 선교사의 노래 가운데 가장 웅장하고 멋있는 노래 중 하나입니다.

3) 그 뒤에 주신 곡들

그런 경험을 통해 북한을 위한 노래를 만드는 것이 하나님의 뜻이라고 확신하게 됩니다. 그 후 5개월 동안 하나님께서 새로운 곡을 부어주셨습니다. '물이 바다 덮음같이', '부흥 2000', '우리 함께 기뻐해' 등이 그 시절에 나왔습니다. 운전하다가도 멜로디를 흥얼거리다 보면 '이거는 어떤 노래며, 어디서 불러야 할 노래'라는 영감이 떠오른 겁니다. 인도네시아에서의 경험이 있고 난 뒤 5년 동안 주신 노래는 '부흥' 음반에 다 들어갔습니다. '북한에 관한 노래가 들어간 새로운 앨범'을 내야 한다는 하나님의 깊으신 뜻을 확인한 뒤에는 새 노래를 만들고 싶은 소원이 커져 갔습니다. 하나님께서는 그의 마음의 소원에 응답하셔서 많은 곡을 부어주셨습니다. 곡이 너무 많아 '부흥 2000'은 2개의 CD로 만들게 되었습니다.

5. 앨범 "하나의 코리아"에 대하여

이 후에 부흥 한국이란 팀을 만들게 되었고, 북한에 대한 마음을 품고 2016년, 하나의 코리아란 앨범을 발매합니다. 엄청난 인력과 제작비가 투입되었습니다.

이 음반 제작을 위해 하덕규, 박종호, 송정미, 소향, 부활, 전인권, 인순이, 안치환, 송소희 등 유명가수 28명, 편곡자 22명, 연주자 127명, 음향엔지니어 22명 등 200여 명이 4년 6개월 동안 수고했습니다.

1) '한라에서 백두까지'

부흥 한국은 '한라에서 백두까지, 백두에서 땅끝까지'라는 슬로건을 갖고 있습니다. 그 슬로건도 하나님께서 주신 것입니다. 말씀을 읽으면서 하나님의 마음을 많이 깨닫습니다. "너희는 내 백성을 위로하라"는 이사야 40장 1절을 묵상하다가 "너희는 북녘에 있는 내 백성을 위로하라"는 말씀이 마음에 다가 왔습니다.

고형원 선교사가 의도해서 북한에 관한 음반을 만든 것이 아니라 음반을 만들어야 한다는 주님의 뜻에 순종했을 때, 음반 제작 과정에서 계속 새로운 영적 체험들을 하게 됐습니다. 평양과 개성을 방문하면서 그 땅 안에서 주신 노래들도 있었습니다. 하나님은 말씀을 묵상하거나 음반을 만들 때마다 계속 북한 땅과 동포들에 대한 마음을 주셨습니다. 그 마음에 이끌려서 순종하며 지금까지 따라온 것입니다.

2) '하나의 코리아'라는 명제를 던지고 나간 이유

사역을 위해 교회를 방문해 집회를 하다 보면 선교나 하나님 나라, 하나님의 임재 등에 대해선 너무나 뜨겁게 반응하지만, 북한에 대한 부분에서 막히는 경우가 있었습니다. "북한을 용서하고, 북한 사람들을 사랑하며 그들과 함께 살아야 한다"고 했을 때, 전체 청중들이 거부감을 느끼는 것을 보았습니다.

하나의 코리아

특별히 한 대형 교회에서 3번 연속 집회를 했는데 동일한 지점에서 똑같은 벽을 느꼈었습니다. 그때, '이거 정말 오래 걸리겠구나'라는 생각이 들었다고 합니다. 교회가 모든 차이점을 극복하고 북한을 품고 통일을 향한 대로를 열면 사람들은 '역시 기독교는 희생하며 민족을 생각하는 종교구나. 개인의 성공이나 야망의 덫에 갇힌 이기적인 종교가 아니구나'라며 돌아올 텐데 오히려 교회가 길을 막고 있다고 느껴졌습니다. 하나가 되기 위해선 정말 많은 시간이 걸리겠다는 생각에 절망감을 느꼈습니다.

그러다가 연변 과기대 20주년 행사 때 용정의 대성중학교를 방문했습니다. 중학교 교정의 윤동주 시비에서 서시를 보았습니다. 그 서시를 읽는데 '별을 노래하는 마음으로'라는 구절이 마음에 확 와 닿았습니다. 또한 '모든 죽어가는 것을 사랑해야지'라는 구절을 보면서 '하나님, 북한의 동포들이 죽어가고 있습니다'라는 마음이 들었습니다. '오늘도 나에게 주어진 길을 걸어가야겠다'는 시구에서는 한 사람 한 사람이 사명을 따라 걸어가는 세상에 대한 마음을 갖게 합니다. 그는 서시를 앞에 두고 기도합니다. 서시를 노래로 만들면 좋겠다는 생각이 들었습니다. 그러면 남쪽이든 북쪽이든, 신자건 비신자건, 모두 함께 부를 메시지가 될 것 같았습니다.

이 후 4년 반 정도 곡을 썼습니다. 마지막 1년 동안 녹음했습니다. 참 힘든 작업이었고 재정도 많이 들어갔습니다. '과연 일반 기획사나 가수가 응답할까'라는 두려움도 있었습니다. 여러 시행착오를 거쳤습니다. 그럼에도 개인적으론 참 의미 있는 작업이었습니다. 우리 때에 모두 통일 시대를 겪을 것이기에, 사전에 그 시대를 준비해야 한다는 차원에서 앨범을 진행하게 됩니다.

2016년 발매된 하나의 코리아 앨범. 5년여에 걸친 긴 프로젝트 끝에 탄생했습니다. 전인권, 박완규, 인순이, 소향, 신영옥, 하덕규, 송정미, 박종호 등 국내 유명 CCM가수와 대중 가수들이 참여했습니다.

그때의 메시지를 요약하면 이렇습니다.

"교회들은, 예수님의 가르침과 동떨어진 내용을 가르쳐서는 안 됩니다."

"선한 일을 미움과 증오, 배제의 자원으로 이용해선 안 됩니다."

"어떤 경우에도 북한 주민을 도와야 합니다." 였습니다.

6. 고형원 선교사에 대해 느낀 점

그의 곡들은 하나님의 임재에 대한 갈망, 부흥에 대한 염원, 북한을 향한 사랑이 잘 담겨있습니다. 이 모든 것이 그저 주님이 주신 마음에 순종한 결과라고 생각합니다.

우리가 그 길을 '걷는 것'이 아니라 그 길을 '걸어지게 되는 것'이 아닐까 싶습니다. 고형원의 선교사의 삶이 그렇습니다.

아픈 허리 때문에 대학을 중퇴한 것, 예수 전도단에 들어간 것, 악보도 음악도 모르는 사람이 하나님께서 부어주신 맘을 노래하고 싶었기에 찬양사역자로서 걸어지게 된 것은 하나님께서 인도하심으로 '걸어지게 되는 것'이 아닐까 생각합니다.

"다 하나님의 계획이고 우린 그 계획을 믿고 순종하는 것입니다."

그래서 고형원 선교사는 성공이란 말을 사명이라고 정의합니다. 이 땅의 유일한 성공은 예수 그리스도를 따르는 것입니다. 왜냐하면, 주님을 위해 한 것만 남기 때문입니다. 목회건, 선교건, 비즈니스건, 이 땅의 각 영역의 어떤 일을 하든지 그것을 왜 하느냐가 중요합니다. 자신의 야망과 영광을 위해서가 아니라 하나님이 주신 것 때문에 한다면, 하나님의 뜻이기에 이루려 한다면 우리 모두 하늘의 성공자들이 될 수 있습니다. 주님을 좇는 것만이 유일한 성공이라는 생각을 하게 했습니다.

또 하나는 고형원 선교사를 보면서 요셉이 생각났습니다.

시편 105편 19절 "곧 여호와의 말씀이 응할 때 까지라 그 말씀이 그를 단련하였도다" 여기서 그 말씀이 뭐냐면 17절 "그가 한 사람을 앞서 보내셨음이라"입니다.

"날 이스라엘을 구원하기 위해 앞서 보내셨군요." 고백할 때까지 단련시켰다는 것입니다. 이것이 '고형원 선교사를 향한 하나님의 뜻이 아니었을까?' 생각을 합니다. 그리고 이 시대에 하나님께서 민족애를 가질 때를 기다리실 것 같다는 생각을 합니다.

새벽이슬 같은"의 소리엘 장혁재 교수

𝄞

대표곡 : 야곱의 축복, 낮은 자의 하나님, 누군가 널 위해, 새벽이슬 같
은, 사랑합니다. 나의 예수님, 나로부터 시작되리, 이런 교회
되게 하소서, 하나님이시여, 전부

1. 소리엘 멤버

장혁재 교수와 지명현 목사입니다. 둘은 고등학
교 때부터 친구입니다. 지명현 목사는 서울종합예
술원 CCM학과 학과장으로 있다가 10년 전 미국 LA
로 가서서 목회하고 계십니다.

방송실황

2. 소리엘의 뜻

"소리엘"은 "엘(엘로힘)" 하나님이란 히브리어와 "소리"라는 우리나

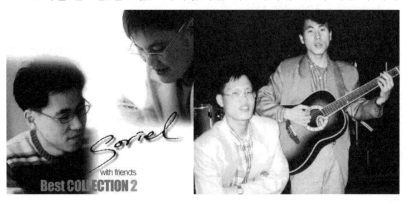

라 말이 합쳐진 단어입니다. 여기서 "소리"는 하나님의 소리, 찬양이란 뜻과 선지자(히브리어로 나비)란 뜻입니다. 즉 하나님의 소리, 하나님에 대한 찬양, 하나님의 선지자란 뜻입니다. 여기서 "엘"은 사무엘(하나님께서 들으셨다.) 엘리야(야: 야훼, 엘: 하나님-뒤에서부터 야훼는 하나님이시다) 등 선지자들에게 많이 쓰였던 단어입니다.

원래 교회 중창단 이름이 "소리엘"인데, "복음성가 경연대회 나가서 분명 떨어질 거니깐?" 중창단 대표 누나에게 졸라서 "소리엘" 이름을 잠깐 빌린 것이 아직도 못 돌려주고 있다고 합니다.

3. 찬양사역의 시작

1990년 9월 제1회 CBS창작복음성가제에서 은상을 수상했고, 이어 한국 마라나타 선교단 활동을 하고, 소리엘로는 1991년 데뷔해서 29년 정도 찬양사역을 하고 있습니다. 컨티넨탈 싱어즈(천광웅, 박명식)까지 하면 근 31년이 됩니다. 그 동안 집회 및 공연을 2018년까지 9,000여 회, 2019년까지 10,000여 회 공연을 했다고 하니 가히 상상이 가지 않습니다. 1년 30여 회나 공연을 한 것입니다.

4. 소리엘 음반의 처음 시작

1990년 CBS 창작 복음 성가제에 참여하고, 다음 해 1991년 소리엘 1집이 나와서 2019년까지 7집이 나왔습니다.

01. 주는 나의 (유상렬) 하나님이시여
02. 그 사랑의 숨결(채한성)
03. 우리 우리 주님은 (이정림)
04. 내 안에 계시는…. (유상렬)

05. 낮은 자의 하나님 (양명금, 유상렬)
06. 예수는 나의 왕(채한성)
07. 온 땅이여 찬양하라(현승익)
08. 나의 하나님1(유상렬)
09. 우리 모두 주 찬양
10. 전부 (최경아 유상렬)
11. 나의 하나님2(유상렬)
12. 나타내소서(신창주)

　　당시 영세교회 청년들이 10명 있었는데, 그 10명이 작사를 하고 유상렬이란 후배가 거의 작곡을 했습니다. 보니깐 소리엘이 데뷔할 수 있도록 같은 교회 청년들이 작사한 것을 유상렬이란 후배가 작곡해 준 것 같습니다. 그래서 장혁재 교수는 이 앨범의 작사자들은 "생애 딱 한 번 곡을 만들고 사라진 영웅들"이라고 소개했습니다.

　　그런데 그 무명의 작사자, 작곡자들의 곡, 1집이 1995-7년 복음성가 골든 베스트상을 3년 연속 수상했습니다. 이것을 보면서 그런 생각을 했습니다. "참 하나님은 유명하나, 무명하나 상관하지 않고 삶과 영혼을 다한 찬양을 사용하시는구나." 라는 생각을 했습니다.

5. 장혁재 교수에게 영향을 미쳤던 인물

　　장혁재 교수님께서 가장 존경하시는 분이 서울의 영세교회 "김종수 목사님"이라고 합니다. 그 목사님 별명이 "사랑의 사도"라고 불리는 분입니다.

　　우리 신학교 때 채플을 오셨는데 학생들에게 큰 절을 하셨습니다. 머리가 하얀 목사님께서 이제 갓 20세 정도 된 신학생들에게 절을 하니깐 그때 신학생들이 당황하며 일어나서 목사님께 다시 큰 절을 했습니다. 그뿐 아니라 채플하는 내내 몇 번이나 큰절을 했습니다. 우리 나라에 "큰 목사가 되어 달라고-큰 절", "삶을 포기하지 말아 달라고 - 큰 절", "대한민국의 성

도들 많이 사랑해 주라고 –큰 절" 그날 채플시
간 내내 서로 큰 절하다 끝났습니다.

이 분이 천국 방언을 처음 시작하신 분이십
니다. 천국 방언이란 '미안합니다.', '사랑합니
다.', '고맙습니다.' 라는 말입니다. 그 사역을 처
음하신 분이 김종수 목사입니다. 그리고 "내 탓
이요"를 천주교보다 먼저 시작하신 분이십니다.
"내 탓이요." 원조라고 할 수 있습니다.

그런 분 밑에 청년들의 삶에서 영혼에서 나온 곡이 얼마나 좋았으면
무명의 청년들의 찬양 가사가 30년이나 넘게 한국 교회를 울리겠습니까?

찬양은 절대 문학적 재능에서 나오지 않습니다. 삶과 영혼에서 나오는
것 아니겠습니까?

6. 1집 찬양 곡의 뒷 이야기

1) 주는 나의 (유상렬) 일명: 하나님이시여

"하나님이시여 하나님이시여 주는 나의 하나님이시로다
나의 몸과 마음 주를 갈망하며 이제 내가 주께 고백하는 말
여호와는 나의 힘이요 여호와는 나의 구원이시니
내가 누구를 두려워하리요 여호와는 생명의 피난처시니
주의 인자가 생명보다 나으므로 내 입술이 여호와를 찬양하리
내 평생에 주를 찬양하며 주의 이름으로 내 손 들리라"

사실 이 곡 때문에 소리엘이 탄생한 것입니다. 유상렬이라고 하는 후배
가 이 곡을 작곡해 와서 "이 곡을 가지고 찬양대회 나가 주면 안 돼" 하고

사정 사정해서 나가고 싶은 마음이 없던 그들을 설득하여 나가게 된 것이 은상을 받고 데뷔를 하게 된 것입니다. 찬양 사역을 이분 때문에 하게 된 것입니다. 왜 자기는 안 나가고 장혁재 선배를 내어 보냈는지는 모르겠습니다. '이것이 하나님의 뜻이 아닌가?' 생각합니다. 지금은 목사가 되어 경기도 광주 한소망교회를 담임하고 계십니다. 그런데 가사를 보니 이 분의 맘을 느낄 수 있었습니다.

소리엘 1집

"나의 몸과 마음 주를 갈망하며 이제 내가 주께 고백하는 말
내 평생에 주를 찬양하며 주의 이름으로 내 손 들리라."

자기가 부르고 싶은 맘을 내려 놓고 '주를 갈망하며' 주님을 가장 잘 찬양할 사람을 찾은 것 같습니다. "주의 이름으로 내 손 들리라" 이 가사에서도 그런 맘이 느껴집니다.

주님께서 영광 받을 수 있다면 세례 요한처럼 자기의 사역을 양보할 수 있는 사람이 유상렬 목사가 아닌가? 생각합니다. 우리는 이런 사람을 남을 성공시키는 사람이라고 합니다.

제가 1집 찬양 몇 곡의 작사자, 작곡자를 찾아봤는데

5번째 곡 - 낮은 자의 하나님 (양명금, 유상렬), 10번째 곡 - 전부 (최경아 유상렬)이 유상렬 목사가 작곡한 곡이었습니다. 다른 청년들이 작사한 것을 이 분이 작곡해서 찬양을 완성한 것입니다. 그리고 가장 찬양을 잘 할 사람에게 넘긴 사람입니다. 평범한 청년들의 느낌을 엄청난 곡으로 만들고, 소리엘을 성공시킨 사람 아닐까 생각됩니다.

2) 낮은 자의 하나님 (양명금, 유상렬)

나의 가장 낮은 마음
당시 영세교회 청년부가 10명인데 그 10명이 한 곡씩 썼습니다. 1년 선배 양명금이란 교회 누나(이대 수학과)가 지어 준 곡인데, 항상 그 누나는 청년부 예배 있기 전에 물청소를 하고, 보리차 끓여 놓는 누난데, 그 누나에게 "왜 이런 일 하세요." 물었더니 "응 내가 할 줄 아는 게 이 것밖에 없어." 그러더라는 것입니다. 그분의 삶이 찬양 가사가 된 것입니다. 가사 중에 "작은 일에 큰 기쁨을 느끼게 하시는 도다." 는 그 누나의 섬김이 가사에 그대로 녹아 있는 것 같습니다. 작은 일에 큰 기쁨이 있었기에 그렇게 할 수 있는 것일 겁니다. 예수님께서 좋아하시는 것을 아니까 그렇게 낮아져서 섬길 수 있었을 겁니다.

3) 전부 (최경아, 유상렬)

국문학과 동기인 최경아가 지은 곡인데 신앙 없이 교회를 다니던 친구가 예수님을 만난 경험을 시로 써서 왔는데 내용이 너무 좋았다고 합니다.

"내 감은 눈 안에 이미 들어와 계신 예수님 나보다 앞서 나를 찾아주시네
내 뻗은 두 손 위로 자비하심을 내어 주시니 언제나 먼저 나를 위로하시네

내 노래 가운데 함께 즐거워하시는 늘 나의 기쁨이 되시네
수많은 사람 중에 나를 택해 잡으시고 눈물 거두어 빛살 가루 채우시니

그분은 내 자랑 나의 기쁨 나의 노래 나의 전부 되시네"

처음 예수님을 만나면 알게 되는 것이 있는데 나보다 예수님께서 먼저 사랑하신 것과 기다리고 계신 것을 알게 됩니다. 그 고백이 그대로 담겨있습니다. 그리고 주님을 만나면 주님이 전부가 됩니다. 왜냐면 주님보다 더 큰 사랑이 세상에 존재하지 않기 때문입니다.

7. 장혁재 교수의 신앙생활

유치원 때부터 교회를 다녔는데 할머니 밑에서 자라면서 신앙 생활하게 됩니다. 그때 할머니 무릎에서 찬양을 듣고, 축복기도를 받으면서 신앙생활을 하게 됩니다. 그는 특별한 체험이 없었다고 합니다. 그래서 한동안은 기도가 "저도 다른 사람처럼 극적인 체험을 하고 싶어요." 였습니다. 어릴 때부터 신앙생활 한 사람들의 고민이지 않겠습니까? 그런데 극적인 체험이 없는것이 축복입니다. 마치 이삭과 같습니다. 사실 이삭에게 어려움이 없었던 것은 아닙니다. 어려움이 많았는데 평온하게 살아온 사람처럼 느끼는 것은 싸움과 고난에 반응하지 않았기 때문입니다.

그러다가 중1 겨울 수련회 때 주님을 체험하는데 그게 방언이었습니다. 다른 형들은 다 받는데 자기만 못 받았다고 합니다. 그래서 열심히 기도했는데 나중에 방언을 받습니다. 그게 엄청난 체험이었으며 그 뒤로 하나님과 정말 가까워졌다고 합니다.

대학교 1학년 때 "우리는 주의 백성이오니" 찬양을 하다가 헌신을 합니다.
"우리는 주의 백성이오니 주의 그 큰 이름 선포합니다
이곳 어두운 세상에 빛으로 부르셨네 주의 얼굴 구할 때 역사하소서
교회를 세우시고 이 땅 고쳐주소서 주님 나라 임하시고 주 뜻 이뤄지이다"

이 찬양을 하면서 그렇게 울었다고 합니다. "하나님 이 땅에 교회를 고치실 때 사람이 필요하시면 제가 가능할까요?" 하며 하나님께 울면서 기도했다고 합니다. 하나님께서 확신을 주셨다고 합니다. 그때 DTS훈련을 스위스 로잔에서 로링커닝햄 목사님에게 직접 받았다고 합니다. 그분을 통해 하나님의 사역에 대한 확신을 갖게 되었다고 합니다.

경찰이신 아버지께서 법대를 가기를 원했는데 디자인을 하고 싶어서 미술대를 가게 됩니다. 그 이유로 집에서 쫓겨나서 미술 학원에서 청소하

면서 학원비 면제를 받고 미술대에 들어갑니다.

신기한 것은 그렇게 집에서 쫓겨나면서 미대를 들어갔고, 대학교 1학년 때 소리엘을 시작합니다. 그리고 제2의 갈등이 옵니다.

"미술을 해야 합니까? 소리엘을 해야 합니까?"

그때 서울대 법대를 졸업하시고 사법고시를 준비하시던 분이 "하나님이시여, 하나님이시여" 노래를 듣고 편지를 보내오셨다고 합니다.

그는 서울대 법대를 나오고, 사법고시를 준비하면서 기쁨이 없었는데 이 노랠 들으면서 삶의 목적이 틀렸다는 것을 알게 되었다는 편지가 왔습니다.

"나의 몸과 마음 주를 갈망하며 이제 내가 주께 고백하는 말
여호와는 나의 힘이요 여호와는 나의 구원이시니
내 평생에 주를 찬양하며 주의 이름으로 내 손 들리라"

그때 평생 주를 위해 살겠다고 고백합니다. 그리고 "이 노래를 듣지 않았으면 평생 깨닫지 못하고 살았을 텐데 이 노래를 듣고 삶의 목적을 알았으니 이 사역을 평생 해 달라"는 부탁을 받았다고 합니다.

그리고 찬양 사역을 평생 하기로 결단하게 됩니다.

8. 찬양사역하면서 어려웠던 일들

장혁재 교수의 삶을 보면 어려움이 아주 많았는데 표현이 참 재미있습니다. "전 너무 평탄한 길을 걸어 왔어요"라고 표현하고 있었습니다. 그의 동영상을 보다가 알게 된 것이 있습니다. 참 힘든 삶을 살았는데 표현을 하지 않는다는 것입니다.

1) 미술과 찬양사역에 대한 아버지의 반대가 있을 때 집을 나왔다고 합니다. 그런데 힘들다는 표현을 안 합니다.

2) 스위스 DTS를 갔을 때 여자 친구와 헤어집니다. 그때 많이 울었다는 이야기로 봐서 많이 힘들었던 것이 틀림없습니다. 그런데 이때도 힘들다고 표현하지 않습니다.

3) 동역자 지명현 목사가 미국으로 떠날 때 참 힘들었는데 장혁재 교수의 이야기는 축복하는 말만 하고 있었습니다.

4) 악플 때문에 또 힘들었다고 합니다. 그런데 재미있는 것은 음악적인 변화가 없다는 것입니다. 항상 긍정적으로 보는 습관을 가지고 있기 때문입니다. 믿음이 그런 상황을 잘 이기게 했던 것 같습니다. 그리고 찬양하면서 마음이 용서되고 새 힘을 얻고 이겨진 것 같습니다.

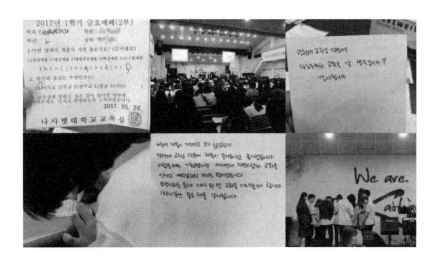

9. 지금(2019년) 하는 사역

지금은 나사렛 대학에서 학생들을 가르치고 있습니다. 그리고 5개 대학에 정기적으로 채플을 인도하고 있습니다. 그 중에 숭실대에서 채플을 인도하는데 청년설교의 저자 숭실대 교목이신 김회권 목사 제안으로 영상 설교를 하기 시작했다고 합니다. 대표적인 영상 설교로 "문재인 대통령의 넥타이" 영상 설교가 있습니다.

문재인 대통령이 어떤 청년 취준생에게 대통령 선거에서 매던 넥타이를 선물하는데 취준생이 황송해 하고 감사하는 영상입니다. 이때 한 나라의 대통령에게 선물 받은 감격도 대단한데 만왕의 왕인 하나님께서 우리에게 선물로 주신 것이 있는데 바로 예수님입니다. 라고 소개를 하며 숭실대 채플에 참여한 학생들에게 말씀을 전하는 영상입니다. 그렇게 불신자 학생들도 받아 들이기 쉽게 영상을 사용해서 말씀을 전하고 있습니다.

그리고 심장병 아이들을 돕는 사역도 하고 있습니다. 밀알 재단을 섬기고 있습니다. 그는 재정의 십일조와 사역의 십일조도 드린다고 합니다.

10. 기억에 남던 공연

첫째는 교인 수가 20명 되는 강원도 산골 집회인데, 공연이 끝나고 목사님께서 "우리가 사례비를 드릴 것이 없으니, 우리가 조금씩 모아보자!" 하셨다고 합니다. 그리고 목사님께서 "봉투 안에 하얀 종이 있어요." 해서 수표인 줄 알고 열어 보니 강원도에서 쓰는 버스표 70원짜리 두 장이 있었다고 합니다. 사연인 즉 고등학생 두 명이 가진 것이 버스표가 전부였나 봅니다. "우리 가진 게 없으니 이것이라도 드리고 걸어가자" 하고 3시간을 걸어갔다고 합니다. 그 사연을 듣고 그 버스표 두 장을 소리엘의 사역하는 사진 앨범의 맨 앞장에 붙였다고 합니다.

두번째는 사우디아라비아 공연인데 이영표 선수의 초청으로 이루어진 공연입니다.

이영표 선수가 영국 맨체스터에서 축구를 할 때 이탈리아 팀으로부터 스카우트 제의가 들어온 적이 있었지만 거절했다고 합니다. 이유는 영국 팀은 월요일부터 토요일까지 경기를 하지만 이탈리아 팀은 주일날(일요일) 경기를 하기 때문이라고 했습니다.

이영표 선수가 모슬렘 권의 사우디아라비아 팀으로 옮겨 당혹스러웠으나 나중에 진실을 알고 큰 감동을 하였다고 합니다. 이 선수는 목사와 선교사, 찬양사역자들의 사우디아라비아 입국이 불가능함을 알고 구단주인 왕자와 입단계약을 하며 왕자 이름으로 한국 친구들의 초청을 가능하도록 했습니다.

그는 이 같은 계약조건으로 사우디아라비아에서 처음으로 찬양집회를 열었는데 감격스러워 처음부터 끝까지 울면서 찬양했다고 합니다.

"오직 예수뿐이네!" 마커스 워십의
소진영 간사

대표곡 : 은혜 아니면 살아갈 수가 없네, 주는 완전합니다, 예수 늘 함께
하시네, 주 은혜임을 등

1. 마커스 워십

소진영 간사는 마커스워십의 찬양인도자입니다.
마커스는 2003년에 시작되었습니다. 예배 · 사
역을 담당하는 마커스워십과 교육 · 훈련을 담당하
는 둘로스선교회가 연합하여 구성된 선교단체입니
다. 지금은 분리되었다는 이야기가 있습니다. 몇 년
전에는 봉천동의 해오름교회에서 모임을 가졌는데,

오직 예수 뿐이네

지금은 상월곡역에 맑은 샘 광천교회에서 매주 목요일 7시 30분에 찬양
집회를 합니다. 평상시 때는 2,000명 정도 모이고, 방학 때는 3,000명에서
4,000명 모입니다. 3시부터 오는 사람들이 있을 정도로 열기가 뜨겁습니다.

마커스 워십 찬양은 유튜브에 찬양 실황 영상을 평균 18만 회에서 20
만 회 검색할 정도로 대한 민국의 대표적인 찬양팀입니다.

그 중에 2019년 6월 기준, 예수 늘 함께 하시네는 791만 회, 꽃 들도는
380만 회, 다윗의 노래(그는 주 아버지)는 253만 회, 주 은혜임을(주 나의
모습 보네)는 122만 회 기록할 정도로 마커스에서 부르는 찬양은 거의 모

든 한국교회에서 불릴 정도로 영향력이 대단합니다. 지금 한국 워십계를 이끌어간다고 볼 수 있습니다.

한 때 우리나라 찬양이 힐송 음악의 영향을 받은 적이 있습니다. 이때 마커스 워십은 한국형 찬양을 고집하며 감성 있는 찬양으로 한국인들의 텅 빈 마음을 만져 주었습니다. 이것이 마커스가 짧은 시간에 한국 워십계의 중심에 서게 된 비결이라 할 수 있습니다.

2. 소진영 간사의 "오직 예수 뿐이네" 작곡배경

모태 신앙이던 소진영 간사는 2005년 추석에 인생의 전환점을 맞게 됩니다. 만성 골수성 백혈병 진단을 받은 것입니다. 이 병은 치료를 안 하면 수명이 3~5년밖에 살지 못합니다. 아직 청년인 그녀에게는 하늘이 무너지는 경험이었습니다. 그런데 신기한 것은 그때마다 하나님의 은혜를 경험했다고 합니다.

소진영 간사가 아픔 중에 경험한 하나님의 은혜를 몇 가지 소개합니다.
1) 백혈병 진단을 받은 그 시기에 다행히 그때 맞추어 글리벨이라는 약이 나왔습니다. 보통 백혈병 약은 정상세포와 암세포를 같이 죽이는 방식인데 이 글리벨이란 약은 정상세포 외에 암세포만 공격하는 약입니다. 그런데 그 약이 때 맞추어 나온 것입니다. 이 약이 나온 것이 소진영 간사가 아플 시점에 나온 것은 그녀에게 하나님의 은혜였습니다.

2) 신기한 것은 그 약이 보험이 안 되는 약인데 딱 그때부터 보험이 적용되기 시작합니다. 보험 적용이 안 되면 한꺼번에 300만 원에서 400만 원 하던 약인데, 보험적용이 되니 30만 원이면 쓸 수 있게 됩니다. 만약 때 맞추

어 보험 적용이 안 되었으면 치료를 제대로 받지 못했고 찬양사역의 길을 접어야 하지 않았을까?하며 다시 한 번 하나님의 은혜에 감사하고 있습니다.

3) 또 다른 은혜는 그런 소진영 간사에게 청혼하는 사람이 있었습니다. "아이를 못 낳는다"고 청혼을 거절했는데 "당신만 있으면 돼" 하는 말에 결혼을 허락하였고, 같이 백혈병과 싸워 나갑니다. 은혜였습니다. 혼자 싸우는 것과 같이 싸워 주는 것은 정말 다르지 않겠습니까? 사실 부부는 하나님께서 돕는 배필로 주신 하나님의 선물이기에 서로 모자란 부분을 채워줄 때 아름다운 것이 아닐까 하고 이 부부를 통해 깨닫게 됩니다.

4) 4번째 은혜는 아이를 못 갖는다는 진단을 받고 경험한 하나님의 은혜입니다. 원래 이 병에 걸리면 조혈모 세포이식을 하는 방법이 있는데, 후유증은 아이를 가질 수가 없다는 것입니다.
"아이를 가질 수 없는 것 아시죠" 하는 말에 통곡하면서 울었다고 합니다. 여자로서 사망선고이지 않습니까?

그 후에 하나님께서 소신영 간사에게 확신을 하나 주셨는데, 아이를 가질 수 있다는 믿음을 주셨습니다. 그리고 믿음으로 의사와 남편을 설득하여 약을 끊고 임신을 위해 기도합니다. 그렇게 1년이 지나도 아이가 안 생기니 의사 선생님이 "다음 달에 올 때 아이가 안 생기면 약을 먹자" 고 권유하였습니다. 그런데 그때 기적을 체험합니다. 이제 아이를 갖는 것을 포기하려고 한 그때, 아이가 생겼다는 것입니다.

그녀는 이렇게 그 때의 심정을 고백합니다. "하나님의 섭리가 대단한 것이 아이가 바로 생기면 약 성분 때문에 위험하니 1년이란 기간 동안 독소가 다 빠지게 하고 몸에 독소가 없을 때 아이를 주셨습니다. 만약 서원 기도하자마자 아이를 주셨으면 그 아이는 건강 하지 못했을 겁니다. 하나님의 계획은 우리의 생각보다 더 크십니다."고 감탄을 했습니다.

그때 작곡한 곡이 "오직 예수뿐이네"입니다. 가사 중에
"크신 계획 다 알 수 없고 작은 고난에 지쳐도
주께 맡긴 나의 모든 삶 버티고 견디게 하시네"
정말 이 찬양처럼 하나님은 우리의 생각보다 더 크신 계획을 가지고 계신 분이십니다. 어려움 중에도 주님을 끝까지 신뢰하시면 주님의 크신 계획을 보게 될 것입니다.

소진영 간사의 사연을 말씀 중에 소개한 적이 있는데 어떤 성도님께서 자신도 아이를 못 가지는데 이 간증을 들으면서 소망을 갖게 되었다고 합니다. 하나님은 소진영 간사에게 주신 아픔의 경험은 많은 동일한 고통을 가진 사람을 치료하기 위한 크신 계획이 있음을 알게 되었다는 것입니다.

5) 마지막 은혜는 아이를 키우면서 3년 동안 약을 먹지 않았는데도 괜찮다는 것입니다. 반드시 완치된 것을 믿고 있었습니다. 계속되는 고난이지만 하나님을 순간순간 의지할 수 있다는 것이 가장 큰 은혜 아닐까 생각합니다.

소진영 간사 간증

3. 소진영 간사의 마커스워십 인도자로 쓰임을 받게 되는 배경

"소진영 간사의 친 오빠가 심종호 간사와 대학 친구였습니다. 친 오빠를 따라 몇 번 마커스 예배에 참석했습니다. 그게 첫 인연이었는데, 그때가 2005년이었습니다. 마커스 시작이 2003년이니깐 2년이 지난 초창기입니다. 그러다 마커스(예배 · 사역담당)와 연합하는 둘로스선교회(교육 · 훈련담당)를 통해 DT/LT 제자훈련을 받게 됩니다. 그 훈련과정으로 한 달에 한 번은 꼭 마커스 목요예배를 드려야 했습니다. 그때 참여한 마커스 목요예배에서 마침 새 멤버를 뽑는다며 첫 오디션 공고를 보고 지원하여 마커스 사역을 시작하게 됩니다. 그때가 2007년이었으니까, 12년이 되었습니다."

찬양 인도자를 하게 된 계기는 하루는 심종호 간사가 갑자기 다리를 다치면서 갑자기 찬양 인도를 할 수 밖에 없었다고 합니다. 찬양인도를 할 수 있는 사람이 자기 밖에 없었다고 합니다.

당시 첫 아이를 낳고 고작 60일 정도밖에 지나지 않은 상황이었습니다. 마음 뿐만 아니라 몸도 준비가 안 된 상태였습니다. 그래서 처음엔 못하겠다고 했습니다. 하지만 누군가는 해야만 했고, 그 당시 인도자로 설 수 있는 사람은 소진영 간사 밖에 없어 인도자로 처음 서게 됩니다.

작은 일에 충성하면 주님은 반드시 큰일 맡겨주시는처럼 그의 사역은 점점 커지고 있습니다.

4. 소진영 간사의 다른 찬양의 사연들

1) 주는 완전합니다. (작사 함은진 / 작곡 소진영)

"주여 우린 연약합니다. 우린 오늘을 힘겨워합니다.
주 뜻 이루며 살기엔 부족합니다.

주여 우린 연약합니다. 주여 우린 넘어집니다. 오늘 하루 또 실수합니다.
주의 긍휼을 구하는 죄인입니다. 우린 주만 바라봅니다.
한없는 주님의 은혜 온 세상 위에 넘칩니다.
가릴 수 없는 주 영광 온 땅 위에 충만합니다.
주님만이 길이오니 우린 그 길 따라갑니다.
그날에 우릴 이루실 주는 완전합니다."

이 곡은 함은진이란 분이 작사를 하고, 소진영간사가 작곡한 곡입니다.
작곡 할 당시, 2014년 4월 16일에 나라에 슬픈 일인 세월호 사건이 있었습
니다. 그 세월호 사건을 통해 우리 나라의 현실과 교회의 현실을 회개하는
찬양입니다. 교회가 세상 가운데 하나님의 은혜와 축복의 통로로 서야 함
에도 불구하고 세상의 부조리를 그대로 답습하며 비난당하고 있었습니다.

하나님은 우리가 이 상황을 비난하고 있기보다 우리가 죄인이어서 일
어난 일이라고 우리를 돌아 보게 하는 곡을 주셨습니다. 그 사건을 통해

해오름교회에서 진행중인 마커스 목요찬양예배.

아픔에 동참하지 못하고 정죄하면서 교회가 세상에 지탄을 받는 모습을 보면서 진짜 죄인이 우리임을 깨달을 때마다 더욱 마음이 아팠다고 합니다. 이런 우리의 모습이 하나님의 영광을 가려서 사람들이 교회를 떠나는 모습을 보면서 부끄러웠다고 합니다. 그럼에도 불구하고 주님은 우리의 불완전함과 죄악으로는 가릴 수 없는 크신 분임을 고백하는 찬양입니다.

이 찬양은 엡2:22 말씀을 기반으로 하고 있습니다. 우리가 아무리 연약해도 예수 그리스도 안에서 지어져 가고 있는 위대한 존재임을 이야기하고 있으며, 우리의 실패와는 상관없이 하나님은 하나님의 뜻을 이루어가고 계시는 분임을 찬양하고 있습니다. 이런 어려움을 극복할 수 있는 것은 우리 때문이 아니라 하나님 때문에 이 엄청난 일을 극복할 것을 믿고 지은 찬양입니다. 그래서 이 찬양이 그 어려움 속에 우리를 이기게 하지 않았나 생각합니다. 그리고 많은 교회가 일어나 세월호의 아픔에 동참하고 기도하기 시작했습니다. 우리는 작지만, 주님은 크십니다. 우리는 연약하고 실패하고 실수하지만, 주님은 실수가 없으시고 완전하십니다.

2) 주 은혜임을(소진영 작사, 작곡)

"주 나의 모습 보네 상한 나의 맘 보시네
주 나의 눈물 아네 홀로 울던 맘 아시네"

이 찬양은 소진영 간사가 아이를 못 갖는다는 진단을 받았을 때 지은 찬양이라고 합니다. "나도 평범하게 살고 싶어요, 아이도 갖고 싶어요." 그렇게 하나님께 기도할 때 하나님께서 깨달음을 주셨다고 합니다. "아직도 세상 가치로 살고 있구나!, 그래도 나는 널 사랑한단다" 라는 것입니다.

그래서 후렴에 이렇게 고백합니다. "세상 소망 다 사라져 가도 주의 사랑은 끝이 없으니" 그리고 주님의 사랑으로 아이도 갖게 되고 주님의 은혜를 더 많이 체험하게 됩니다.

3) 예수 늘 함께하시니

"고단한 인생길 힘겨운 오늘도 예수 내 마음 아시네
지나간 아픔도 마주할 세상도 예수 내 마음 아시네

믿음의 눈 들어 주를 보리 이 또한 지나가리라
주어진 내 삶의 시간 속에 주의 뜻 알게 하소서

하루를 살아도 기쁨으로 가리 예수 늘 함께하시네
후회도 염려도 온전히 맡기리 예수 늘 함께하시네

믿음의 눈 들어 주를 보리 이 또한 지나가리라
주어진 내 삶의 시간 속에 주의 뜻 알게 하소서"

이 찬양은 아이 낳고 아이가 왼쪽 귀를 못 쓰게 될지도 모른다는 진단을 받게 됩니다. 그때 정말 혀를 깨물고 죽고 싶었다고 합니다. 왜냐면 자기가 아픈 것보다 애가 아프니 더 힘들다는 것을 알게 됩니다. 그리고 "하나님도 그러시겠구나"라는 것을 알게 됩니다. 그때 아이 귀에 손을 대고 매일 울면서 기도했다고 합니다.

그리고 하나님의 음성을 들었습니다.
"진영아 너를 인도하는 분이 누구니"
"하나님이시지요"
"엘이의 인생을 인도하시는 분이 너가 아니고 나야"

그 음성을 듣고 엘이의 인생을 자기가 인도 하려 했던 것을 내려놓았다고 합니다.

어느 아들을 잃은 어머니는 이 찬양을 부르며 이겨나간다고 합니다.

찬양은 이처럼 아픈 고백들을 가진 사람들을 치료하는 능력이 있습니다. 하나님은 아픔도 주시지만 아픔을 이길 수 있는 힘도 주십니다. 그것이 찬양입니다.

마커스
소진영간사 초청
찬양콘서트

"시간을 뚫고"의 WELOVE

♪

1. WELOVE

"당신은 시간을 뚫고 이 땅 가운데 오셨네
우리 없는 하늘 원치 않아 우리 삶에 오셨네
자신의 편안 버리고 우리게 평안 주셨네
가장 낮은 자의 모습으로 우리 삶에 오셨네."

CCM 혼성 그룹 위러브(WELOVE)가 부른 '시간을 뚫고'의 가사입니다. 지난해 12월 멜론 CCM 차트에 진입한 이 곡은 7개월 지난 지금 1위에 올랐습니다. 올해 장로회신학대를 졸업한 김강현(25)씨가 작사·작곡했으며 보컬을 맡았습니다. 그룹 위 러브는 '위러브 크리에이티브 팀'(위러브 팀) 소속입니다. 위 러브 팀의 여러 사역 중 하나인 셈입니다.

위 러브 팀은 평균연령 27세의 청년 21명으로 구성되어 있으며, 그들은 기독문화에 관심 있는 신학생과 청년들입니다. CCM과 영상, 예배까지 다양한 기독문화 콘텐츠를 창조하는 공동체라 할 수 있습니다.

위 러브는 미디어와 SNS 영역에서 다음세대, 그리고 세상과 소통하기 위한 창조적이고 독창적인 예배를 비전으로 광장교회 청년부 WAVE, 은성교회 Guard 찬양팀 등과 함께 앨범을 작업해왔습니다.

SNS는 이들이 젊은이들을 만나는 통로입니다. "요즘 10대와 20대들의 SNS 의존도는 매우 높습니다. 눈높이를 맞추기 위해 SNS를 활용하고 있어요. 복음도 전하죠." 박은총 대표의 말입니다. 이 디렉터도 "유튜브와 페이스북 등을 활용해 젊은 기독교인들을 만난다"며 "이 과정에서 예수를 믿지 않는 이들을 예배의 자리로 초대하기도 합니다. 웹 드라마도 준비 중"이라고 했습니다.

2. 유튜브 조회수로 보는 WELOVE의 인기

시간을 뚫고 250만 조회
낮은 곳으로 가 91만 회 조회
사랑이 사랑이 52만 회
주께 포기란 없다 36만 회

3. WELOVE의 앨범

5개의 CCM 미니앨범과 6개의 CCM 싱글앨범을 발표했습니다. 11개 앨범 모두 멜론 차트에 올라와 있습니다. 유튜브엔 예배와 찬양, 공연 동영상을 띄웁니다. 페이스북과 유튜브에선 온라인 기독문화 공동체도 만들고 있습니다.

찬양모음

'시간을 뚫고'는 지난해 11월 발매된 4집 'WELOVE UNDERGROUND'의 타이틀 곡으로, UNDERGROUND CULTURE STUDIO에서 진행된 실황을 그대로 담았습니다.

당시 위 러브 측은 앨범 소개를 통해 "시간을 뚫고, 낮은 자의 모습으로, 꿈도 힘도 없는 연약한 우리와 함께하시는 하나님. 우리가 광야와 타락한 세상 가운데서 씨름할 때, 불과 물을 지날 때도 함께 하시는 하나님. 고된 하루를 보낼 때, 인생의 길 위에서, 참된 인도자 되시어 우리와 함께 걸으시는 하나님. 언제나 주 곁에 서기 원한다"고 고백했습니다.

4. WELOVE 카페

서울특별시 광진구 광장로 75, 2층/010-3084-0990 | 카페, 디저트 > 카페
instagram.com/welovecreativeteam
m.facebook.com/welovecreativeteam

메뉴
✱ 아이스크림와플 (8500)
✱ 그린티라떼 (4500)
✱ 오미자에이드 (5500)

WELOVE 카페

진짜 위 러브 분들을 보고 싶어서 갔지만, 위 러브카페는 맛집이었습니다.

카페는 소그룹모임을 할 수 있도록 만들어졌고, 많은 학생이 소그룹으로 공부도 하고 토론도 하며 교회 모임으로 많이 모이고 있습니다. 좋은 점은 이들을 만나고 싶으면 언제든지 카페를 찾아가면 만날 수 있다는 것입니다.

5. WELOVE의 박은총 대표

1) 박은총 대표가 찬양 사역을 시작하게 된 이유

가정 폭력에 시달리던 한 소년이 작은 기계를 통해 복음을 듣고 하나님을 찬양하게 됐습니다. 그는 훗날 전 세계적인 CCM아티스트가 됐고, 그의 삶이 영화로 제작되기에 이르렀습니다. 바로 '아이 캔 온리 이매진'의 주인공, 머시미(MercyMe)의 리더 바트 밀라드(Bart Millard)의 이야기입니다.

여기에 또 한 소년이 있습니다. 학창 시절 학교 폭력에 시달렸습니다. 도움을 요청할 친구 한 명 없이 괴로운 생활은 3년이나 이어졌습니다. 그에겐 트라우마가 남았습니다. 그러던 어느 날 한 선교사의 권유로 필리핀에 위치한 고등학교에 가게 됩니다. 그러나 3년 내내 학비와 생활비를 한 번도 낼 수 없을 정도로 어려웠던 집안이었습니다. 다행히도 학교에서 은혜로 졸업을 시켜주었고, 청년이 된 그는 졸업장을 들고 한국으로 돌아왔습니다.

한국으로 돌아온 그는 매주 60시간 가량 일을 해야 했고, 4명이 함께 사는 원룸에서 매일 밤 울며 잠이 들었습니다. 그런 그를 지탱한 것은 '신앙'이었고, 휴대폰이라는 작은 화면을 통해 접한 '복음'이었습니다. 비록 삶은 무너져 있었지만, 영상을 통해 하나님을 경험한 그에겐 '희망'이 생겼습니다. 특히 '새롭게 하시네'라는 곡을 좋아하게 된 것입니다. 이렇게 찬양이 그에게 새 삶을 허락했고 찬양이 그의 삶이 되었습니다.

이 이야기의 주인공은 WELOVE의 박은총 대표입니다.

2) WELOVE의 시작

그는 세계적인 CCM 아티스트 '힐송 유나이티드(Hillsong United)'의 스튜디오 버전과는 또 다른 생생한 어쿠스틱 악기 사운드와 생동감 넘치는 현장감 있는 자이언 어쿠스틱 영상을 보고 충격을 받고 위 러브를 시작하게 됩니다.

"카페에서 예배를 드리는 영상이었습니다. 정말 고무적이었어요. 그리고 영상을 통해 예배하고 즐겁고 행복했던 때가 생각났어요. 그래서 주변 사람들에게 '이거 해야 한다'고 말하고 다녔는데, 아무도 동의를 한 사람이 없었죠."

'힐송'에서 시도한 형식적으로 자유로운 예배를 시작하려 했지만, 그의 주변에서 이를 찬성하는 사람은 없었습니다. 결국, 그는 군대에 가게 됐고, '한국에서는 있을 자리가 없을 것 같다'며 이민 목회를 계획했습니다.

"그런데 생각보다 군대가 힘들었어요. 그래서 이등병 때 '깊은 곳에 나아가'라는 곡을 썼어요. 곡을 내고 싶어서 휴가를 나와 친구들을 모았어요. 곡을 내야 하니 어떤 이름을 쓸까 하다가 'WELOVE'라는 이름이 거기에서 나왔어요. 제가 팀원을 사랑하지만, 여전히 제 이기심으로 제게 유익이 되니까 사랑하는 것 같았거든요. 하나님께서 주시는 사랑이 아니라 제가 드러나기 때문에 사랑하는 것 같아서 제가 사랑이 없는 사람인 것 같았어요. 그래서 '사랑하고 싶다'는 마음을 갖고, '우리 서로 사랑하자'는 마음의 고백으로 WELOVE를 시작하게 됐어요."

전역한 후, 그는 때마침 같이 전역한 친구들과 지인을 모아 'WELOVE' 팀을 결성합니다. 그는 "모든 게 준비되어 있어서 시작했고, 해보니 진짜 재미 있었다"고 표현합니다. 한 번만으로 그쳐선 안 된다고 '푸시' 해주는 동역자도 있었습니다. 그리고 지금의 팀이 있게 됐습니다.

"저라는 사람이 어린 시절 트라우마를 이겨내고자 하는 꿈 하나를 가지고 한 발을 내디뎠을 뿐이에요. 음악을 들어보시면 아시겠지만, 처음엔 듣기 정말 힘들어요. 베이스가 대놓고 다른 음을 집고 있고, 기타가 중간에 안 들어가고, '이걸 어떻게 듣냐' 할 정도인데, 저희는 모르니까 그걸 냈어요. 참고로 저는 노래를 못해요. 옆에서 화음을 넣으면 전 노래를 멈춰요. 음을 찾을 수가 없거든요. 음원에 제 목소리는 거의 뮤트에 가깝죠. 또 저는 말도 길게 못 해요."

6. WELOVE의 김강현 워십리더

1) 김강현 리더가 찬양 사역을 하게 된 계기
중학교 2학년 시절, 호흡곤란과 발작, 근육 마비와 갑작스럽게 밀려오는 불안은 느닷없이 그를 덮칩니다.

"하나님과 가장 가깝다 생각하던 시기에 공황장애를 앓기 시작했어요. 어린 나이에 감당하기 힘들었어요. 숨을 못 쉬니 정말 죽을 거 같았고, 저를 저주하고 하나님을 원망하기 시작했어요. 그러다 고등학교 3학년 때 교회 수련회에서 치유를 경험하고 평생 하나님을 찬양하며 살기로 했어요. 제 삶은 저주스럽고 소망 없었던 삶이었어요. 그러나 세상의 시선으로 볼품없는 누군가의 삶을 하나님께서는 포기치 않으시고 원래 계획하신 모습으로 만들어 가십니다."라고 이유를 이야기합니다.

2) WELOVE의 음악 스타일
이들에게 정제된 찬양은 찾기 힘듭니다. 폭발적인 열정을 다해 찬양하는가 하면, 갑자기 분위기를 바꿔 버립니다. 사람들의 눈치는 보지 않습니다. 그들의 음악은 자유 그 자체입니다. 그리고 서로의 팀원들을 '매운맛', '독한 맛', '함부로 먹으면 안 되는 맛', '겉은 단데 신맛' 등으로 표현합니다. 서로 하나 될 수 없을 것 같은 다양한 맛을 가진 팀원들은 서로 사랑하며 그들만의 독특한 맛을 냅니다.
"이 안에서는 어떤 모습이든 괜찮아요. 뭣도 모르고 교만하고 부끄러운 저를 하나님께서 은혜로 받아주셨어요. 그런 하나님의 사랑을 닮아 사랑하고 싶은 거예요. 사랑하는 마음이 원천적으로 나오지 않지만, 잘 안 되지만 하나님께 배운 대로 행하고 싶고, 어떤 모습이든 받아주고 싶어요."

3) WELOVE의 기도 제목

"저희의 고백대로 살고 싶어요. '낮은 곳으로'라는 곡을 썼는데, 사실 마음이 좀 불편해요. 많은 곳에서 불러주시는데, 높은 곳으로 가고 싶어 하는 모순된 마음이 있어 너무 괴로워요. 저희 노래처럼 하나님을 찬양하는 삶을 계속 이어갔으면 좋겠어요. 아직 부족하지만, 주님을 닮아 가길 소망해요. 예수 그리스도로 말미암아 승리하신다고 하셨는데, 우리 안에 있는 예수 그리스도의 영이 우릴 도와 승리하고, 주를 닮고, 세상이 우리를 통해 그리스도를 알게 하고 주님을 높여드리고 싶습니다."

7. WELOVE의 꿈

SNS는 WELOVE가 젊은이들을 만나는 통로입니다. "요즘 10대와 20대들의 SNS 의존도는 매우 높습니다. 눈높이를 맞추기 위해 SNS를 활용하고 있어요. 복음도 선하죠." 유튜브와 페이스북 등을 활용해 젊은 기독교인들을 만나고, 이 과정에서 예수를 믿지 않는 이들을 예배의 자리로 초대하기도 합니다. 웹 드라마도 준비 중이라고 합니다.

위 러브 팀의 꿈은 "한국의 기독문화를 세계적 반열에 올릴 것"이라며 "꿈을 잃은 10대와 20대들에게 예배의 달콤함을 알려 주고 싶다"고 합니다. 이어 "멜론 차트 100위 안에 들어가는 게 첫 번째 바람"이라며 대중가요와도 경쟁하겠다고 합니다.

"주의 길"의 강찬 목사

1. "주의 길"과 강찬 목사

"주의 길 멀고 험해도 나는 주 따라가리라
힘들고 공허할지라도 나는 주 찬양하리라
주의길 멀고 험해도 나는 주 따라가리라
어둡고 막막할지라도 나는 주 찬양하리라

나의 가는 길을 오직 그가 아시나니 그가 나를 단련하신 후에는
내가 그로부터 정금같이 나오리라 하나님의 사람으로
주의길 멀고 험해도 나는 주 따라가리라
힘들고 공허할지라도 나는 주 찬양하리라 주의길 멀고 험해도"

이 가사처럼 강찬 목사는 참 어려움이 많았던 분입니다. 그래서 이렇게 힘차게 찬양하는 모습이 더 감동입니다. '찬양사역자'의 타이틀을 내걸고 담대히 첫 발을 떼었지만 '강하게 찬양하는 사역자의 삶'은 그저 녹록하지만은 않았습니다. "강찬 1집 <여정>이 발매되기까지 그는 여러 모로 쉽지 않은 시간을

주의 길

보내야 했습니다. 1년 6개월 만에 기획사가 재정적 어려움으로 문을 닫은 것입니다.

또 다른 기획사를 통해 2004년 2집 <미라클>이 발매됐지만, 1년여 만에 새로운 기획사에서 나올 수 밖에 없었고, <라이브&스튜디오> 앨범이 발매된 2006년에도 대학로 라이브 콘서트를 통해 다시 기획사를 만났지

만, 서로 다른 마음과 생각으로 다시 헤어져야 하는 아픔이 있었다고 합니다.

이런 어려움 중에도 쓰러지지 않고 잘 이겨내고 "주의 길 멀고 험해도 나는 주 따라가리라" 하며 뛰면서 찬양하는 모습은 참 감동적입니다. 그래서 많은 사람들의 가슴을 울리는 찬양을 하는 것 같습니다.

2. 강찬 목사 소개

1) 프로필
CCM Singer Songwriter & Worship Leader
2007년 서울신학대학원 M.div 졸업
2006년 CCM Award Festival 7대 가수상 수상
2000년 제11회 CBS 창작복음성가제 은상 수상

現 서울은현교회 찬양사역자(문화선교부)
現 코스타(KOSTA) 강사(찬양사역자)
現 (사)기아대책, (사)드림포틴즈, (사)샘복지재단, (사)돕는사람들 홍보대사

2) 출시음반
1집 여정(2002년), 2집 미라클(2004년), 라이브앤스튜디오(2006년), 3집 섬김(2007년), 4집 십자가(2010년), 5집 사명자(2013년), 15주년 베스트앨범(2016년)

3) 주요곡 – '섬김', '하늘을 봐', '십자가', '사명자' 등
현재까지 국내와 해외에서 찬양간증집회를 섬겼습니다(미국, 중국, 영국, 러시아, 프랑스, 네델란드, 일본, 호주, 캐나다, 뉴질랜드, 브라질, 아르헨티나, 파라과이, 베트남, 캄보디아, 말레이시아, 필리핀, 인도네시아, 태국 등).

3. 찬양사역자의 길을 시작하게 된 동기

강찬 목사는 대학가요제와 CBS 창작복음 성가제에 출전해 상을 받으며 가창력을 일찍이 인정받았습니다. 그러나 강찬 목사는 이때까지 꿈을 갖지 못했습니다.

"엄했던 아버지 아래에서 성장하면서 꿈을 가질 여유를 갖지 못했어요. 단지 관심 없는 학과에서 목적 없는 대학생활을 하며 취미로 노래를 불렀죠. 노래를 향한 어떤 비전도 품지 못했어요." 이러한 강찬 목사의 삶을 변화시킨 것은 우연히 받은 한 질문이었습니다.

대학 졸업 후 한 회사 면접에서 "어떤 일을 가장 하고 싶으냐?"는 질문을 받은 것입니다. "한 대 맞은 기분이었어요. 그때서야 제가 찬양과 하나님을 얼마나 사랑하는지 깨닫게 되었습니다." 강찬 목사는 그때부터 음악

의 길을 걷겠다는 꿈을 꾸기 시작했습니다. 강찬 목사가 제일 먼저 한 일은 서울신학대학교 신학대학원에 입학합니다. 단순한 음악가가 아닌 음악 사역자를 양육하고 각 요소에 배치하는 음악 목회에 대한 비전을 품었기 때문입니다.

그리고 한 음반사의 제안으로 음반을 제작하게 됩니다. 그렇게 탄생한 앨범이 바로 지난 2002년에 발표한 '여정'입니다. 타이틀 곡 '주와 함께'를 비롯한 많은 곡을 보면 안 믿는 분들도 쉽게 접할 수 있도록 만들었습니다.

"비 기독교인들이 거부감 없이 듣는 CCM앨범을 만들고 싶었어요. 록과 알앤비적인 보컬로 찬양했고 은근히 드러나는 기독교적 메시지를 가사에 담고자 노력했어요"

4. 찬양 "섬김"에 대한 묵상

그는 지금까지 6장의 솔로 음반을 비롯한 총 170여 곡의 찬양들을 불렀습니다. 그 중에 특별히 가장 애착이 가는 곡이 이 "섬김"이라고 합니다.

"하늘의 영광을 다 버리고 낮은 이 곳에 내려오신 주
죽기까지 나를 사랑하신 그 사랑 얼마나 큰지
우리가 높아지면 그가 낮추시리 우리가 낮아지면 그가 높이시리
하나님이 원하시는 세상으로 나 자신을 낮추는 섬김으로

내 발을 닦아 주사 먼저 섬기시고 서로 사랑하라고 말씀하시었네
하나님이 원하시는 세상으로 나 자신을 드리는 섬김의 모습이 되기를
우리가 높아지면 그가 낮추시리 우리가 낮아지면 그가 높이시리
하나님이 원하시는 세상으로 나 자신을 낮추는 섬김으로"

찬양사역자의 자세와 삶에 대해서 깊이 고민하고, 진정한 섬김의 마음

을 갖도록 해주었던 찬양이라고 합니다. 바로 설 수 있도록 '채찍질' 해줬던 곡이라고 합니다.

음반을 내고 찬양사역을 시작하는 시점에, 아침에 말씀 묵상을 하는데 마가복음 9장 35절 말씀을 주셨습니다. 『예수께서 앉으사 열두 제자를 불러서 이르시되 누구든지 첫째가 되고자 하면 뭇 사람의 끝이 되며 뭇 사람을 섬기는 자가 되어야 하리라 하시고. 막 9:35』 말씀이 큰 감동이 되어서 무대에 올라갈 때마다 이 말씀 붙잡는다고 합니다.

2집 이후로 앨범의 주제가 바뀌는 것을 보게 되는데 이유가 있습니다. 2002년 1집 [여정]과 2004년 2집 [미라클]은 도전과 바램이 찬양 앨범 주제라면, 3집부터는 주님을 위한 섬김이 앨범 주제가 됩니다.

2007년 3집 [섬김], 2010년 4집 [십자가], 2013년 5집 [사명자]로 바뀐 이유는 주님께 어떤 것을 원하는 것이 아니라 주고 싶은 사람으로 바뀌었다는 것입니다.

섬김은 기독교의 비밀입니다. 우리가 하는 것보다 주님께서 사용하시면 우리가 계획한 것보다 훨씬 큰일을 할 수 있습니다.

주님은 이천 년 전 예루살렘 성을 입성하실 때 친히 부르시고 타셨던 나귀처럼 보잘 것 없고 연약한 우리를 통해 하나님의 나라를 이루어 가셨습니다. 그리고 모든 사역 가운데 수많은 생명이 강찬 목사에게 주신 노래를 통해 살아나는 것들을 눈으로 보았다고 합니다.

5. "하나님은 네게 복을 주시고(축복송)"의 묵상

"하나님은 네게 복을 주시고 너를 지키시길 원하며
그 얼굴을 네게로 비추시사 은혜 베푸시길 원하노라

하나님은 네게 복을 주시고 너를 지키시길 원하며
그 얼굴을 네게로 향하시사 평강 주시기를 원하노라”

어려움이 많았던 사람의 특징이 있습니다. 자기 힘으로 안 된다는 것을 알기에 하나님의 축복을 간절히 구한다는 것입니다. 이 축복송이 그런 의미가 있지 않나 생각해 봅니다.

반가운 사람 만나듯이 하나님의 얼굴을 뵐 수 있다면 얼마나 좋을까요. 그런데 어려울 때면 주님 얼굴이 나를 싫어하는 것 같아 무섭고 두려울 때가 있습니다. 그래서 나를 따뜻하게 바라봐 주는 것만으로도 축복입니다. 그래서 축복송을 부르는 사람은 항상 감사를 드립니다. 그 감사가 있는 사람이 강찬 목사입니다.

그래서인지 그는 좋은 축복을 받았습니다. 기획사 때문에 그렇게 어렵게 지냈는데 이제 DSM 기획사를 만나서 아름다운 동역의 시간을 만들어 가고 있다고 합니다.

6. 강찬 목사의 바램

첫째는 ‘무대 위에 사역’ 이전에 ‘무대 아래서의 삶’을 더 아름답게 살고 싶다고 합니다.

둘째는 꿈이 백발이 되어서도 무대에서 열정적으로 찬양하며 하나님을 기쁘시게 하고 깊은 삶을 나누는 것이라고 합니다. 찬양사역의 장인으로 남고 싶다고 합니다.

셋째는 자기를 보고 꿈을 가지는 사람이 많았으면 합니다.
“잊었던 ‘찬양의 꿈’을 주님이 찾아주셨어요”. 지난 10월 찬양사역자의 산실 ‘제25회 크리스천뮤직페스티벌’에 자작곡 ‘고백’으로 당당히 동상을 수상한 김지현 권사(55, 명수대교회)의 강찬 목사를 향한 고백입니다.

그녀는 이런 고백을 합니다. "찬양으로 은혜를 전할 수 있고, 주님 곁으로 가까이 갈 수 있다면 어느 곳에라도 갈 거예요. 교인이 한 명 두 명이라도요. 교도소에도 불러주시면 전 기쁘게 가요. 찬양을 흔히 들을 수 없는 곳에 불러주시면 감사히 가서 찬양할 거예요"

강찬 목사로 인해 이렇게 하나님만 바라보고 찬양하는 욕심 없는 좋은 찬양사역자들이 많이 길러지길 원합니다.

강찬 콘서트

"축복송"의 송정미

1. 우리에게 축복송이 필요한 이유

한 번의 아름다운 축복은 평생 기억에 남습니다. 그러나 한 번의 저주는 인생을 망가뜨립니다. 지존파 "크레용을 안 가져와 훔쳐서라도 가져와" 이 저주가 그 인생을 망가뜨렸습니다. 우리는 축복을 하며 살아가야 합니다.

방송실황

우리 모두는 축복이 필요한 사람들입니다. 요즘 사랑한다고 하면서 꾸지람이 너무 많은 것 같습니다. 막 욕하고 "사랑해서 그랬어", 막 야단치고, 저주하고 "사랑해서 그랬어", 사랑하는 방법을 몰라서 그렇습니다. 그러나 하나님의 사랑법은 축복입니다.

성경을 읽다가 제가 감동받은 것은 예수님께서 사역하기 전에 하나님께로부터 축복을 먼저 받았다는 것입니다.

"이는 내 사랑하는 아들이요, 내 기뻐하는 자라"

예수님은 사역도 시작 안 하시고 아무것도 안 했는데 축복을 받고 시작하셨습니다. 칭찬들을 이유가 없는데 말입니다. 그래서 하나님의 사랑법은 축복입니다. 축복받고, 축복하고 싶은 마음은 하나님의 선물이 아닐까 합니다.

2. 송정미 찬양사역자

그녀는 CBS조이포유에서 '송정미의 축복송' 프로그램 DJ로 활동 중입니다. 축복송은 1991년, 1집 앨범 수록곡입니다. 30여 년 가까이 꾸준히 사랑을 받는 찬양사역자입니다. 카네기홀에서 공연한 것으로 유명합니다.

3. 축복송을 작곡하게 된 배경

송정미씨가 직접 1988년에 작곡한 곡으로 알려져 있다고 합니다.

송정미씨의 목소리는 참 장엄하고 스케일이 큰 것으로 알려져 있습니다. 그런데 사실 송정미씨는 성대가 너무 약해서 초등학교 때 고백이 "목이 아파 말을 못 할 정도여서 학교 다닐 때, 출석을 부르면 송정미씨의 짝궁이 대신 대답을 해 줄 정도였다고 합니다. 할 말이 있으면 쪽지에 적어 보여 줄 정도로 목소리가 작았다고 합니다. 그래서 기도할 때마다 "예쁜 목소리를 주세요"가 그녀의 기도 제목이었고, "목소리를 치유해 달라고 눈물 없이 기도해 본적이 단 하루도 없어요."라고 할 정도로 목소리가 약했다고 합니다.

가수에게 목이 안 좋다는 것은 치명적입니다. "내가 하나님께 잘못한 게 있나, 뭘 밉게 보인 건가"하고 회개도 많이 했는데 하나님은 계속 침묵하셨다고 합니다. 그렇게 어둠의 터널 같은 시간을 지나고 있는데 그런 송정미씨에게 하나님께서 이런 음성을 주셨습니다.

"사랑하는 딸아, 내가 목소리 때문에 너를 사용하는 것이 아니란다. 내가 바라보는 것은 너의 영혼이야. 너의 예배하는 영혼이 내게는 가장 귀하단다. 네가 뭔가를 행해서 내가 영광 받는 것이 아니라, 아무것도 하지 않아도 무릎 꿇고 있는 너의 그 모습만으로도 큰 영광을 받는단다. 힘들고 어려운 일이 많지만, 그 상황을 바라보는 것이 아니라 나를 바라보는 너의 영혼, 그 영혼이 얼마나 소중한지 몰라."

"너의 영혼 통해 큰 영광 받으실 하나님을 찬양 오 할렐루야"
"저는 아름다운 목소리, 깨끗한 목소리에만 집중해 있었는데, 하나님께서는 내 영혼에 집중하고 계셨습니다."

그 말씀을 받아 적은 것이 '축복송'입니다. 그녀는 "축복송을 쓴 것 자체가 제 인생의 가장 큰 축복이었습니다."라고 합니다.

4. 송정미 찬양사역자에 대해

2018년에 찬양사역을 시작한 지 데뷔 30주년이 되었습니다.

30주년 콘서트

"1988년에 극동방송에서 열린 제8회 복음성가 경연대회에서 '오직 주 만이'로 대상을 받고 찬양사역을 시작하여 지금 30년 동안 200만 장이나 되는 앨범이 팔렸다고 합니다. 2019년까지 총 6집까지 나왔습니다.

1집은 [Heart For The Lost: 잃어버린 영혼을 향하여]
오직 주 만이 | 임하소서 | 그들은 모두 주가 필요해 | 축복송 외

2집 [Psalms: 복 있는 사람은]
복 있는 사람은 | 나의 하나님이시여 | 여호와는 나의 목자시니 | 내가 새벽 날개를 치며 외

3집 [Hymns: 이전보다 더욱]
온 천하 만물 우러러 참 아름다워라 | 저 장미꽃 위에 이슬 | 내 주되신 주를 참사랑하고 외

4집 [Here & Now: 지금 여기에]
너는 크게 자유를 외치라 | Anointing-기름 부으심 | 서울역 | 나의 기도 외

5집 [Anytime Anyplace 임재] -찬송가 위주
왕이 여기 계신다 | 지금까지 지내온 것 | 서로 사랑하라 | 왕이신 나의
하나님

6집 [희망가]
희망가 | 내 영혼의 그윽히 깊은 데서 | 눈을 들어 하늘 보라 | 오! 대한
민국 외

참 대곡들이 많이 나왔습니다. 30주년 콘서트에서 R석이 88,000원, S
석 66,000원, A석 44,000원으로 대단한 클라스의 공연이었습니다. 그런데
감동적인 것은 한쪽에 탈북자, 선교사, 장애우를 위한 좌석 50석은 그들을

6집 희망가 / 송정미
음반사 : M2M
출시일 : 2010/ 10/ 04
11,000 품절

Anytime Anyplace / 송정미
음반사 : Sonybmg
출시일 : 2005/ 08/ 10
9,300 품절

1집 잃어버린 영혼을 ... / 송정미
음반사 : 금성레코드
출시일 : 2001/ 11
0 품절

3집 이전보다 더욱 / 송정미
음반사 : 금성레코드
출시일 : 2001/ 10
9,300 품절

2집 복있는 사람은 / 송정미
음반사 : 금성레코드
출시일 : 2001/ 10
9,300 품절

4집 HERE & NOW / 송정미
음반사 : 금성레코드
출시일 : 1999/ 11/ 12
9,300 품절

위해 비워 놓고 무료로 공연을 참여하게 한 것입니다. 그 이유는 그들에 대한 하나님의 마음을 알기 때문입니다.

5. 찬양 사역을 시작한 이유

어릴 적부터 찬양선교사가 꿈은 아니었습니다. 어렸을 때는 초등학교 때 선교사로 헌신했다고 합니다. 그리고 선교한국 집회에 참석했습니다.

1990년 선교 한국이라는 집회에서 어느 나라로 가야 할지 말씀해 달라고 하나님께 매달렸는데 마지막 날까지 응답을 안 주셨다고 합니다. 마지막 예배 때 조지 바워 목사님(전 국제오엠선교회 총재)께서 "중국으로 갈 사람, 손드세요", "러시아로 갈 사람, 손드세요." 하는데, 자신을 되돌아보니 아무것도 준비한 게 없더랍니다. 중국말도 할 줄 모르고, 러시아말도 할 줄 모르고, 사역도 준비된 것이 없었습니다.

그래서 시켜만 주신다면 어디든 가서 무슨 일이든 하겠다고 기도합니다. "설거지라도 할게요!"라는 그녀에게 하나님은 처음으로 환상을 보여 주셨습니다.

환상 내용이 아주 큰 콘서트홀에서 찬양하는데, 자세히 보니까 찬양이 아니라 말씀을 전하고 있었습니다. "너희는 가서 모든 족속으로 제자를 삼아 아버지와 아들과 성령의 이름으로 세례를 주고 내가 너희에게 분부한 모든 것을 가르쳐 지키게 하라 볼찌어다 내가 세상 끝날까지 너희와 항상 함께 있으리라" (마태복음 28장 19~20절)라는 말씀을 전하고 있었습니다.

이 말씀이 선포되자 많은 젊은이가 선교사로 헌신하고 열방으로 나아가는 내용이었습니다.

그래서 송정미 찬양사역자는 선교사 아니면 가수, 둘 중의 하나를 선택

해야 하는 줄로 생각했는데 하나님께서는 이런 깨달음을 주셨다고 합니다.

"노래를 하게 된 것도 하나님께서 하신 일이고, 선교사로 헌신하겠다고 했던 것도 하나님께서 하신 일이다. 노래도 하고 말씀을 전하는 일을 다 내가 시킨 것이다. 하나도 버리지 말고 다 해라"

그래서 송정미 찬양사역자는 그때부터 사람들을 보내는 선교사로 콜링하는 사역을 시작하게 되었다고 합니다. 그의 찬양사역의 특징은 말씀을 전하면서 마지막에 꼭 콜링을 합니다.

6. 해외 찬양사역 선교활동

가보지 않는 나라가 없을 정도입니다. 미국, 중국, 남아프리카 공화국, 싱가포르, 이스라엘, 두바이, 베트남, 말레이시아 등 해외로 많이 다니고 있는데, 2018년 4월에는 '북 카스피 문화 사역'이라는 이름으로 카바르디노 발가리아, 잉구쉬, 체첸, 다케스탄 같은 네 나라에 다녀왔습니다. 러시아 남부 중앙아시아의 카프카즈(코카서스) 산맥 북부에 있는 나라들인데,

CTS 스태프가 동행해서 8월에 '북카프카즈를 가다'라는 제목으로 다큐를 방영했습니다.

한 때 예수전도단 로닝커닝햄과 숭실대교회 음악과 교수직을 내려놓고 전 세계를 다니기도 했습니다.

송정미 찬양사역자에게는 열방에 대한 꿈이 있습니다.

9. 송정미 찬양사역자의 남편

송정미 찬양사역자의 남편인 곽수광 목사가 세계 선교단체인 코스타 (국제복음주의학생연합회) 대표였습니다. 2000년부터 한 5년간 봉사를 했습니다. 코스타는 이동원, 하용조, 홍정길, 김동호 목사 등 미국에서 유학생들을 모아놓고 수련회로 시작 한 것입니다. 그런데 벌써 25개 나라에서 35개 코스타가 있습니다.

곽수광 목사는 전도사 시절에, 송정미 사모는 대학 3학년 때 처음 만난 두 사람은 코스타 진행과 찬양인도로 동역하는 등 코스타 수련회에서 없어서는 안 될 짝꿍이기도 했습니다. 4년 전 서울 청담동에 개척한 21세기 푸른나무교회 목회에서도 송정미 사모는 동역자이자 날카로운 설교 분석가 역할을 톡톡히 하고 있습니다.

곽수광 목사는 아내 송정미를 이렇게 평가합니다.
"아내의 별명은 '잔다르크', 또는 '유관순'입니다. 내면에서 분출되는 강력함이 있지요. 그러나 그것은 성령의 역사로 인한 힘 때문이지 원래는 굉장히 섬세하고 예리한 면이 많은 사람입니다. 제게 있어 아내는 지금도 귀여운 소녀 같습니다."

10. 하용조 목사와 에피소드

"평화 있기를"이란 곡에 에피소드입니다. 일본 선교 때 이 찬양을 부르고 싶었는데 하용조 목사께서 모르는 찬양 부르지 말고 아는 '축복송'이나 부르라고 해서 할 수 없이 축복송을 불렀다고 합니다. 그래서 그때의 한을 온누리교회 초대받았을 때 하용조 목사 앞에서 이야기하며 오늘은 무슨 한이 있어도 "평화 있기를"를 부르겠노라고 하면서 복수를 했다고 합니다. 참 아름다운 동역자들을 많이 가진 사람입니다.

"항해자"의 시와 그림

1. '시와 그림'의 소개

시와 그림은 악보를 그릴 줄 모르는 작곡자와 가수 한 명뿐인 팀입니다. 그 팀이 만들어 낸 찬양이 그 유명한 "항해자", "이제 역전 되리라", "여호와의 유월절"입니다. 참 이상한 팀입니다. 하나님 아니고는 아무것도 할 수 없고 해 낼 수 없는 팀이 엄청난 일을 해냈습니다.

찬양모음

시와 그림은 작사, 작곡자 조영준, 찬양 김정석 목사로 구성되어 있습니다.

이상한 조합입니다. 가수 한 명에, 작곡가 한 명은 대한 민국에서 처음 있는 구성입니다. 찬양팀을 구성하는 데는 많은 사람을 책임져야 할 책임

과 짐이 있습니다. 그런데 두 명이라서 힘들 것 같은데 그들은 두명으로 구성되어서 재정 부담도 없고 사명에만 집중할 수 있어서 좋다고 합니다. 그래서 사역을 길게 할 수 있었던 것 같습니다. 굶으면 굶는 데로, 없으면 없는 데로 갈 수 있다는 게 장점이 된 것이 아닌가 생각됩니다.

2. 시와 그림의 시작

조영준 작곡가가 CCM팀을 준비하고 있었습니다. "시와 그림"이란 이름으로 팀 사역을 하려고 여러 사람 만나서 팀을 이뤄서 하다가 여자 싱어들이 2명 정도 있었습니다. 처음엔 디렉터 하시는 분도 계셨고…. 몇 명이 모여서 사역을 준비하다가…. 남자 보컬을 찾고 있었습니다.

김정석 목사가 찬양 인도하는 모습에 반해서 같이 사역했으면 좋겠다고 제안을 했는데 준비가 부족한 것 같다고 거절했습니다. 3번 정도까지 부탁했다고 합니다.

그러다가 조영준 작곡가가 김정석 목사에게 협박을 합니다. "같이 사역을 안 하면…. 그 동안 썼던 악보를 찢어버리겠다"고…. 그래서 할 수 없이 같이 사역을 하게 되었다고 웃으며 그때의 일을 회상합니다.

3. 시와 그림에 대한 하나님의 섭리

시와 그림이 데뷔하던 때는 유명가수들도 음반을 내던 때입니다. 대뷔는 한마디로 "폭망"이었습니다. 기획사에 반품된 앨범이 수북이 쌓였습니다. 제작비를 물어 주게 될 처지에 놓였습니다.

어느날 풀이 죽어 있는 두 사람은 차에서 기도를 드리게 되었습니다. "1집 음반은 주님 손에 맡깁니다. 2집 준비하겠습니다." 말도 안 되는 기도가 나왔습니다. 폭망한 사람들이 2집이라니요. 그런데 통성으로 차 안에서 기도한 다음 날, 지인들에게서 연락이 왔습니다. '항해자'가 음원 1위에 올랐다고 말입니다. 하나님의 은혜였습니다. "너희가 한 게 아니라 내가 한 거야" 라는 것 같았다고 합니다.

4. 항해자를 쓰게 된 배경

준비한 1집을 들고 기획사와 이야기를 나눴는데, '별로'라며 접자는 말이 돌아왔습니다. 대기업을 그만두고 작곡에 매진했던 조영준 작곡가는 집에서 펑펑 울었습니다. 괴로웠습니다. 그 순간 기도하는 자기 입에서 '항해자' 멜로디와 가사로 찬양하고 있더랍니다. 하나님은 기도를 노래로 만든 것입니다. 우리가 실패 자리에서 어떻게 기도할지 '항해자'를 통해 말씀해 주었다고 생각합니다. 많은 사람들이 그 가사가 마음에 와 닿는 까닭이 성공의 자리가 아니라 실패의 자리에서 쓰여 졌기 때문입니다.

나 잠시 나를 의지하여도 내 삶에 항해의 방향을 잡아 주시옵소서

5. 조영준 작곡가의 일급비밀

사실 조영준 작곡가는 악보를 볼 줄 모른답니다. 그럼 어떻게 작곡 활동을 했을까요?

그는 머릿속에 떠오르는 가사와 멜로디를 입으로 노래하면 악보를 그릴 줄 아는 지인이 곡을 악보로 옮기는 방법을 취하고 있습니다. 사실 가사에 곡을 붙이는 것이 일반적인 작곡 방법인데 이 방법은 작곡을 할 줄 모르는 사람에게만 가능한 방법입니다. 곡에 신경쓰지 않고 하나님께 온 맘을 다해 찬양하고 그때 하나님과 깊은 교제가 일어난 것을 곡에 옮기는 방법이니깐 다른 곡들보다 영적인 깊이가 더 깊은 것이 아닐까 생각합니다. 다시 말하면 곡을 작곡한 것이 아니라 찬양하는 사람의 영성을 작곡하는 것입니다. 이런 실력으로 대기업을 그만두고 작곡가로 시작한다는 것은 과히 남들이 보기에 미친 짓 아니겠습니까?

그래서 그는 누구 밑에 들어가지 않았고, 자기가 팀을 만들어야 했고, 목숨을 같이 할 친구가 아니면 유지될 수 없는 팀을 하나님께서 주셨습니다. 이렇게 해서 나온 앨범이 총 7장 입니다. 하나님은 우리가 부족하다고 포기하라고 하지 않습니다. 모세에게 아론을 붙여 주듯이 하나님의 방법이 있습니다. 이 땅에 돈 없고 실력도 부족하다고 포기하지 말고 반쪽짜리 인생이라도 도전하라는 것입니다. 하나님의 방법이 있습니다. 모자라면 있는 사람 붙여 주실 것이고 부족하면 함께 할 사람 붙여 주실 겁니다. 우린 다 부족한 미 완성작이며 반쪽이지만 다른 반쪽을 하나님께서 만나게 하셔서 반드시 하나님의 뜻 하신 바를 이룰 것입니다.

"이제 역전되리라" 찬양이 이 상황에 딱 어울리는 찬양입니다. 사단은 우리 입을 주목하고 있습니다. 어려운 상황이 오면 불평하기를 원하는 것이 사단의 바램이라면 하나님은 우리가 하나님을 믿고 묵묵히 기다리며 역전되리라 선포하길 원하십니다. 그것이 진정한 승리라고 조영준 작곡가의 삶이 담긴 찬양입니다.

6. 반쪽짜리들이 일으킨 기적

시와 그림의 찬양은 그들이 부족하기에 사실 간절한 기도가 담긴 찬양들이 많습니다.
"주 나를 놓지 마소서"
"이곳에 임재하소서"가 그런 찬양입니다.
그래서 하나님의 치유와 역사가 많이 일어나는 것 같습니다.

7. 시와 그림의 찬양에 대한 간증

다음은 1집 항해자를 듣고 시와 그림에게 보내 준 사연들입니다.
① 어떤 분이 회사에서 항해자를 듣고 계셨는데…. 옆에서 같은 직장 동료분이 "이 곡이 어떤 곡이냐"고…. 물으시면서 우시더랍니다.…. 교회를 다니다가 지금은 안 다니는데…. 그분이 "교회를 나가고 싶다…." 고 얘길하셨다고 합니다.

② 또 다른 분은 '항해자'란 곡을 반복해서 계속 들으셨는데…. 그 옆방에서 주무시던 분이 밤마다 이 곡이 들리니까 어느 날 "밤마다 듣는 곡이 뭐냐…" 물으셨다고 합니다.…. 그분이…. '항해자'란 곡이다…. 라고 대답해 주시고…. 그 음반을 드렸더니…. 결국엔 그분이 예수님을 영접했던 간증도 있습니다.

③ 버스 안에서 듣다가 눈물이 막 흘러서 한참을 울면서 다시 하나님께 돌아왔다고 합니다.

7집 '주의 피'라는 보혈 찬양을 부를 때 치유의 은사가 일어나기도 했습니다.
① LA 집회를 갔을 때 다리를 절뚝이던 한 권사가 회복되었습니다.

② 중국인 불교 신자는 '주의 피'를 듣고 예수를 믿게 됐습니다.

③ 한 선교사님은 저희 앨범을 듣고 아들과 갈등이 해결되었다며 직접 찾아와서 말씀해 주셨습니다. 가정이 회복되니 사역지가 회복되었다고 합니다.

④ 시한부 판정을 받은 어떤 외국인은 저희 영어 버전 앨범을 듣고 병이 나으셨다며 감사 메일을 보내 주셨다고 합니다.

8. 시와 그림의 찬양을 통해 느낀점

우리가 부족해서 포기하면 아무 일도 일어나지 않지만, 우리가 부족한 가운데 주님께 헌신하면 그때야 비로서 하나님께서 하나님의 실력을 보여 주시는것을 시와 그림을 통해 깨닫습니다.

인터뷰

'꽃들도'와 일본 선교 역사

♪

1. '꽃들도'의 원곡에 대해

꽃들도 곡의 원제목은 '하나모'입니다. '꽃도'라
는 뜻입니다. 번안하면서 '꽃들도'란 제목이 붙여졌
습니다. 이 곡은 일본 삿포로에 위치한 메빅 선교단
체의 우치코시 츠요시 목사가 작곡한 곡입니다. 처
음엔 어린이찬양으로 지어졌습니다.

꽃들도

'꽃들도'는 2019년 7월에 한국의 주요 음원사이트에서 2, 3위를 차지했
습니다.

2. 일본 찬양이 국내에 소개된 사연

일본 찬양이 이렇게 우리나라에서 불린 적은 처음입니다. 그래서 의미
가 깊은 것 같습니다. 마커스워십, 제이어스 찬양팀과 김윤진 간사, 윤주형
목사 등 찬양사역자들도 자주 부르고 있고 그들의 음원을 따서 각 교회 예
배마다 불려지고 있습니다.

이렇게 많이 불려지는 이유는 "이곳에 생명 샘 솟아나 눈물 골짜기를
지나갈 때에 머잖아 열매 맺히고 웃음소리 넘쳐나리라." 희망을 담고 있는
가사가 이 시대를 향한 신앙인들의 맘을 울리지 않았나 생각해 봅니다.

선교의 불모지로 불리는 일본에서 불려진 찬양 중에 이렇게 우리 나라
뿐 아니고 세계에 영향을 미친 찬양은 없었습니다. 이렇게 일본에서 '꽃들

도' 찬양이 쓰임 받는 것은 이례적이고, 뜻 깊은 일임에 틀림이 없습니다. 분명 일본을 향하신 하나님의 사랑이 가사에 담겨져 있고 이렇게 복음에 황폐한 맘을 가진 많은 나라에 희망이 되고 있습니다.

3. 일본은 언제쯤 복음이 전해졌나요?

1) 천주교 전파와 순교
일본 천주교의 시작은 임진왜란 전입니다. 1549년 포르투갈인 프란시스코 자비에(1506-1552)가 큐우슈 남단 가고시마에 상륙함으로써 일본에 최초의 복음이 들어오게 되었습니다.

당시 일본은 여러 세력으로 나누어져 있었는데, 그중에 오다 노부나가 (織田信長)는 선교사와 함께 온 포르투갈인들을 통해 조총 등 신기술을 받아드리고, 이들이 자유롭게 일본을 돌아다닐 수 있게 해 줍니다. 이때 가장 선교 활동이 왕성해 집니다. 그로부터 70년 후 기독교가 금지될 때까지 80만 명의 신자로 불어납니다.

임진왜란 때, 일본 왜장 고니시유키나가가 천주교인이었습니다. 그는 오다노부가다 밑에 있던 토요토미 히데요시를 도와 정권을 잡았기에 천주

▲ 고니시 유키나가   ▲ 고니시 군대의 문양

교를 자기 관할에서 인정받을 수 있었습니다. 임진왜란 시에는 천주교 신부 세르페데스는 고니시유키나가와 조선에 와서 함께 다녔다는 기록이 있습니다. 이때 고니시유키나가의 군대를 '십자군'이라고 불려서 이후로 천주교가 조선에서 박해받는 이유가 되기도 합니다.

일본의 천주교는 1580년 크리챤 영주 오오무라(大村)가 나가사키의 일부 영토를 예수회에 헌납할 정도로 왕성하다가 선교사들을 첩자로 오인하고 선교사 추방령이 내려집니다. 1614년 토쿠가와 이에야스 때는 무거운 세금으로 농민 반란이 일어나는데, 그 반란을 천주교인 반란으로 오인하여 금교령이 내려지고 박해를 시작하는데, 로마의 카타콤 순교자보다 더 많은 20~30만 명이 순교했다고 합니다. 전체 천주교인의 3분의 1이 순교자가 될 정도로 심한 박해였습니다. 시바바라에서는 3만 7천 명 전원을 몰살시킬 정도로 박해 정도가 심하고 무차별적 이었습니다. 250년이나 긴 세월 동안 잔인한 박해가 계속되었습니다.

엔도 슈샤쿠의 <침묵>이라는 소설을 영화화한 '사이렌스'가 이 시대를 배경으로 한 영화입니다. 영화를 보면 천주교인들 고문 방법들이 자세히 나와 있습니다.

◂◃ 박해의 5가지 방법 ▹▸

(1) 테라우케(寺請) 제도 : 모든 사람을 절에 주민 등록을 하게 함으로써 천주교인이 아니라는 증명을 받게 했습니다. 천주교인으로는 살아갈 수 없게 만들었습니다.

고문의 방법

(2) 종문개명 : 각 마을마다 절에서 종문 조사를 하여 여행, 혼인, 이사, 취직 등을 할 때 증명서를 발급받게 하여 절의 허가가 없이는 사회생활이 불가능하게 하였습니다.

(3) 후미에 (踏み絵) : 매 년 1회씩 예수 그리스도나 마리아의 초상을 밟게 함으로써 기독교도를 적발해 내려는 것이었습니다. 얼마나 고문이 심했던지 어떤 선교사는 고문과 박해로 말미암아 불교도가 되어버린 자들도 있었습니다.

후미에를 거부하면 기독교인으로 간주하여 즉각 처형되었습니다. 그 처형의 방법에는 처음에는 단순한 십자가형이나 화형을 행했습니다. 그러나 고통이 적은 급작스러운 죽음을 기독교인들이 두려워하지 않고 영광으로 생각하자, 고문 방법이 잔인해졌습니다.

① 90도가 넘는 부글부글 끓는 운젠의 유황 열탕에 손을 익혀서 손가락을 자르기

② 이마에 화인을 찍은 뒤에 거꾸로 매달아 오랫동안 물에 넣었다 뺐다를 반복하거나 물을 온몸에 조금씩 부으며 배교를 유인하는 방법

③ 거꾸로 매달아 구멍에 머리가 들어가도록 하여 오물을 입에 넣은 고문

④ 바닷가에 십자가을 설치하고 밀물 때에 바닷물로 인해 숨을 쉬지 못할 정도의 깊이에 천주교인들을 매달아 몇 날 며칠을 그렇게 보내게 해서 익사하게 하는 방법입니다. 이 방법은 밤에 고통 중에 울부짖게 함으로써 아직도 남아 있을지 모를 기독교인들에게 공포심을 전달하게 하는데 쓰였습니다.

(4) 5인조 제도 : 5가정을 한 조로 (세금, 범죄예방, 기독교인 색출을 목적) 조직하여 감시하여 밀고와 연대책임을 지게 하였습니다. 일본인의 심성에 깊은 상처를 주는 제도였습니다.

(5) ギリ師団(기리시단)류족 개명 : 만약 기리시단(크리스챤)이 발견되었을 때 그의 친족들도 기리시단과 동일하게 보고 남자는 7대까지 여자는 4대까지 격리해 특별 감시 하에 두었습니다. 장례식이나 화재가 났을 경우만을 제외하고 사람들의 접근이나 교제를 금지시킨 제도입니다.

이처럼 일본에서 일어난 박해는 세계역사에서 찾아보기 힘든 박해였습니다. 로마교황청에서 순교 유적지로 정할 정도입니다. 이때 수많은 성도가 배교를 합니다. 심지어 선교사들도 배교를 합니다. 너무 박해가 심해 일본 선교는 세계 선교사에 또 다른 고민을 안겨 줍니다.

"마음은 하나님을 섬기지만 박해가 너무 혹독해서 입으로만 배교한다면 그것은 배교일까?" 이렇듯 배교한 이들이 몰래 다시 하나님을 믿고 예배를 드리는 경우가 많았기 때문입니다.

일본 나가노현에 가면 "일본의 모리아 산"이라고 있는데 그곳에는 매년 고난 주간과 부활절 때, 아직도 아브라함이 이삭을 받치는 의식을 합니다. 이 예배를 통해 이들은 십자가를 묵상하고 부활의 기쁨을 나눕니다.

1873년에 금교령이 해제되고 비로서 신앙의 자유를 얻게 됩니다. 그들이 마음속으로 간직한 소원이 '꽃들도' 찬양의 가사가 아닐까 생각합니다.

"이곳에 생명 샘 솟아나 눈물 골짝 지나갈 때에 머잖아 열매 맺히고 웃음소리 넘쳐나리라"

2) 조선인 포로들 사이에 분 천주교 열풍

임진왜란 때, 일본으로 끌려간 포로들이 천주교를 받아드리고 타향의 설움을 이겨 나갑니다. 그중에 세스페데스와 함께 일본에 간 빈센트 권은 신학교에 입학해 선교사 수업을 받습니다. 당시 일본엔 약 5~10만여 명에 이르는 조선인 포로들이 있었습니다. 기록에 의하면 1593년 나가사키에서 3백여 명이, 1594년엔 2천 명 이상의 조선인이 세례를 받았습니다. 관계 사료를 추측해볼 때 아마도 5천 명에서 1만 명 정도의 조선인 기독교도가 있

▲ 고려교

▲ 하끼야키 도자기

었다고 추측할 수 있습니다. 더 놀라운 것은 이들이 1610년엔 십시 일반 비용을 마련해 나가사키에 '성 로렌조'라는 이름의 조선인 성당을 건립했습니다.

조선 포로라는 비참한 생활 아래에서도 자신의 신앙을 지키기 위해 노력했던 그들의 이야기는 국립중앙박물관에 전시돼있는 '하끼야키 도자기'에서도 나타나 있습니다. 그리고 빈센트 권은 이들 조선 포로들의 고달픈 삶에 위안이 되었습니다.

다음은 '하끼야키 도자기'에 새겨져 있는 조선인들의 시입니다.

'개야 짖지 마라. 밤 사람이 모두 도둑인가……?
그 개도 호고려 개로구나. 듣고 잠잠하노라.'

한 밤에 예배에 참석하기 위해 가는 조선인 성도들을 향해 개에게 짖지 마라고 하는 시입니다. 그런데 조선인 기독교인들이 성품이 좋고 노예로 섬기면서 가축들을 잘 돌봤는지 개들도 조선인(고려인)들의 찬송 소리를 듣고 짖지않고 잠잠한다는 내용이 참 마음에 와 닿습니다. 그들은 그렇게 믿음의 꽃을 심고 피우고 있었습니다.

3) 개신교 전파와 현대 일본 선교
일본의 개신교는 1800년경에 전해졌습니다. 메이지 유신과 더불어 개신교는 일본의 새로운 문화가 될 정도로 개신교가 왕성했습니다. 그 유명한 기생의 아들인 우찌므라간조가 목사가 될 정도로 이때 기독교는 일본의 새로운 계급과 문화, 정치 변혁을 주도했습니다. 우리나라 성경 중 "이수정 신약성경 번역본"이 일본에서 번역될 정도로 일본은 기독교가 왕성했습니다. 그리고 2차 세계 대전시에 각 부대마다 군종이 있을 정도였다고 합니다.
그런데 2차 세계 대전 패전 후 기독교를 미국의 유산으로 생각하고 배척하기 시작하여 현재는 복음화율 1% 미만인 나라가 되었습니다.

그 가운데 사는 일본 기독교인들의 간절한 소원을 담은 찬양이 아닐까 생각합니다. 이제 온누리교회의 "러브소나타" 뿐만 아니라 각 선교 단체에서 일본을 선교 대상자로 품고 기도하고 있습니다. 이 찬양을 통해 지금 일본 곳곳에서 새로운 성령의 기름부음심이 일어나고 있습니다. 그중에 하나가 제이워십입니다.

▲ 러브소나타　　　　　　　　　▲ 러브소나타의 하용조 목사

3. 제이워십

제이워십은 '꽃들도' 찬양을 한국어로 번안해 보급한 것은 PHWM의 대표 박흥운 목사입니다. 신앙의 불모지인 일본에서 많은 사람에게 주님의 은혜를 느낄 수 있도록 해 준 찬양입니다. '꽃들도' 찬양은 제이워십 앨범 4집에 수록된 곡입니다.

제이워십은 12년 동안 일본 선교를 하고 있습니다. 일본 전도사역은 예배 찬양 위주로 사역하고 있습니다. 단기선교와 교회 연결 사역, 일본 찬양들을 선교지에서 쓸 수 있도록 번안하고 보급하는 역할을 해오고 있습니다.

벌써 제이워십 다섯 번째 앨범이 나왔습니다. 제이워십의 비전은 일본과 한국이 찬양으로 하나 된다고 합니다.

4. '꽃들도' 작곡자 우치코시 츠요시 목사

우치코시 츠요시 목사는 음악을 전공하지 않았습니다. 그냥 영혼에 대한 열정만 있으시다고 합니다.

15년 전 이 곡을 작곡했을 당시 교회는 비판과 불일치로 어려웠습니다. 그때 아이들 봉사를 하시던 분들과 시편을 묵상하며 '꽃들도' 란 찬양을 만들었습니다.

'꽃들도' 찬양은 일본에서 어른, 아이 할 것 없이 좋아하는 찬송가로 불리고 있습니다. 최근에는 이스라엘에서 이 곡을 찬송가로 사용하고 있다는 보고를 받았다고 전해 주셨습니다.

우치코시 츠요시 목사는 "특히 일본 사역에 있어 한국 성도분들이 함께 기도해 주었으면 좋겠다"고 하시고, "일본의 어린이들이 자라서 마침내 일본 전역에 꽃들이 만발한 것처럼 찬양이 일본 전국에 만발하게 했으면 좋겠다." 라는 꿈을 가지고 계셨습니다.

시대를 열어가는 찬양 톡톡

불신자도 찬양하게 하는
"참말이여" 구자억 목사

♪

'내가 불교 신자인데 구자억 목사의 무대를 보고 순간 흔들렸어요'. '교회 안 나간 지 10년인데 다시 교회를 떠올렸습니다'. 구자억 목사가 출연한 M.net TV의 '트로트엑스'를 보고 나서 믿지 않는 불신자들이 올린 댓글들입니다.

참말이여

찬양은 신앙인들만 하는 것으로 알고 있습니다. 그러나 성경에 보면 하나님은 "모든 만물들이", "온 땅들이" 하나님을 찬양하기를 원하신다고 하였습니다. 다시 말하면 이 땅의 모든 사람, 모든 것이 하나님을 찬양하길 원하신다는 하나님의 마음을 알 수 있습니다.

구자억 목사의 찬양은 사실 누구보다 복음적이지만, 믿는 사람뿐만 아니라, 믿지 않는 사람들까지 그 리듬에 맞추어 춤추며 행복해 합니다. 요즘 교회의 성탄절, 추수감사절 발표회, 노인대학, 교회 야유회에서 가장 인기 있는 곡들이 구자억 목사의 찬양들입니다.

1. 트로트 찬양사역을 하게 된 이유

그는 감리교신학대학교 출신으로 전도사로 활동하며 공부하던 중 청소년 찬양집회에 지속적으로 나가게 되었습니다. 그러던 중, 어느 교회의 청소년 수련회에서 사역 중, 뒤에서 부러운 눈빛으로 청소년들을 지켜보고 있는 어르신들을 지켜보며 트로트 음악을 해야겠다는 생각을 하게 됩니다.

"어렸을 때부터 목사님을 꿈꿨으니 당연히 신학과에 가서 목사 과정을 밟았죠. 그런데 언제인가 교회 수련회를 갔는데 젊은 친구들은 신나게 즐기는데 어르신들은 그걸 그냥 부러운 눈빛으로 쳐다보고 계시더라고요. 그 눈빛이 제게는 '우리도 한번 신나게 흔들어 봤으면 좋겠다'고 얘기하는 것 같았어요. 이분들을 위한 교회 문화가 없을까. 교회 문화가 너무 젊은 쪽으로 치우쳐 있다고 느꼈죠."

그래서 구자억 목사는 "그분들을 위해 무엇인가 할 수 있는 게 없을까

고민하다 왜 트로트 찬양은 없을까 하고 생각이 이어졌습니다. 그래서 31살 때 트로트로 첫 앨범을 내게 되었습니다."

사실 구자억 목사는 어린 시절부터 트로트와 친숙했습니다. 어머니를 기쁘게 해드리는 방법의 하나가 바로 트로트였습니다.

"어머니가 트로트를 좋아하셨어요. 한번은 부모님이 다투신 후 어머니가 기분이 울적해 하셨는데 TV를 켜시고는 갑자기 까르르 웃으시는 거예요. 뭣 때문에 어머니가 울다가 웃으실까 궁금해서 봤더니 나훈아의 노래를 부르시고 있더라고요. 어린 시절 봤을 때도 어머니가 참 아이처럼 좋아하셨어요. 그래서 나훈아가 TV에 나오면 관심 있게 보고 따라 했죠. '갈무리' 같은 것도 불러드리고요. 왜 아이들은 칭찬받으면 더 잘하고 싶어 하잖아요. 그렇게 어릴 때부터 트로트와 인연을 맺었죠."

2. 트로트 찬양에 대한 구자억 목사의 생각

"제가 2009년부터 트로트 찬양 사역을 했는데, 응원해 주시는 분들도 있었지만 비난하는 분들이 많았어요. 어떻게 제 연락처를 알아내었는지 비난의 화살을 쏟아내세요. 그래서 제가 전화기를 안 들고 다니게 되었어요."

"다르다고 틀린 게 아닌데. '나는 고상한 분위기에서 이태리 성악 가곡으로만 찬양해야 하는데 너는 왜 그런 천박한 뽕짝으로 찬양하나?' 이러는 건 다른 것을 틀렸다고 하시니까. 제가 생각할 때에는 오페라든 랩이든 락이든 노래할 때 서로 다른 것인데 트로트는 안아주지 못하시는구나, 그게 좀 아쉬웠어요. 마음은 좀 아팠죠."

"항상 그런 진통이 있어요. 시대와 발맞춰 가려면 진통을 치러야 하는 것 같아요. 예수님도 마찬가지셨잖아요. 근데 사람들은 제가 타협했다고들 해요. 저는 진리를 타협한 게 아니라 배려한 것입니다. 세상 사람에게 복음을 전하긴 전해야 하는데, 지하철이나 길거리에서 전하는 등 여러 방법이 있겠지만, 대중문화는 미디어를 활용해서 강력하게 전할 수 있는 수단이 되거든요. 이번에 방송 나간 뒤에 여러 댓글이 달렸는데 그중에서 '나는 불교 신자인데 교회 가고 싶어졌다'는 걸 봤어요. 세상 속에서 우리가 복음을 전하려면 상대를 배려해야 하잖아요. 60년대에 '예수 십자가에 흘린 피로서'를 강대상을 치면서 부르던 문화, 그것만을 교회의 문화라면서 전도를 하려고 하면 지금 이 시대를 사는 사람들은 외면하겠죠."

(국민일보 2014년 4월 4일 자)

사실 부흥회에서 부르는 찬송가들도 조금은 '뽕짝' 형식이 있는것이 사실입니다.

지금은 교회마다 '찬양예배'를 드리지만, 1980년대에 '경배와 찬양'이 처음 소개됐을 때도 비난이 있었습니다. 나이트클럽에서 쓰는 드럼을 왜 교회에서 연주하느냐는 분들이 계셨습니다. 국악찬양도 마찬가지였습니다. '무당 굿하는 음악으로 어떻게 하나님을 찬양하느냐'고. 트로트도 마찬가지 취급을 하시는 분들도 있습니다. 그러나 하나님은 "이 땅에 모든 만물", 즉 생물이나 무생물, 모두가 하나님을 찬양하길 원하십니다. 그래서 찬양의 형식, 방식이 아니라 내용의 문제라고 생각합니다.

3. 목사가 가요를 부르는 것에 대한 생각

1) 낮은 곳으로
"2009년부터 찬양사역을 트로트로 하다, 목사 안수를 받으면서 '이제는 더 하면 안 되겠지.' 그렇게 저도 생각했어요. 그런데 목사 안수를 집례하신 목사님께서 '이제는 더 낮은 곳에 가서 더 궂은일을 하는 목회자가 돼라'고 하셨어요. 제가 할 수 있는 더 궂은 일, 더 낮은 곳에서 하는 일이 트로트였거든요. 사실 시골교회에서는 일반 찬양사역자를 부를 수 없어요. 문화적으로도 안 맞고. 저는 트로트를 부르니까 노인정, 경로당, 마을회관 때론 비닐하우스에 가서 찬양했어요. 찬양을 모르는 분들 위해 '찔레꽃'이나 '소양강 처녀'를 불러드리면서 제 노래도 불러드려요. 저는 가요를 불러도 거리낌 없어요. 전도 현장에 가서 보면 정말 필요하거든요. 목사 안수를 받을 때 그런 장면이 스쳐 가면서 이 일을 더 열심히 해야겠다고 마음먹고 3집 앨범을 냈어요. 그 뒤 트로트 엑스에도 출연하게 되었어요. 이 모든 것이 하나님의 뜻 안에 있는 것 같아요. 인간적인 비난이야 많이 올 수 있지만, 걱정은 안 됩니다. 하나님께서 어떻게 사용하실지 모르겠지만 맡기고 가야죠."

2) 틀린 것과 다른 것은 구분해야 합니다.
"진리의 내용을 타협하거나 물러서면 틀린 것이지만, 그걸 표현하는 방식은 다 다를 수 있죠. '예수님이 나를 위해 십자가를 지셨다'는 메시지를 어떤 분은 찬송가로, 어떤 분은 발라드로, 또 젊은 사람은 랩으로도 전할 수 있겠죠. 저는 트로트지요. 저는 이 부분에 대해서 크리스천들이 좀 더 열어놔야 한다고 생각해요. 만약 다른 것이 틀린 것이라면 우린 예수님이 쓰셨던 아람어를 써야 하잖아요. 우리는 세상에 발을 디디고 사는데 공중에 떠다니며 사는 것처럼 말해요. 세상 속에서 살아가는 우리가 함께 살아가는 사람들과 부대끼며 복음을 전하려면 우리가 온기를 전해야 하잖아요. 교회가 담만 쌓아놓고 뭐가 틀렸다. 뭐가 잘못됐다. 손가락질만 하면 누가 그 담 안에 들어오려고 하겠어요."

4. 구자억 목사의 다른 사역

구자억 목사가 트로트만 부르는 것은 아닙니다. 인터넷 영상에는 오히려 젊은이들 앞에서 록음악이나 힙합을 부르는 장면이 더 많습니다.

"저는 청소년 집회에 가면 그들이 좋아하는 유행가에다가 복음적인 가사를 붙여서 불렀어요. 김범수의 '보고 싶다'를 '뵙고 싶다'. '하늘을 달리다' 는 '복음을 달리다', 이렇게 부르면 아이들이 참 좋아해요. 저를 불러주는 대부분의 집회는 교회의 축제, 잔치잖아요. 교회 안 가는 친구들도 데리고 오는데, 그 아이들 앉혀놓고 전혀 모르는 언어로 성경을 이야기하고 우리만 아는 찬양을 부르게 되면, 그 친구들은 같은 공간에 있어도 자연스럽게 담 밖에 나가는 셈이에요. 배려는 굉장한 힘이 있어요. 우리가 배려해주면 마음을 열거든요. 손가락질만 당하면 누가 교회를 찾아오겠어요. 교회에 버티고 앉아 있을 이유가 없지요. 교회 안에 이웃을 좀 더 배려하면서 마음 문을 열고 자연스럽게 받아들일 수 있는 문화가 더 있어야 하지 않을까, 안타까웠어요."

5. "참말이여"의 가사 해석과 의의

1) 가사
"아따 참말이여, 믿을 수 없것는디
하나님 인간이 되셔 이 땅에 오셨다고
아따 참말이여, 믿을 수 없것는디
하나님 날 위해서 대신 죽어 주셨다고

이리저리 사방팔방 둘러봐도
어디가 이쁜 구석 있어서
하나님이 친히 찾아오셔서

그 목숨을 내준단 말이여

근디 참말이여 성경에 써 있든디
하나님이 인간이 되셔 이 땅에 오셨다고
진짜 참말이여 성경에 써 있든디
하나님 날 대신해서 대신 죽어 주셨다고

진짜 참말이여 성경에 써 있는디
하나님이 인간이 되셔 이 땅에 오셨다고
아 글씨 참말이여 성경에 써 있든디
하나님 날 대신해서 대신 죽어 주셨다고

하나님 날 대신해서 대신 죽어 주셨다고"

2) 가사에 대한 생각
① "아따", "참말이여", "없것는디"등의 사투리가 누구나 친근감 있게 합니다. 특히 안 믿는 분이나 어르신들이 참 친근감 있게 따라 부를 수 있습니다.

② "어디가 이쁜 구석 있어서
하나님이 친히 찾아 오셔서
그 목숨을 내준단 말이여"

복음적인 가사가 세상에 비교당하고 아픈 마음에 위로를 많이 느꼈다고 합니다. 이 곡을 통해 사람들에게 큰 위로를 느끼는 것은 주님의 사랑 자체임을 느낄 수 있습니다.

3) 트로트 찬양의 의의
① 그동안 도외시 되었던 트로트라는 음악 형식을 교회 음악에 도입하여 이중적인 교회 문화를 극복하는 데 큰 도움을 주었습니다. 대부분의 교

회음악이 클래식 계통이라서 교회 밖에 교회 행사를 하게 되면 야유회나 노인대학에서는 세상 음악이나 건전가요를 많이 했는데, 구자억 목사는 트로트 찬양을 통해 이런 이중적인 형태가 교회 사람들도 얼마든지 즐겁고 행복하게 찬양할 수 있다는 것을 보여 주었습니다.

② 구자억 목사의 "참말이여" 말고도 "내게 강같은 평화", "하늘엔 영광" 있습니다. 구자억 목사의 찬양은 음반으로 듣는 것도 중요하지만 www.youtube.com(유튜브)에서 구자억 목사를 검색하여 안무와 함께 보면 더욱 흥겹습니다.

③ 요즘 추수감사절이나 성탄절 때 구자억 목사의 찬양 안무를 배워서 발표하는 사례가 많은데 교회마다 대 히트를 치고 있음을 검색 조회수를 통해 확인할 수 있습니다. 이런 발표회 때 아이의 부모나 가족들이 초대되었다가 다시 교회를 찾는 사람들이 확실히 많아졌습니다. 그 이유는 어린 시절 교회에 다녔던 추억과 교회의 문턱을 낮추어 주는 역할을 톡톡히 했습니다.

청소년들을 춤추게 하는
"구원열차"의 PK 장광우 목사

♪

"아이들이 집에 가기 싫어하는 교회 만들고 싶어요", "'나는 쓰레기'라는 말 듣고 컸지만, 주님은 포기치 않아요." 청소년 시기에 방황했기에 청소년들을 향한 비전을 포기할 수 없는 장광우 목사의 PK 찬양사역 이야기입니다.

1. 장광우 목사 소개

한 번도 안 본 사람은 있어도 한 번만 본 사람은 없을 CCD(Contemporary Christian Dance) 계의 선두 주자. 바로 춤추며 예배하고 춤추며 예배하고 복음을 전하는 워십 댄스의 전설 PK(Promise Keepers) 미니스트리

입니다.

PK는 "주님이 말씀하신 이 땅에서의 기쁜 소식 증거자로 언약을 성취해 나아가리라"(행 1:8)는 비전을 갖고 지난 2000년에 결성됐습니다. '구원 열차', '야곱의 축복', '천국은 마치', 'More More More', '우리 주 안에서 노래하며', '멈출 수 없네' 등 교회 청년들부터 주일학교 아이들에 이르기까지, PK의 안무는 마치 '통과 의례'처럼 한 번은 접해야 할 콘텐츠가 됐습니다.

PK의 단장 장광우 목사는 청소년들에게 '밤하늘의 별과 같은' 이야기를 만들어주기 위해 문화선교전문가, 가정코칭상담가, 이단상담가, 장례 지도전문가의 꿈을 꾸며, '온 세상 약속 교회'를 강화도에 개척하였습니다. PK 사역은 횟수로 22년째(2019년)하고 있습니다. 그리고 방송과 라디오, 목회 활동, 강의사역을 하고 있으며, 선교학 박사 과정과 심리상담 코칭 공부도 같이하고 있습니다.

2. 장광우 목사가 PK 사역을 하게 된 계기

어렸을 때 아버지에게 많이 맞으면서 듣던 말은 '쓰레기'였다고 합니다. 그래서 자기도 모르게 형성된 것이 낮은 자존감, 조울증과 우울증 등이고 이 증상이 심각해져서 간질 증상도 있었다고 합니다. 중2 때까지 교회를 다니다가, 이후 7년 동안은 교회에 대해 반감과 하나님에 대한 오해 때문에 교회를 안 다니기 시작했고, 그러면서 계속 뭔가를 찾았는데 "왜 살아야 하는지를?"고민하며 살았다고 합니다. 그러던 중 우연히 불량한 청소년과 어울리게 됐는데, 그때 고등학교를 중퇴하고 접한 게 춤이었다고 합니다. 춤에 흥미를 느끼면서 대회에서 입상도 하고, 기획사도 갔고, 18살에 나이트클럽 DJ를 하면서 본격적으로 음악 세계로 들어갑니다.

그러다가 군대에 가게 됩니다. 군대 첫 예배 때 주님이 다시 만나주셨습니다. 세미한 음성으로 '널 알고 있다', '너를 참 사랑한다', '널 향한 계획이 있다'고 말씀해 주셨다고 합니다. 그때 깨달은 것이 '내가 쓰레기가 아니구나.' 라는 것이었습니다. 그 후 군대에서 교회 행사뿐 아니라 모든 문화 행사엔 다 갔습니다. 그러면서 자존감이 올라갔고 CCM도 그때 알게 되었습니다. 에이맨(AMEN)의 김성호 형제를 군종 생활하면서 만났고, 여러 장르로 하나님을 찬양하는 모습을 보았습니다. 당시는 힙합 찬양은 거의 없어서 '내가 하면 되겠다.' 싶어 99년도에 제대하고 '주의 길'을 가려 했지만 반대가 심해서 포기하고 맙니다.

▲2000년대 활동 당시의 PK 미니스트리

그렇게 갈 데가 없어서 다시 나이트클럽 선배들을 찾아갔는데 거기서 큰 환영을 받고, "여긴 날 환영하는데 교회는 날 환영하지 않아. 송충이가 솔잎을 먹어야지 내가 무슨 교회야" 하며 점점 하나님과 멀어집니다. 그때 건강이 급속도로 나빠지면서 이유 없이 피를 토하고 물도 못 마셨습니다. 그러면서 다시 하나님께 엎드립니다.

'하나님께서 내 앞에 여전히 계시고 내 일을 정하셨는데 사람들의 말에 흔들렸구나' 하는 마음을 하나님께서 주십니다. 그러면서 막연히 기도하기 시작했습니다. 그리고 "뭘 하든 주님이 원하시는 걸 하겠다"고 결심하고 나서 몸이 조금씩 호전됐는데 뜻밖에 에이맨 김성호 형제가 에이멘 3집 콘서트에서 백댄싱 해달고 부탁을 받습니다. 신기하게도 몸과 마음이 회복되고 마음껏 춤을 추게 되었습니다.

그렇게 '본토 친척 아비 집을 떠나 주를 따르겠다'는 결심을 하고 상경합니다. 그리고 춤을 가르쳤던 동료들을 중심으로 PK를 만들었습니다. 2000년대에 송정미, 김명식, 강명식, 소리엘, 콘서트를 정말 많이 할 때인데, 그분들이 계속 PK를 초청해주었습니다. 그 뒤로 전 세계를 다니며 찬양을 하게 되었습니다. 6~7년 전에는 개인 음반 발매를 앞두고 신앙 간증을 정리하고 싶어서 '핸즈업'이라는 책이 나옵니다.

3. PK 사역

PK(Promise Keepers)는, 말 그대로 약속을 지키는 사람들이라는 뜻으로 "너희는 신령과 진정으로 예배하고, 사마리아와 땅 끝까지 이르러 내 증인이 되고, 잃어버린 자들을 위한 사랑과 애통의 마음으로 예수의 복음을 증거 하라"는 약속들을 지키겠다는 신념이 담겨있는 이름입니다.

한국 교회 안에 새로운 문화를 통해서 춤추며 주의 임재를 경험하는 다윗과 같은 예배의 부흥을 꾀하고, 문화 가운데 굶주려있는 많은 청년을 춤의 예배를 통해 변화시켜 세상 문화를 주관하고 있는 사단의 무리에 대적하고 크리스천의 문화를 통해 세상의 문화를 변화시키려는 역사적 문화 개혁을 꿈꾸는 팀 Ministry입니다.

콘서트

춤추는 예배자 PK (Promise Keepers) 유나이티드 프로필 사진

구성은 P.K Ministry 라는 이름으로 P.K(프론트 사역자), PKFG(중보기도 및 써포터즈팀), PK crew(PK 훈련팀)로 각자 가지고 있는 달란트를 통해 한 몸을 이루어 2000년 7월을 평생이라는 삶을 통해 주님을 위해 춤출 것을 약속드리며 시작하여 지금까지 매달 20~50회 공연, PK New-Nation Funky Praise 예배 사역과 워쉽 아카데미 및 세미나, 노방전도 및 보육원이나 병원 위문사역 등등…. 춤을 통해 할 수 있는 다방면적인 사역들을 이루어가고 있습니다.

4. 사역을 하면서 가장 힘든 것 3가지

"하나는 물질인 거 같아요. 물질 시험은 한 두 가지가 아니었죠.
집에는 비가 새고 바퀴벌레가 나오고, 평탄치 않게 하신 것 같아요.
그 과정을 거치며 성장시키셨죠. 사역자 누구나 다 어렵지만, 팀을 케어하려니 계산기로는 방법이 없더라고요, 지금도 부교역자 전도사님이랑 같이 살고 있어요."

"또 하나는 사람에 대한 거예요. 팀이 무너지는 건 돈이 아니라 오해와 관계 때문이더군요. 모든 공동체가 다 그런 부분이 있는데, 서로에 대해 오해하고 불만과 미움이 쌓일 때 깨지는 거죠. 특히 24살에 공동체를 시작한 저로선 이 다툼과 분쟁을 어떻게 해결해야 할지 몰랐죠. 이게 차라리 내가 미워서 나도 미움을 받는 거라면 그나마 괜찮은데, 사랑했는데 미움을 받으니까 그게 너무 힘들더라고요. 사랑하고 품어줬는데 그걸 모르고 서로 불편해질 때 그 상심이 컸어요."

"마지막 하나는 결국 사명이죠. 결코, 쉬운 일이 아닌 거 같아요. 우리는 구원받았고 주님이 부르셨다는 것을 믿지만, 사단은 끊임없이 참소해요. 어느 순간 의심케 해요. '정말일까?', '아닌 거 아닐까?' 때로는 누가 만들어 준 의심이 아니라 스스로 의심하기도 하고. 소위 말해 영빨이 약하면 만족이 안 되고 힘드니까. 결국, 예배만이 살길인 것 같아요."

드럼과 전기 기타가 예배로 들어오고, CCM에 이어 CCD(Contemporary Christian Dance)가 한국에 들어 온 지도 벌써 20년. CCD의 원조로 불리는 PK(Promise Keepers) 미니스트리의 단장 장광우 목사는 그간의 사역을 '불가능'을 '가능'하게 했다며 하나님께서 하신 일이라고 고백합니다.

오랜 기간 한 사역을 붙들며 마주한 한계, 그리고 그것들을 극복하며 경험한 은혜를 고백한 그는 이제 댄스를 넘어 보다 넓은 문화의 영역에서 비전을 꿈꾸고 있습니다.

5. CCD(Contemporary Christian Dance 컨템포러리 크리스천 댄스)에 대한 생각

1) 시대에 따라 문화가 다르듯이 CCD는 현대의 젊은이들이 하나님을 찬양할 수 있는 아름다운 도구입니다. CCD는 다음 세대들이 세상에 끌려 가지 않고 교회 안에서 도 자신들의 문화가 있음을 확인하고 CCD를 통해 어린이, 청소년, 청년 세대가 하나님을 찬양하는 다리로 사용되고 있습니다.

2) CCD는 공동체를 형성하게 합니다. 개인주의가 만연한 한국교회에 공동체 의식을 함양하는 데 도움이 되었습니다. 수련회 때마다 청소년들이 PK CCD를 통해 동질감을 느끼고 같이 뛰며 춤을 추면서 교회 공동체인 것을 확인하고 있습니다.

3) CCD는 다음 세대가 자신의 달란트를 통해 찬양할 수 있는 찬양의 한 분야입니다.

한 부모의 이야기입니다. "우리 아이는 둘 다 '끼쟁이'예요. 아들은 두 살 때부터 춤을 췄는데, 꿈이 야구선수였다가 개그맨이었다가 지금은 래퍼예요. 사실은 저는 아이들을 포기했습니다. 공부도 안 하고 학교도 안 가고, 그러다 PK에 들어가게 되었는데 삶을 포기한 아이가 춤을 추면서 하나님을 찬양하고 꿈을 꾸는 것을 보고 그렇게 생각했습니다. '공부엔 소질이 없어도 이 아이가 춤을 추며 행복해 하는 것을 보니 꼭 공부가 아니라

도 이 아이가 행복해하는 춤을 통해 하나님께 영광 돌리게 해야겠구나.' 생각했습니다. 이 아이의 달란트라고 생각합니다." 하나님은 꼭 노래를 통해서만 영광을 받는 것이 아니고, 시편 말씀은 우리가 춤을 추며 소고 치며 찬양하라고 하십니다. 누구나 춤과 소고를 칠 수 없지만, 그 달란트를 받은 사람은 춤을 추며 소고 치며 찬양해야 합니다.

4) 다음 세대의 문화로 성경을 교육한다면 엄청난 효과를 낼 수 있습니다. 랩으로 성경을 가르치는 것을 장광우 목사는 시도해 보았습니다. 그랬더니 놀라운 일이 일어났습니다.

"창세기 1장을 100번 읽는 건 힘들어도 듣는 건 쉽잖아요? 그래서 랩으로 창세기를 아이들에게 들려줬더니 비슷하게 따라 하는 거예요. 랩으로 '하나님께서 첫째 날 뭘 지었을까' 하고 물으면 아이들이 기억해요. 거의 외워요. 자기가 좋아하는 노래는 누가 외우라고 안 해도 저절로 외워지는 것과 같은 이치죠. 나중에 성경 66권을 전부 외웠으면 하는 바람도…(웃음)."

이처럼 다음 세대의 문화에 맞는 교육이 현 한국에 절실하다고 볼 수 있습니다.

6. "구원열차" 가사 내용과 분석

"나는 구원열차 올라타고서 하늘나라 가지요
죄악 역 벗어나 달려가다가 다시 내리지 않죠
차표 필요 없어요. 주님 차장 되시니
나는 염려 없어요. 나는 구원열차 올라타고서 하늘나라 가지요

주님 나를 항상 보호하시니 시험 와도 겁 없네
푸른 하늘 보좌 예수님 만나 영원 생명 얻으리
때론 외롭고 지쳐 힘이 들 때 주님 내게 새 힘을 주시네

천국 열차 타고 올라가는 기쁨으로 찬양하며 하늘 향해 나아가리

나는 구원방주 올라타고서 하늘나라 가지요
험한 시험 물결 달려들어도 전혀 겁내지 않죠
배 삯 필요 없어요. 주님 선장 되시니
나는 염려 없어요. 나는 구원방주 올라타고서 하늘나라 가지요 가지요

나는 구원열차 올라타고서 하늘나라 가지요
죄악역 벗어나 달려가다가 다시 내리지 않죠
차표 필요 없어요. 주님 차장 되시니 나는 염려 없어요
나는 구원열차 올라타고서 하늘나라 가지요. 하늘나라 가지요
하늘나라 가지요. 하늘나라 가지요 가지요 예~~!!"

1) 가사는 옛날 구원열차와 비슷한 것 같은데 리듬이 좀더 현대적입니다. 그래서 다음 세대들이 특송을 할 때, 이 곡을 틀어 놓고 춤을 추고 찬양하는 것을 보면, 억지로 하는 것이 아니고 가슴에서 우러나와서 정말 행복해 하며 찬양합니다. 그것은 단지 옛것을 현대적 리듬에 맞춘 것뿐입니다. 이처럼 진리는 변하지 않아도 그 시대의 문화에 따라 예배 문화가 변해야

한다는 이유를 보여 주고 있습니다.

2) 단순한 복음적인 진리를 말하지만, 이 곡은 CCD에 효과가 더 높습니다. 이 곡을 단순히 박수치면서 하면 거의 따라 하지 않습니다. 그러나 원을 그리며 강강술래처럼 한다면 그 순간 그 장소는 환호의 도가니로 바뀝니다. 이 곡은 공간을 돌면서 춤을 추면서 하면 모두 하나의 공동체가 됩니다.

7. PK 장광우 목사가 가장 보람 있었을 때

캄보디아에서 일어난 일입니다.
"광우야! 여기 이상한 일이 일어나고 있어. 빨리 와봐. 내가 티켓 끊어 놓을게."
그래서 캄보디아로 갔습니다.
"광우야 저길 봐"
공항 대합실에서 100여 명의 캄보디아 청소년들이 대열을 갖추고 음악

을 켰습니다. 그 음악은 PK의 <뉴네이션 펑키프레이즈> 앨범에 있는 '만세반석'이라는 곡이었습니다. 100여 명의 캄보디아 아이들이 공항에서 PK 노래에 맞춰 그를 환영하는 춤을 추는 것이었습니다. 장관이었습니다.

찬양이 끝나자 한 캄보디아 아이가 다가왔습니다.
"안…녀…녕…하…세…요. 캄..보..디..아..PK..리더..사이먼..이..라..고..합..니..다."
"네? 캄보디아 PK라고요? 아, 네…반갑습니다…장광우입니다."

그들은 캄보디아에 사이먼이 만든 PK였습니다. 캄보디아 PK!"
사이먼은 빈민촌 고아였다고 합니다. 부모님이 계시지 않아 방황하며 지냈던 사이먼은 선교사님이 보여 주신 영상 하나를 보게 되었다고 합니다. 그것은 PK의 춤 영상이었습니다. 영상을 본 사이먼은 PK처럼 춤을 추고 싶다는 꿈을 가지게 됐다고 합니다.

그리고 사이먼은 PK 춤을 배워 10명의 제자를 키워냈습니다. 10명의 제자는 100명을 가르쳤고, 100명은 3,000명의 제자를 길러냈습니다. 그들은 모두 캄보디아 빈민촌의 아이들이었습니다.
그날 장광우 목사는 캄보디아를 복음의 땅으로 새롭게 만들어 갈 캄보디아 PK들과 밤이 새도록 '춤추는 예배'를 드렸다고 합니다.

"눈물 흘리며 씨를 뿌리는 자는 정녕 기쁨으로 그 단을 거두리로다" 주님을 위한 광대 장광우 목사의 이야기입니다.

현대 예배의 개척자 힐송 뮤직의
달린 첵(Darlene Zschech) 목사

1. 달린 첵의 소개

달린 첵(Darlene Zschech)은 오스트레일리아 시
드니에 있는 힐송교회의 워십 인도자이며 작곡가입
니다. 예배 인도자로서 시드니 힐송교회의 워십과
창조예술 분야를 담임하고 있습니다. 달린 첵은 힐
송 텔레비전 프로그램의 매주 예배를 인도하고 있
으며, 공식 홈페이지에 따르면 이 프로그램은 전 세

찬양모음

계 125개국에 방송되고 있다고 합니다. 힐송 교회는 2004년에 발매한 라
이브 CD인 "For All You've Done"이 오스트레일리아 음반 순위에서 1위를
기록하면서 전 세계 헤드라인을 장식한 바 있습니다.

대표곡으로 1993년 '내 구주 예수님'(Shout to The Lord)을 비롯해 '빅
터스 크라운'(Victor's Crown), '인 지저스 네임'(In Jesus Name), '엣 더 크
로스'(At The Cross), 'Still(주 품에 품으소서)' 'One way(오직 예수), 젊은
이들이 좋아하는 'Take it all', 'Salvation is here', 'Freedom we know', 'Might
to save', 'Worthy is the lamb', 'Tell the world' 등, 지난 20년간 예배 인도자
로 활동해 온 그녀는 약 100개가 넘는 곡들을 써왔습니다. 현재 그녀의 노
래는 전 세계의 교회에서 불리고 있습니다.

2. 달린 첵이 현대 예배에 미친 영향

1990년대의 찬양 문화는 대중음악이나 젊은이들이 주로 듣는 음악 스타일과는 달리 모던 적이었고, 악보만 보고 즉석에서 연주하는 스타일이었습니다. 달린 첵의 음악이 소개 되고 나서 전주, 간주, 후주가 생겨났고, 찬양 자체가 기획되기 시작하여 일렉 반주법, 드럼 반주법, 키보드 반주법 등이 생겨나기 시작하여 현대 찬양예배로 정착되었습니다.

그중에 대표적인 변화는

1) 뛰면서 찬양하는 문화가 생겼습니다.

2) 조명 문화가 생겼습니다. 힐송 컨퍼런스에서 들었던 이야기인데 "조명도 하나님을 찬양하고 싶어 합니다."라는 말이었습니다. "온 땅이여 주님께 외쳐라!"라는 찬양 가사처럼 힐송은 정말 모든 것을 동원해 하나님을 찬양했습니다.

3) 카메라와 영상을 통한 예배의 등장입니다. 전면에 가사와 찬양실황이 보이는 찬양하는 문화가 생겨났습니다.

4) 찬양팀 액션들이 생겨났습니다. 힐송팀은 인도자와 싱어들이 뛴다거나, 움직이면서 찬양하고, 중간 중간에 여러팀이 등장하여 같이 찬양하기도 합니다.

5) 인도자가 한사람이 아니고 곡마다 인도자가 달라지는 스타일들이 생겨났습니다.

6) 그리고 가장 대표적인 변화는 여성 찬양인도자들의 등장입니다. 처음엔 힐송 예배가 비디오로 소개되었을 때 여성이 찬양인도자일 줄 상상도 못했습니다. 대부분 기타연주자가 인도자인 줄 알았다고 합니다. 실제로 미국 호산나에서는 기타연주자를 초대해서 힐송 음악을 소개하기도 했습니다. 달린 첵을 통해 한국의 많은 여성들이 찬양인도자의 꿈을 꾸었고, 이제 정말 각 교회마다, 찬양팀마다 여성 인도자들이 많아졌습니다.

3. 달린 첵의 어린시절

달린 첵(Darlene Zschech)은 어린 시절부터 음악에 소질이 있었습니다. 10살 때부터 주간 어린이 TV Show와 노래, 춤 등에서 주역을 맡았으며 틴 에이저 시절에는 호주 브리스베인(Brisbane)에서 여러 가스펠 밴드와 같이 활동했습니다.

이러한 주목할 만한 음악적 경험을 바탕으로 그녀는 많은 광고에도 출연했는데 그 중 유명한 것들로는 "맥도날드", "스페셜 K", "KFC"와 "Diet Coke" 등이 있습니다.

4. 달린 첵의 찬양사역 시작

90년대 브라이언과 바비 휴스턴(Brian Houston & Bobbie) 목사 부부는 6년여의 준비과정을 거쳐 1983년 8월 14일에 45명의 성도와 함께 시드니 북서부에 힐스 센터(Hills Christian Center)를 개척했습니다.

이후 빠른 성장을 거듭해 현재 1만 2천여 명이 모이는 호주 최대의 교회가 되었습니다. 작은 지역교회인 힐송이 세계에 그 영향력을 떨치게 된 데는 찬양사역을 빼놓을 수 없습니다.

초기의 중추적인 역할을 감당한 사람은 마라나타 뮤직(Maranatha! music)의 '주께 가오니(Power of Your love)'를 작곡한 제프 불록(Geoff Bullock)이 힐송을 그만두면서 인도자 자리가 공석이 되었습니다.

그때 브라이언 목사가 찬양인도를 하게 되었는데, 예배가 시작될 시간에 갑자기 자신은 내려가고 달린 첵(Darlene Zschech)을 찬양인도자로 세웠습니다.

달린 첵은 그때를 이렇게 회상했습니다. "제겐 참 힘든 시기였습니다. 연예인으로 살고 싶었지만 그때 모든 길이 막혀서 찬양팀 싱어로 섬기게 되었는데 아무 준비도 안 된 나를 브라이언 목사님이 갑자기 무대에 세우고 떠나셨습니다. 순간 여러 가지 생각이 들었지만 순종하기로 하고 온 맘을 다해 하나님을 찬양했습니다. 전임자의 명성에 비하면 한없이 부족했지만, 하나님은 온통 하나님을 향한 맘으로 채운 나를 받아주셨고, 그 열정을 음악적인 재능으로 바꾸어 놓았습니다. 그리고 부족한 자신을 모든 팀원이 도왔고, 덕분에 곡에 특성에 맞는 여러 인도자를 세우는 계기가 되었습니다."

달린 첵을 영상으로 접한 돈 모엔(Don Moen)은 그녀의 곡 "내 구주 예수님(Shout to the Lord)"의 음반녹음을 결정하게 되고 이 노래는 전 세계 각종 차트를 석권하면서 힐송의 존재를 알리게 되었습니다.

우리나라를 찾아왔던 힐송 예배팀의 집회 때 그녀의 모습은 열정 그 자체였습니다. "하나님은 그런 그녀의 마음을 기뻐하셨으리라." 믿습니다. 이후 르우벤 모건(Reuben Morgan)과 마티 샘슨(Marty Sampson), 미리엄 웹스터(Miriam Webster)등의 역량있는 새로운 차세대 싱어송 라이터와 인도자들이 세워지고 있어 힐송의 영향력은 계속되어가고 있습니다.

힐송의 새로운 인도자

5. 달린 첵의 암 투병

2003년 달린 책의 인생 중에 위기가 찾아왔습니다. 유방암에 걸린 것입니다. 지금도 약을 먹으며 치료를 받고 있습니다. 그러나 그때 하나님을 깊이 체험하는 시기가 되었습니다.

그녀는 "암 투병이 인생에서 가장 힘든 시기였습니다. 우리 모두에게 광야와 같은 순간이 있습니다. 우리 모두는 겨울과 같은 시기를 경험하게 됩니다. 계절의 범주에서 겨울은 매우 필수적입니다. 여름에는 일어나지 않은 많은 일이 겨울에 일어납니다. 그러나 광야의 아름다움 속으로 파고드는 일은 어려웠습니다."고 당시를 회고하며 그때 주님께서 빛으로 찾아오셨다고 합니다.

그 시기에 불렀던 찬양이 One way(오직 예수) "주 발에 나 엎드려 주만 간절히 원해"입니다. 참 그때의 마음을 짐작해 볼 수 있습니다. 막다른 길에 몰려 어쩌면 죽음을 생각하고 머리를 다 자른 초라한 자신의 모습을 보면서 주님 발 앞에 엎드려 있는 향유를 부은 마리아처럼 울었을 겁니다. 그때 인생은 막다른 길이었지만 한 길이 발견되었습니다. 그 마음이 "오직 예수, 주님 만이 나의 삶의 이유" 라는 가사를 만들게 된 것입니다.

그 시기의 또 다른 찬양입니다.
I will run to you (주 말씀 향하여)

Your eye is on the sparrow 주의 눈으로 새를 보고 지키시며
And Your hand, it comforts me 주의 손은 나에게 위안이 되네
From the ends of the earth 지구의 끝에서부터
To the depths of my heart 내 맘의 깊숙히까지
Let your mercy and strength be seen 주의 은혜와 힘을 보네
You call me to your purpose 주, 나를 사용하기 위해 부르시네
As angels understand 천사들이 알듯이
For your glory 당신의 영광을 위해
May you draw all men 모든 사람을 이끄소서
As your love and grace demands 당신의 사랑과 은총으로
And I will run to you 주께 달려가리라
To your words of truth 주의 말씀과 진리로
Not by might, not by power 힘도 아닌 능력도 아닌
But by the spirit of God 오직 주의 영으로
Yes, I will run the race 주께 달려가리라
'til I see your face 당신의 얼굴 볼 때까지
Oh, let me live in the glory of your grace 오, 주의 영광 안에 살게 하소서.

그녀의 마음을 헤아릴 수 있는 깊은 찬양입니다. 이제 주 말씀 향하여 달려갑니다. 세상의 끝이 우리에게 다가올 때 한 길밖에 없음을 우리는

발견하게 됩니다. "주 영광위해 살게 하소서" 곡의 가사는 그녀의 신앙고백이기도 합니다. 아픔이 그녀에게 주님을 위해서만 살겠다는 다짐을 주었습니다. 남들은 이 상황에서 주저앉아 원망하고 있을 텐데 뛰면서 One way(오직 예수)를 외치고, I will run to you (주 말씀 향하여)를 찬양하는 모습이 참 아름답습니다.

6. 달린 첵의 현재 사역

그 후 달린 첵은 남편과 함께 힐송 교회의 은혜 사역부의 리더로서 임신, 마약, 아동학대, 과식증, 거식증 등으로 어려움에 빠진 십대 소녀들을 도왔습니다. 현재는 남편과 함께 호주의 뉴 사우스 웨일스의 센트럴 코스트에 있는 Hope Unlimited Church(처치 언리미티드)에서 담임 목사로 섬기고 있습니다.

7. 힐송 컨퍼런스

힐송 컨퍼런스는 미국 새들백 교회의 '목적이 이끄는 컨퍼런스', 윌로크릭 교회의 '리더십 컨퍼런스' 등과 함께 세계 교회 흐름을 주도하는 3대 복음주의 컨퍼런스입니다. 호주 교회라고 하면 힐송교회를 연상할 만큼 영향력이 큽니다. 힐송 컨퍼런스에는 매년 50여 개국에서 3만 명 이상이 모입니다. 국내에서도 적지 않은 목회자와 성도들이 참가하고 있습니다.

힐송 컨퍼런스

수년 동안 힐송교회를 연구한 잠실동교회 백광진 목사는 "힐송교회의 컨퍼런스를 통해서 참된 예배가 무엇인지를 알게 됐다"고 밝혔습니다. 매년 교인들과 함께 힐송 교회를 찾고 있는 백 목사는 "크리스천들이라면 누구나 '살아 있는 예배', '영감 있는 찬양'을 기대할 것"이라면서 "힐송 컨퍼런스는 우리가 바라는 바로 그런 예배를 경험하게 해준다"고 강조했습니다.

버스킹 사역자 조셉 붓소

(한국이름 : 최준섭)

♪

1. 조셉 붓소의 버스킹 사역

신촌, 홍대, 이태원 등 도심 한복판에 앰프 하나를 두고 자유롭게 찬양하는 사람이 있습니다. 그의 찬양에 지나가던 사람들이 발걸음을 멈추고 손을 위로 뻗으며 함께 따라 부르거나 눈을 감고 기도합니다. 유창한 한국말로 찬양을 부르는 아프리카계 미국인은 길거리 찬양사역자 조셉 붓소(23·한국명 최준섭)입니다.

좋으신 하나님

2. "조셉"과 "준섭"

처음에는 준섭이라는 이름이 마음에 들지 않았다고 합니다. 조셉이라는 이름을 꼭 바꿔서 불러야 한다고 생각하지 않았습니다. 그런데 성경에 보니까 다니엘이 바벨론에서 '벨드사살'이라고 불렸던 것처럼 성경인물들에게도 여러 가지 이름이 있었습니다. '아, 이름이 바뀌는 것도 의미가 있겠구나' 싶었습니다. 그때부터 준섭이라는 이름을 받아들이게 되었다고 합니다. TV프로 <너목보3> 프로그램을 출연하면서 '11학번 준섭이'이라고 불려지기 시작했습니다.

3. 조셉 붓소의 미국 시절

1) 미국 시절

그는 미국 오하이오주의 오하이오 주립대 한국어과를 나왔습니다. 미국에서 중학교에 다닐 때부터 케이팝이 너무 좋아서 한국에 관심이 많았고, 뮤지컬 배우가 되고도 싶었습니다. 그래서 노래에 자신감이 있던 그는 음악 하기를 원했지만, 음악이나 예술로 먹고 살기 힘들다는 판단에 한국어학과를 지원합니다. 하지만 뮤지컬도 포기할 수 없어서 뮤지컬 전문학교에도 지원합니다. 그리고 두 군데 모두 합격을 했는데, 노래에는 자신이 있었지만 춤과 연기는 자신이 없어서 학교에 입학한다 해도 잘 해내지 못할 거라는 두려움이 몰려왔습니다. 그때 하나님께 기도합니다. 그래서 장학금을 주는 학교로 갑니다. 그 학교가 오하이오주립대 한국어학과입니다.

2) 한국에 오게 된 계기와 좌절

'동방신기'를 고등학교 때부터 좋아했다고 합니다. 동방신기 노래를 많이 들었고 그 팀을 통해 K팝을 알게 됐습니다. 그 후에 한국드라마를 알게 됐고 한류 한국에 대한 관심이 자연스럽게 커졌습니다. 처음엔 한국어 공부를 더 하기 위해서 한국에 오고 싶어 했습니다.

그러던 중 M.net TV에서 오디션 프로그램에 합격되어 한국에 오게 됩니다. 어릴 때부터 가수가 꿈이었던 조셉 붓소는 기도하고 '슈퍼스타K'에 나갑니다…. 그런데 떨어집니다. 늘 기도하고 하나님의 응답을 듣고 움직였는데 이해할 수 없습니다. 다른 계획이 없었으니까 말입니다. 그때 그는 '하나님 왜 이렇게 됐죠? 저 이제 뭘 해야 하죠?' 라고 물었습니다. 그때는 알지 못했습니다. 하나님의 큰 계획을….

3) 있는 자리에서 찬양하라

아무것도 남은 것이 없었습니다. 갈 곳도 없습니다. 하박국 선지자가 생각이 났습니다. "찬양하자. 외양간에 소가 없어도 아무것도 없어도 찬양하자." 그렇게 길거리 공연을 시작합니다.

이태원, 홍대, 신촌…. 거리공연을 할 수 있는 곳이라면 가서 찬양합니다. 그런데 그때부터 하나님께서 일하기 시작합니다.

"버스킹을 하다 보면 자리를 피하는 사람도 있고, 가끔은 공격적인 질문을 하는 사람도 있는데요. 그럴 때마다 순간순간 하나님께 기도하면서 지혜롭게 대처하고 있어요. 그래도 제가 외국인이라는 게 장점인 것 같아요. 한국 사람이 찬양하고 복음을 전하면 거절하거나 자리를 비키라고 했을지도 모르는데, 저는 찬양을 할 때 크게 거절을 받아본 적이 없거든요. 다들 그냥 신기하게 생각하는 것 같아요."

사람들이 그에게 관심을 갖기 시작합니다. 그를 지켜본 사람들의 말입니다.

"어쩜 저렇게 너무 행복해 할까?" 그를 보고 행복해 보였다는 말이 제일 많았습니다.

그리고 비 오는 날이든 사람이 보든 말든, 때론 뛰면서, 때론 무릎 꿇고 "어떤 상황에도 예배하네"를 찬양하는 것을 보면서 "저런 찬양을 난 왜 못 드릴까?" 하며 회개하는 사람도 있었습니다.

그리고 그 모습을 온누리교회 TV에서 찍게 되고 크리스천들 사이에 알려지기 시작합니다.

그리고 같이 찬양하는 사람들을 만나고, 마침내 <너목보3>에 나가서 우승를 하게 되면서 일반 사람들에게도 알려지게 되고 그의 삶과 노래를 통해 하나님을 알게 되는 통로가 됩니다.

만약 처음부터 '슈퍼스타K'에 승승장구했으면 성공은 할 수 있었지만, 하나님의 메신저는 되지 못했을 것입니다. 그러나 밑바닥에서 하나님을 찬양하면서 모든 이로 하여금 하나님께 영광 돌리는 사람이 됩니다. 하나님은 우리와 다르십니다. 길과 뜻이 그리고 그 크기가 다르십니다.

4) 그는 고난을 어떻게 이겼을까?

"한국에 처음 왔을 때는 이곳에 오면 연예인들도 많이 만나고, 케이팝도 마음껏 듣고, 가수도 될 수 있을 걸로 생각했어요. 그런데 막상 오니까 너무 힘들었어요. 오디션에도 참가했다가 잘되지 않았고, 가족과 떨어져 지내는 것이나 돈이 없는 현실도 힘들었지만, 가장 견디기 힘들었던 건 영적인 부분이었어요. 왜 하나님이 안 도와주시는지, 나는 크리스천인데 왜 이렇게 삶이 힘든 건지…. 그런 생각 때문에 많이 괴로웠죠. 그런 괴로움에서 벗어날 수 있었던 건 '말씀' 덕분이었어요. 계속 말씀을 읽고 설교를 들으면서 성경에 등장하는 사람들이라고 다를 게 없었다는 걸 알게 됐죠. 그들도 믿음의 사람이 되기 전에는 힘든 일이 많았고, 광야의 삶을 살았잖아요. 그걸 깨달았을 때, 하나님께서 여러 사람을 통해서 저를 회복시켜주셨어요. 그분들과 함께 길거리 찬양도 시작하게 되었고요. 그러던 중에 <너목보3>에 나가서 우승도 하게 되었죠. 사실 촬영하는 것도 힘들었고, 외국인이라 우승하지 못할 거라 생각했는데요, 우승을 하고 나니 많은 게 달라

졌어요. 갑자기 많은 사람들이 저를 알아보고, 인터뷰 요청도 들어오고 있어요. 그 덕분에 많은 걸 배우는 것 같아요. 사람들의 시선을 신경 쓰는 것이나, 조심히 행동하는 것들을요. 한편으로는 더 많은 사람에게 축복의 말이나 복음을 전하는 기회를 얻게 되었죠. 처음에는 아이돌이 되려고 한국에 왔지만, 이곳에서 훈련을 받으면서 찬양을 시작하게 되었고, 예상하지 못한 상황을 만나게 되면서 복음을 전할 기회를 얻게 되고⋯. 이제 저는 사는 목적이 완전히 달라졌어요."

4. 조셉 붓소의 찬양

조셉 붓소는 시와 그림의 많은 곡 중에서도 3집에 수록된 '나의 기도'를 가장 좋아하는 곡으로 꼽았습니다.

"아버지 나의 하나님
말씀하시는 하나님
나의 길 기도 하오니
나에게 말씀 하소서
사랑하는 내 아이야
두려워 하지 말아라,
내 길에 모든 범사가
기한과 때가 있단다⋯"
(시와 그림 '나의 기도' 가사 中)

다큐

하나님은 찬양을 입으로 하는 것이 아니라 진심으로 찬양하길 원하시는 것 같습니다. 조셉 붓소의 삶을 통해 시와 그림의 이 찬양이 그의 삶이 되어버렸습니다. 그리고 그와 같은 상황 속에 있는 사람들에게 하나님께서 오늘도 그를 통해 들려주고 계십니다. "사랑하는 내 아이야 두려워 말라 범사엔 다 때가 있단다."

모든 세상이 찬양하는 꿈을 꾸는
하스데반 선교사

1. "올네이션", "경배와 찬양"

① "올네이션"은 하스데반 선교사님의 꿈입니다. 경배와 찬양 앞에 "올네이션"이라고 붙인 이유는 모든 나라가 경배와 찬양을 하길 원하는 비전을 품은 것입니다. 그것이 이사야, 시편, 로마서 등 성경 곳곳의 우리를 지으신 하나님의 꿈입니다.

여의도 집회

"이 백성은 내가 나를 위하여 지었나니 나를 찬송하게 하려함이니라"
(사 43:21)

"너희 모든 나라들아 여호와를 찬양하며 너희 모든 백성들아
그를 찬송할지어다"(시 117:1)

"또 모든 열방들아 주를 찬양하며 모든 백성들아 그를 찬송하라"
(롬 15:11)

② "경배와 찬양"은 모든 나라가 찬송하기 위한 방법론이라 하겠습니다.
모든 나라가 찬양하기를 원하는 하나님의 뜻을 이루어 드리기 위한 사역이 올네이션 경배와 찬양입니다. 이것이 하스데반 선교사의 순수한 꿈입니다.

2. 올네이션 경배와 찬양 운동의 의의

첫째는 우리나라를 일으켰던 부흥 중 1907년 평양부흥운동, 1970, 80년 대의 구역 부흥과 성령 운동, 1980년대는 경배와 찬양 부흥운동을 꼽을 수 있습니다. 사실 지금의 CCM, 복음성가, 예배는 하스데반 선교사의 영향이 컸습니다. 지금은 경배와 찬양 형식의 예배를 안 드리는 교회가 없을 정도 지만 1980년대만 해도 교회는 형식적인 예배 순서에 얽매어 있었습니다. 청년들이 교회를 떠나고 있을 때 경배와 찬양을 통해 예배의 갱신운동, 찬양의 판도가 새롭게 성령의 임재 안에 찬양할 수 있도록 자유로운 예배형식으로 바뀌었습니다. "준비 찬양" 같은 형식이 있었는데 찬양 자체가 예배가 된 것입니다.

둘째는 예배가 전통 예배, 현대적 예배로 나눈다면 경배와 찬양이 현대 예배의 시작이라고 볼 수 있습니다. 이때만 해도 경배와 찬양 형식의 예배를 교회에서는 적극적으로 반대하는 경우가 많았는데 청년들이 이때 다수 경배와 찬양 형식의 교회로 이동하기 시작했습니다. 그중에 대표적인 교회가 새문안교회, 연동교회 등 100주년이 넘는 교회들의 수난 시기였습니다. 반대로 온누리교회, 사랑의 교회, 지구촌교회 등은 엄청난 이동 성장을 합니다. 이 시점이 하스데반 선교사의 경배와 찬양이 중요한 역할을 했다고 볼 수 있습니다.

3. 하스데반 선교사의 찬양

"십자가의 삶 순교자의 길"(내 마음에 주를 향한 사랑이)
"하나님께로 더 가까이 갑니다."
"십자가 그 사랑 멀리 떠나서"
"주의 도를 버리고 헛된 꿈을 좇던 우리들"
"너 어디 있든지, 순종하며"(순종 애니메이션 배경음악)
"하나님의 우리에 피난처가 되시며"
"주님, 내 아버지~ 사랑하며~ 감사하리"

이 시대의 예배 곡 중에 기도송의 대부분은 하스데반 선교사의 곡이라 할 수 있습니다.

앨범으로는 전하세 예수 1~15집, 침묵기도 1~7집까지 나왔습니다.
그리고 집회 실황이 너무 은혜로워 비디오, CD로도 많이 나와 있습니다.

4. 하스데반 선교사의 가족과 약력

개인적인 사항은 전혀 알려져 있지 않습니다. 그래서 하용조 목사를 통해 알아보았습니다.

하스데반 선교사는 평남 강서군에서 하대희 장로와 김선일 권사의 4남 3녀(정확하지 않음) 중 다섯째로 태어났습니다. 예장 통합의 온누리교회 하용조 목사님이 형님이고, 미국에서도 한 분, 한국에서도 또 한 분의 형님이 목회하고 있습니다.

한국에서 대학을 나오고 독일에서 신학을 공부, 영국 트리니티 신학교에서 선교학을 공부하고 ANN학교에서 공부했습니다. 후에 성공회에서 신학을 하고 성공회에서 목사 안수를 받습니다. 가끔 로만 칼라를 하고 찬양인도를 하는 것을 보면서 '가톨릭 신부냐?, 이단이냐?' 하는 이야기가 있어서 설명하는 것이 좋을 것 같아 적어봅니다. 성공회는 개신교이고, 예수원의 대천덕 신부님도 성공회 신부입니다.

경배와 찬양을 통한 비전을 품고 학생들이 신학교에서 이론적인 수업에 그치는 것을 보고 예배는 실제적인 체험이 중요하다는 신념에 의해 실제적인 교육을 시키기 위해 전주대에 경배와 찬양학과가 신설하였고, 연대 신학대학원에도 경배와 찬양학과가 신설되었습니다.

5. 올네이션스 경배와 찬양의 역사

1) 경배와 찬양의 시작
1960년대 미국에서 경배와 찬양운동(Global worship Movement; 하늘문을 여심)이 호산나팀의 론 케논리, 폴웨버, 돈모엔, 마라나타 등에 의해 예배의 부흥이 일어났습니다. 이 영향이 호주의 힐송, 한국엔 올네이션 경배와 찬양에 영향을 미칩니다.

우리나라 경배와 찬양은 1987년 2월 12일 당시 건축 중인 서울 온누리교회의 가건물에서 시작되었습니다. 영국 유학 중 "경배와 찬양" 사역을 피부로 절감하고 온 하스데반 선교사를 중심으로 하나님을 찬양하고자 하는 소수의 형제, 자매들이 모여서 첫 모임을 했습니다. 처음 20~30명으로 시작했던 목요모임은 3~4개월 만에 100배의 양적 성장(2,000~3,000명)을 이루었습니다. 목요 경배와 찬양모임에 많은 사람이 몰려 들기 시작하자 한국 교회는 한 차례 찬양의 열풍을 경험하였습니다. 서울을 비롯한 부산, 대구, 광주등 전국 주요 도시마다 경배와 찬양 붐이 일어나 교회마다 악기를 구입하고 찬양단을 조직하는 것이 유행처럼 번졌습니다. 이로 인해 종로 낙원상가는 오랫동안 불황을 모르는 호황을 누리기도 했습니다.

2) 경배와 찬양 학교

올네이션스 경배와 찬양은 또한 88년부터 '경배와 찬양학교"를 열어서 매해 여름과 겨울에 많은 교회의 청년들을 훈련시켰습니다. 90년 이후에는 해외까지 영역을 확장시켜 홍콩, 대만, 중국, 인도네시아를 비롯한 아시아와 이슬람권을 향하여 나아가고 있습니다. 올네이션스 경배와 찬양이 한국교회에 던져준 것은 충격 이상의 것이었습니다. 모든 한국 교회는 두란노 경배와 찬양팀과 같은 찬양팀을 만들기를 소원했고 교회 예배인도자들과 예배팀은 다투어 두란노 경배와 찬양을 모방하였습니다. 이들의 예배프로그램은 물론 악기까지도 똑같은 것을 구비 할 정도였습니다. 마침내 전주대와 많은 기독학교에서 경배와 찬양학과와 실용음악학과가 생겼습니다.

3) 경배와 찬양이 청년 부흥에 끼친 영향

한국 교회는 1960년대 영적 부흥을 통해 놀라운 양적 성장을 경험했고, 1970년대 말에는 말씀 양육이 중심이 된 학생선교단체의 사역들이 활발하게 일어났습니다. 그리고 1980년대 회중 찬양의 흐름 속에서 1987년 2월 올네이션스 경배와 찬양이 태동하였습니다. 그 당시 한국 교회 예배의 특징은 전통과 의식을 중요시한 예배였습니다. 하지만 경배와 찬양이 태동하면서 전통적인 예배에서 경배와 찬양예배로 바뀌는 과도기적인 현상이 일어났습니다. 경배와 찬양예배가 교회 예배 안에 정착하는 과정 중에 많은 시행착오와 와전된 내용도 있었습니다. 그러나 이러한 진통에도 불구하고 예배의 회복과 선교의 도전을 수반한 경배와 찬양사역을 통해 지금까지 수십만 명의 사람들이 하나님을 만나고 헌신하였습니다.

경배와 찬양이 청년들을 일깨우게 된 배경은 경배와 찬양이 태동 되었던 당시 1980년대는 한국사회가 심한 사회적 혼란과 갈등을 겪고 있었으며 많은 기독청년들이 복음의 능력에 대한 회의감으로 방황하고 있었으며, 교회에서 배웠던 성경 말씀이 현실에서는 무기력하게 느껴지던 청년들에게 하나님의 실재적인 임재와 만지심이 필요했습니다. 그 갈급한 중에 있던 청년들에게 경배와 찬양은 하나님의 임재가 있는 예배와 하나님의 살아 계심과 복음의 진리에 대한 확신을 갖게 해 주었습니다.

그리고 젊은이들이 물밀 듯이 찾아온 경배와 찬양 목요모임은 시작한 지 한 달 만에 오는 이들의 숫자가 100배로 늘어났으며 비전을 품고 선교사와 전임 사역자로 헌신하는 이들이 생겨나기 시작했습니다.

이후 경배와 찬양은 여러 차례의 진통과 시행착오를 거쳐 지역교회 안에 정착되었으며 단순한 찬양 운동(movement)에 그치지 않고 십자가의 길과 순교자의 삶을 도전하는 예배부흥운동으로 발전하였습니다. 전통 예배에서 하나님을 만나지 못했던 기존 신자들이 예배의 감격을 회복할 수 있었습니다.

시편 146편과 67편, 이사야 61장의 말씀을 통해
첫째, 경배와 찬양을 통한 예배의 회복,
둘째, 영적인 자유와 치유,
셋째, 전도와 세계 선교,
넷째, 구제와 긍휼,

목요 경배와 찬양

4가지 사역을 하며 찬양에서 그치지 않고 청년들이 선교사로 헌신하여 온 세계 사람들이 예배자가 되는 주님의 꿈을 이루는 데 큰 역할을 하였습니다.

6. 올네이션 경배와 찬양의 역할

첫째. 구원의 확신이 없는 이들의 하나님과의 만남을 이루어졌습니다.

이 시대의 교회는 "하나님이 계시냐?, 계시지 않느냐?"라는 존재론적인 도전을 지나 뉴에이지, 상대주의, 다원주의 등 그 자아를 해체하는 포스트 모더니즘의 도전을 받고 있습니다. 하나님을 높이며 기도하는 가운데 예수 그리스도를 구세주로 영접하는 일들과 실질적인 체험을 통해, 기존 신자들이 십자가의 길과 순교자의 삶을 살겠다고 고백하는 헌신이 나타나는 예배가 바로 경배와 찬양예배입니다.

둘째는, 세대 간의 장벽해결입니다.

이 시대의 청년들의 음악이 교회에 도입되면서 장년 시대와 거리감이 커졌습니다. 특별히 요즘 10대와 젊은이들 가운데 밴드나 악기 팀이 없으면 하나님께 드리는 예배가 아니라고 생각하는 경향이 있습니다. 그리고 장년들 가운데는 찬송가가 아니면 찬양이 아니라는 견해도 있습니다.

그런데 경배와 찬양은 음악적인 차원과 예배의 차원에서만 머무르는 것이 아니라 경배와 찬양 자체가 선교 차원까지 가기 때문에 선교현장에서 젊은이들이 악기나 주변 환경이 갖추어지지 않았다 할지라도 상황과 환경과 관계없이 하나님의 임재하심을 느끼면서 예배의 본질로 돌아가 세대 간의 장벽들이 사라지게 됩니다. 반대로 장년 세대도 찬양과 경배를 통해 하나님의 만지심을 체험하면서 형식적인 예배에서 벗어나게 됩니다.

예배를 드리는 데 나이로 인한 세대 차이는 있을 수 없습니다. 복음의 전달방법 때문에 젊은이들에게는 다른 접근방법을 사용하는 것이지 이것이 세대를 가르는 기준이 되어서는 안 됩니다. 교회 안에 세대의 구분이 있다면 거듭난 세대와 거듭나지 않는 세대입니다.

셋째는, 수련회 때나 부흥 집회 때 경배와 찬양을 통해 결단한 헌신이 교회 예배를 살리는 역활을 해내었습니다.

7. "나의 주 나의 하나님" 묵상

이 찬양은 하스데반 선교사의 마음이 아닌가 하는 생각이 났습니다.

나의 주 나의 하나님이여
나의 주 나의 하나님이여
주를 경배합니다
주 사랑하는 나의 마음을 주께서 아시나이다

1. 깨뜨릴 옥합 내게 없으며
   주께 드릴 향유 없지만
   하나님 형상대로 날 빚으사
   새 영을 내게 부어주소서

나의 주 나의 하나님

2. 고통 속에 방황하는 내 마음
   주께로 갈 수 없지만
   저항할 수 없는 그 은혜로
   주님의 길을 걷게 하소서

하스데반 선교사의 삶을 요점 정리하라면 "깨뜨릴 옥합 내게 없으며 주께 드릴 향유 없지만" 와 "저항할 수 없는 그 은혜로 주님의 길을 걷게 하소서"의 가사로 나눌 수 있습니다.
평생 주님을 찬양하는 나라를 만들기 위해 우리나라 뿐만 아니라 필리핀, 대만, 지금은 중국에까지 경배와 찬양으로 변화되어가고 있습니다. 저항할 수 없이 그 길을 걸어갔기 때문에 가능했습니다.
하스데반 선교사의 삶을 보며 이런 생각을 해 봅니다. "주님 앞에 섰을 때 성공한 삶은 남지 않지만, 사명의 목숨건 삶은 영원히 빛나겠구나." 라는 생각을 해봅니다.

절기에 부르는 찬양 톡톡

새해 찬양, 맷 레드먼의 "송축해 내 영혼"

1. 새해에 어울리는 곡

만 가지 은혜 "Ten thousand reasons"는 우리나라에서 송축해 내 영혼으로 번역되었습니다. 첫 가사가 밝은 태양을 바라보고 한해를 계획할 때 부르면 참 좋은 찬양입니다. 욕심 없이 한해를 바라볼 수 있기 때문입니다.

송축해 내 영혼

"해가 뜨고 새 아침이 밝아옵니다
이제 다시 당신의 노래를 부를 때입니다."

"무슨 일이나 어떤 일이 내 앞에 놓여도
저녁이 오면 저는 노래할 것입니다."

진짜 새로운 마음은 "저녁이 오면"이 가사처럼 아무것도 없을 때 현재를 감사하며 시작할 수 있습니다. 그러나 내가 무엇인가 가지고 있다면 감사로 시작하기는 힘이 듭니다. 그러나 아무것도 없을 때를 체험해 본 사람이라면 내가 현재 가진 것이 보이고 "무슨 일이나 어떤 일이" 라는 가사처럼 감사하며 새해를 시작할 수 있지 않을까 생각합니다. 그래서 이 찬양은 마치 전도서와 같다고 합니다.

만약 무엇인가 시작하려고 한다면 새로운 기회를 주신 주님께 감사하며 이 찬양을 들으며 시작하길 원합니다.

2. 가사와 해석(Ten thousand reasons)

The sun comes up, it's a new day dawning
      해가 뜨고 새 아침이 밝아옵니다
It's time to sing Your song again
      이제 다시 당신의 노래를 부를 때입니다.
Whatever may pass, and whatever lies before me
      무슨 일이나 어떤 일이 내 앞에 놓여도
Let me be singing when the evening comes
      저녁이 오면 저는 노래할 것입니다.

You're rich in love, and You're slow to anger
      사랑은 크고 노하기를 더디 하시는 주여
Your name is great, and Your heart is kind
      그 이름이 크고 온유하신 분이시여
For all Your goodness I will keep on singing
      당신의 선하심을 나 영원히 노래하리다
Ten thousand reasons for my heart to find
      그 노래들을 부를 만 가지 이유가 있나이다.

And on that day when my strength is failing
      그리고 어느 날 나의 힘이 다하고
The end draws near and my time has come
      내 인생의 마지막 날이 다가올 때
Still my soul will sing Your praise unending
      여전히 내 영혼은 당신을 향한 영원한 찬양을 노래할 것입니다.
Ten thousand years and then forevermore
      만년이 지나고 영원토록

Bless the Lord, O my soul, O my soul 주를 찬양하라 내 영혼아

Worship His holy name 경배하라 그의 거룩하신 이름을
Sing like never befor O my soul 예전에 없었던 새 노래로, 오 내 영혼아
I'll worship Your holy name 경배하리라 당신의 거룩한 이름을.

3. 맷 레드먼과 에 대해

1) 그레미상 수상
'제 55회 그래미 어웨이즈' 수상자 명단에 보면 가스펠 부문 1위를 차지
합니다. 이때 Best Gospel/Contemporary Christian Music Performance'와
'Best Contemporary Christian Music Song' 등 2개 부분에 수상의 영애를
얻었습니다.

2) Matt Redman가 작곡 한곡들
Blessed be Your Name(주 이름 찬양), The Heart of Worship(마음의
예배/찬양의 열기 모두 끝나면), Once again(예수님 그의 희생 기억할 때),
Dancing generation(춤추는 세대), Let Everything That Has Breath(호
흡있는 모든만물), Undignified(춤추며 찬양해/나의 왕 앞에서), Nothing
But The Blood(예수 피밖에), The Father's song(아버지의 노래), Here is

Love(바다 같은 주의 사랑) 등등

3) Matt Redman가 찬양사역을 하게 된 이유
영국에서 태어난 꼬마가 7살이 되던 해, 그 아이의 아버지가 우울증으
로 인해 자살하고, 그의 어머니는 재혼하지만, 새아버지는 그 꼬마와 가족
을 폭행하고 결국 감옥에 들어갑니다.

그 아이가 커서 청소년이 되자 유명한 저자이며 전도사인 루이스 팔라
우 (Luis Palau)를 만나게 되는데, 루이스 팔라우의 설교를 들은 후, 그 소
년은 예수님을 믿기 시작합니다. 그리고 이 소년의 음악적 재능을 알게 된
교회의 주변인들은 15세가 된 이 어린 소년에게 워십팀의 리더로 섬겨달
라고 부탁을 하게 됩니다.

소년이 맡은 워십팀인 소울 서바이버(Soul Survivor)는 부흥을 일으켰
고 그때부터 많은 교회에서 초청을 받으며, 저명한 CCM 리더들과 함께
음반을 내게 됩니다. 그리고 미국으로 건너와 고생하면서 받은 은혜를 가
지고 그는 본인이 직접 쓴 찬양 중, "10,000 Reasons 만 가지 이유"라는 감
사의 워십송을 작곡하게 됩니다.
그는 워십송에 관한 책들을 출판했으며, 그 후 베스 (Beth)를 만나고 결
혼을 합니다. 그녀도 싱어송 라이터이자 저자이며, 그 둘 사이에는 5명의
자녀의 축복까지 누리게 됩니다.

4) Matt Redman의 별명 (한국)
왠지 미국이나 영국 어느 마을에나 꼭 하루에 한 번쯤은 마주칠법한
친근한 외모에, 심지어 어떤 모임에서는 이분을 '맷 돼지면 형님'이라고 부
른다는데……. 하하하

5) Matt Redman이 얻은 영감(성경 103편)
노래의 가사 중에, "For all Your goodness/ I will keep on singing/ 10,
000 Reasons for my heart to find"는 당신의 선하심을 위해 노래를 멈추

지 않을 거예요. / 당신을 찬양할 만 가지 이유를 내 마음이 발견했어요)

Matt Redma은 시편 103편의 다윗의 마음을 발견했습니다.

다윗이 범죄하고 자신을 용서하고 다시 살아가게 하신 주님을 찬양하지 않을 수 없는 마음을 찾아내 만 가지의 감사의 조건을 찾아내고, 자기가 죽지 않고 사는 이유는 여태까지 지켜주신 하나님의 선하심 때문이다는 고백입니다.

그 이유로 앞으로 만 년을 그리고 영원히 찬양한다는 내용입니다. 영원이라고 표현은 두리뭉실하게 넘어갈 수 있지만, 10,000이라는 숫자는 한 가지 한 가지를 헤아리면서 받은 은혜는 더 큰 것이고 구체적입니다. 시편 103편은 다윗이 구체적으로 헤아리는 대목이 나옵니다.

"우리의 질병을 고쳐주시고, 우리를 낮은 곳에서 채워 주시고, 사랑과 자비로 우리를 세워주심으로 인해 찬양한다는 구체적인 내용이 나와 있습니다.

1. 내 영혼아 여호와를 송축하라 내 속에 있는 것들아 다 그 성호를 송축하라
2. 내 영혼아 여호와를 송축하며 그 모든 은택을 잊지 말찌어다
3. 저가 네 모든 죄악을 사하시며 네 모든 병을 고치시며
4. 네 생명을 파멸에서 구속하시고 인자와 긍휼로 관을 씌우시며
5. 좋은 것으로 네 소원을 만족게 하사 네 청춘으로 독수리같이 새롭게 하시는도다

다윗이 "내 영혼이 찬양할 수 있는 이유"는 한 가지 한 가지를 헤아리며 찬양했기 때문입니다. 그래서 '10,000가지의 이유' 라는 제목을 붙이게 됩니다.

그의 삶은 다윗처럼 어려운 환경에서도 살아남고 좋은 사역자를 만나 찬양사역을 하며 하나님께 사용 받은 것이 감사요, 축복이었습니다. 우리 삶도 그렇게 하나하나 주님의 은혜를 헤아려 본다면 다윗과 맷 레드먼처럼 영혼의 찬양을 부를 수 있지 않을까 생각해 봅니다.

맷 레드먼의 다른 찬양으로는 Dancing generation(춤추는 세대)가 있습니다.

춤추는 세대

성경에는 "설"이 있을까요?

♪

1. "설"에 생각나는 찬양 – 4U의 가족

가족

가족들과 같이 보내는 것이 설입니다. 4U는 "당신을 위해" "하나님을 위해" 노래한다는 뜻을 담고 있습니다. 예수그리스도의 삶이 그러했듯이, 많은 믿음의 선조들이 그러했듯이 자신을 위한 삶이 아니라 다른 사람을 위한 삶이 되길 소원하는 마음으로 사역해 왔습니다.

특별히 4U는 "가족"이란 이름에 초점을 맞추고 하나님께서 이 땅에 주신 가족이라는 이름을 소중히 여김에서부터 회복의 역사가 일어남을 믿고 "가족회복 사역"에 최선을 다해왔다고 합니다.

5년의 세월 동안 하나님께서는 850회 이상의 집회를 열게 해 주셨고, 땅끝 마을부터 강원도 산골짜기까지 전국 방방곡곡으로 다니게 하시었고, 그 모든 사역을 한 번도 거절 없이 모두 할 수 있도록 하셨습니다.

그곳 가운데 찬양집회를 통하여 함께 눈물 흘리며 포옹하는 모습· 20년 넘게 연락하지 않던 가족들과 다시 만나게 됐다는 간증. 오랫동안의 용서하지 못했던 부모님을 용서했다는 수많은 간증을 듣게 되었습니다.

2. "설"의 뜻

"낯설다", 새로움에 "서다"
새해는 두려움이 아니라 낯설 뿐이니
맞서서 나아가야 한다는 겁니다.

3. "설"에 부르기 좋은 찬양

사철에 봄바람 불어 있고, 지금까지 지내 온 것, 하나님은 너를 지키는 자, 삶의 작은 일에도, 날마다 숨 쉬는 동안 등 -가족들이 1년 동안 흩어져 있었으니 삶은 돌아보는 찬양, 축복하는 찬양 - 행복한 찬양이면 좋겠습니다.

사철의 봄바람

4. 가족의 상황에 맞는 찬양

명절 때 가족들이 만나기 때문에 본의 아니게 상처를 받을 때 이런 찬양을 부르게 좋습니다.

"이 험한 세상"이나 "주여 저들에 죄를 용서하여 주소서", "마음이 상한 자를 고치시는 주님"

5. 성경에는 "설"이 나와 있나요? 유대인들은 "설"이 있나요?

하나님께서 원하셨던 설은 무엇일까요?

우리나라도 양력으로 신정, 음력으로 설 구정을 보내듯이 유대인들도 양력과 음력으로 정월 즉 새해를 맞이합니다. 우리와 음력이 좀 다릅니다.

바벨론 음력이라고 해서 4월 정도가 그들의 1월 니산월·아빕월이라고 합니다. 그때 중요한 일이 일어났습니다. 출애굽 사건입니다. 하나님께서 이날 일 년의 첫날로 칭하라고 하셨습니다(출12장 2절). 그래서 그들의 설날은 유월절입니다.

다시 말하면 구원의 날, 즉 영적으로 다시 태어난 날이 설날입니다.

유월절의 유례

유대인들의 달력

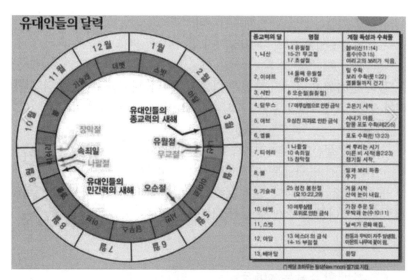

종교력의 달	명절	계절 특성과 수확물
1. 니산	14 유월절 15-21 무교절 17 초실절	첨례(신11:14) 봄비(수3:15) 여리고의 보리가 익음
2. 이야르	14 둘째 유월절 (민9:6-12)	밀 수확 보리 수확(룻 1:22) 엘롯까지 건기
3. 시완	6 오순절(칠칠절)	
4. 담무스	17 예루살렘으로 인한 금식	2 온기 시작
5. 아브	9 성전 파괴로 인한 금식	샤내가 마름 암몬 포도 수확(민13:5)
6. 엘룰		포도 수확(민 13:23)
7. 티쉬리	1 나팔절 10 속죄일 15 장막절	씨 뿌리는 시기 이른 비 시작(욜2:23) 장기로 시작
8. 불		밀과 보리 파종 우기
9. 기슬래	25 성전 봉헌절 (요10-22,28)	겨울 시작 산에 눈이 내림
10. 테벳	10 예루살렘 포위로 인한 금식	가장 추운 달 무박곡 눈(수10:11)
11. 스밧		날씨가 온화 해짐
12. 아달	13 에스더의 금식 14-15 부림절	천둥과 무우기 많이 발생함 이른비 여러에 쏟아 옴
13. 베아달		윤달

종교력	민간력	양력	바벨론식 명칭	가나안식 명
제 1 월	제 7 월	3 ~ 4 월	니 산 월	아 빕 월
제 2 월	제 8 월	4 ~ 5 월	이야르월	시 브 월
제 3 월	제 9 월	5 ~ 6 월	시 완 월	
제 4 월	제10월	6 ~ 7 월	담무스월	
제 5 월	제11월	7 ~ 8 월	압 월	
제 6 월	제12월	8 ~ 9 월	엘 룰 월	
제 7 월	제 1 월	9 ~10월	티쉬리월	에다님월
제 8 월	제 2 월	10~11월	헤스완월	불 월
제 9 월	제 3 월	11~12월	기슬르월	
제10월	제 4 월	12~ 1월	데 벳 월	
제11월	제 5 월	1 ~ 2 월	스 밧 월	
제12월	제 6 월	2 ~ 3 월	아 달 월	

나팔절(Rosh Hashana)

유월절 기간은 14일 동안 계속됩니다.
유월절은 14일, 무교절 14~21일까지 입니다.

둘째 민간에서 전해지는 설은 나팔절입니다. 나팔을 100번 분다고 합니다. 7월 1일(우리달력 9~10월) 그리고 14일이 대속죄일입니다.

유대인의 설은 구원과 연관되어 있습니다. 왜냐하면 우리의 진짜 새날은 1년에 한 번 해가 바뀐다고 새날일까요? 아닙니다. 진짜 새해는 영적으로 다시 태어나야 다른 삶을 살 수 있기 때문입니다.

나팔절

6. "설" 때 할 수 있는 놀이 문화는?

1) 고스톱 : 교회에는 여러 가지 의견이 있습니다.
저는 "쳐도 됩니다." 쪽입니다. 왜냐하면 안 믿는 가족들과 웃으면서 할 수 있는 놀이인 것 같습니다. 그런데 조건이 있습니다. 점 천 이상은 안 됩니다. 싸움 납니다.
서로 행복해지자고 한 것이니 마음 안 상할 정도만 치고 끝나면 부모님이나 애들 용돈으로 쓰면 좋겠습니다. 통닭 내기를 하던지 말입니다. 그리고 다 소모하고 가는 것이 뒤끝이 없을 것 같습니다.

2) 그 외 놀이 : 도란도란 모여서 나눔을 해도 좋을 것 같습니다. 윷놀이나 성경퀴즈 게임 건전한 공동체 게임을 하면 좋을 것 같습니다. 장기 자랑도 좋습니다.
한해 있었던 일을 나누어 보기도 하고 앞으로의 계획을 서로 나누어 보는 것도 좋겠습니다. 요즘에는 가족들이 나가서 즐기는 문화들이 많습니다.
또, 가족여행을 떠나는 풍습이 생긴 것 같습니다.

내 영혼이 은총입어

놀 때는 배경음악이 중요한 데 신나게 찬양하는 것이 좋습니다. 구자억 목사의 "내 영혼이 은총입어" 혹은 "Sing Sing Sing" 이런 찬양을 BGM으로 틀고 공동체 게임을 진행해도 좋을 것 같습니다.

7. 안 믿는 가족들을 둔 지체들에게 하고 싶은 말은?

기다리면 복이 옵니다. 기다리다 보면 기회가 옵니다. 전도할 기회는 아프거나 병원에 있을 때가 기회입니다.
술 문화, 제사 문화 속에서 내가 어떻게 할 것이냐? 에 속상해하지 말고 문화를 만들어 가는 것이 좋습니다.

예를 들어 어머니, 아버지에게 편지를 써서 읽어준다든지 세족식을 해 준다든지 다른 자녀들이 못하는 감동을 줘 보시기 바랍니다. 저희 부모님이 살아계실 때 제가 "아버지 사랑합니다.", "고맙습니다." 라는 내용의 편지를 읽어주었는데 아버지께서 우셨습니다. 아내는 세족식을 해주었는데 펑펑 울었습니다. 좀 더 빨리 교회를 다닐 것을 후회하셨습니다. 생각해 보면 교회 문화는 세상 어떤 문화보다 더 좋은 문화가 많습니다.

이번 설도 이런 찬양을 들으면서 가정을 천국으로 만드는 설 되길 기도합니다.

3. 1절 찬양 삼천리 반도 금수강산의
남궁억 장로

1. 3·1절과 기독교

"3·1절 상식문제"

1) 민족대표 33인은 탑골공원에서 독립선언문을
읽었다?

아닙니다. 유혈충돌을 피하기 위해 탑골공원에
서 300m 떨어진 태화관에서 낭독합니다. 민족대표
들은 경찰에 자진 출두합니다. 그리고 탑골 공원에
서는 민족대표들이 오지 않자 경신학교 정재용이란   3·1 운동
분이 독립선언서를 읽고 만세 운동이 시작되고, 두 갈래로 나누어 만세 행
진을 합니다. 한 갈래는 보신각을 거쳐 남대문으로, 한 갈래는 대한문과 덕
수궁으로 가면서 만세를 외칩니다. 참가 인원은 무려 121만 978명, 전체 인
구가 1,678만인 것에 비하면 엄청난 숫자가 참여했습니다. 사망 6,821명, 체
포자 49,511명, 부상자 45,163명에 이릅니다. 서대문 감옥에는 수감자들이
너무 많아 감방에 앉아 있을 수 없어서 서서 있을 정도였다고 합니다.

2) 민족대표 중 33인 중 기독교인은?

총 16명입니다. 이승훈 선생이 전체 3·1절 운동을 준비하셨는데 손병희
선생이 가장 나이가 많아 민족대표 중 가장 먼저 이름을 올렸습니다. 그리
고 전국적으로 교회와 기독교학교 중심으로 만세 운동이 일어납니다.

그중에 유명한 유관순 일화가 있습니다.

기독교학교 이화학당의 스크랜튼 선교사에 의하면 고등부 1학년 유관순 학생이 밤마다 나가서 우는 것을 보았다고 합니다. 그래서 스크랜튼 선교사가 왜 우니 하고 물었더니 "어찌 이 나라를 생각하고 울지 않을 수가 있겠어요?"라고 대답했다고 합니다.

우리 선배들은 고1 나이인 17살에 나라를 위해 기도했다는 것이 참 감동적입니다. 입시에 묻혀서 사는 이 시대의 기독교 청소년들이 고민해야 할 문제라고 생각합니다.

2. "삼천리 반도 금수강산" 작사, 작곡 배경

2019년은 3·1절 100주년입니다. 우리 기독교는 참 나라를 사랑했습니다. 찬송가 580장에 수록된 "삼천리 반도 금수강산"은 그 시절에 지어진 찬송입니다.

특히 남궁억 장로는 '삼천리 반도 금수강산 하나님 주신 동산'이라는 찬송가 작사가로 잘 알려져 있습니다. "추수할 것은 많되 일꾼은 적으니 (마 9:37)"라는 말씀을 묵상하면서 노랫말을 지었다고 합니다. 이 말씀은 주님께서 이스라엘 백성이 목자 없는 양같이 유리하는 것을 슬퍼하며 울었던 말씀입니다.

남궁억 장로도 이 말씀을 보며 너무 가슴이 아파 했습니다. 전쟁에 져서 나라를 빼앗긴 것도 아니고 친일파들이 스스로 나라를 가져다 바친 것을 한탄하며 목자가 없어서 나라에 이런일이 생겼다고 울며 지은 찬송가입니다.

그때 결심한 것이 "나라를 구할 인재를 길러야겠다." 라고 생각했다고 합니다. "교회만이 그 일을 감당할 수 있다." 그래서 "일하러 가세 일하러 가" 라는 가사가 눈물겨운 것입니다.

남궁억 장로는 일제 강점기 당시 독립협회, 황성신문으로 언론을 통

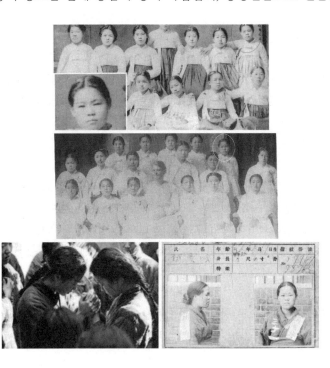

해 국민을 깨우길 원해서 그 일을 감당했습니다. 그러다가 어려움을 당하고 민족의식을 후세에게 가르치는 것이 이 나라의 미래라고 생각하고 각종 학교를 세워 후세를 길렀습니다. 그리고 남궁억 장로와 유한익 목사와 여러 명이 무궁화 사랑모임을 만들어 전국에 무궁화를 공급하였는데 이때 모일 때마다 같이 기도하며 찬양하면서 조금씩 가사가 더해져서 만든 곡이라고 합니다.

노랫가락은 도니제티(1797~1848)의 오페라 '라 메르무어의 루치아' 2막 8장에 나오는 루치아의 결혼식 하객들이 축하 합창을 부르는 부분을 편곡해 만들었습니다.

삼천리반도

3. 한서 남궁억 장로에 대해

1) 남궁억 장로의 영접
남궁억 장로는 1863년 서울 왜송곡(지금의 정동) 남궁영의 외아들로 태어납니다. 어렸을 때 아버지가 일찍 돌아가시고 어머니 슬하에서 자라납니다. 공부를 할 수 없어서 서당 일을 도우며 어깨너머로 사서삼경을 외웠다고 합니다.
21세 때 독일인 묄렌도르프에게 갓을 쓰고 영어를 배우고, 이때 기독교인이 된 것 같습니다. 윤치호 선생이 쓴 글에 보면 남궁억 장로에 대해 "그는 천국에 가기 위해서가 아니라 세상으로부터 도피할 요량으로 교회에 다니기 시작한다. 하지만 그는 교회의 대들보 노릇을 한다. 그는 이제 나이도 들었고, 몸도 쇠약해져서 그는 고향 집으로 내려가려고 한다. 그리고 이렇게 고백한다. '친구들이 하나둘 능동적인 삶의 무대에서 물러나고 있다. 누가 이 나라를 지킨단 말인가?'"라고 기록되어 있습니다.

그리고 통역관으로 궁내부에서 벼슬을 하고 나중에 사임하고 독립협회 수석총무와 황성신문(시일야방성대곡-장지연)을 창간하기도 합니다.

2) 남궁억 장로의 나라 사랑

그는 애국심이 깃들어 있는 삼천리반도금수강산 찬양뿐 아니라 100여 곡 정도의 애국가요를 직접 지을 만큼 음악에 조예가 깊었던 것으로 보입니다.

그는 독실한 신앙인으로서 교육가요, 정치가요, 저술가요, 계몽운동가요, 언론인이요, 무궁화 애호가요, 거기다가 음악가이기도 합니다. 그는 현대 음악뿐 아니라 시조와 가야금, 거문고, 판소리, 시조에도 일가견이 가지고 있었습니다. 그런데 이 모든 그의 재능과 활동은 모두 나라를 사랑하고 민족을 위하는 일로 사용되었습니다.

한 시조가 맘에 와 닿아 옮겨봅니다.

"설악산 돌을 날라 독립의 기초 다져 놓고 청초호 자유수를 영 너머로 실어 넘겨 민주의 자유강산 이뤄놓고 보리라"

얼마나 민족 독립을 가슴 품고 있었는지 알 수 있습니다.

그 뒤 을사늑약이 체결되고 나서 1908년 교육월보를 만들어서 나라를 구하는 인재를 만들자고 뜻을 폈고, 배화학교를 만들어 여성교육에도 힘썼습니다.

그 배화학당에 얽힌 사연입니다.

1920년 3·1운동 1주년을 기념하여서 배화학당 '치미리사' 사감은 기숙사 학생을 이끌고 필운대 언덕 위로 올라가 만세를 부릅니다.

"지금이 어느 때라고 내가 배화 학교 사감 노릇만 하고 있겠소. 나는 우리 동포를 가르치는 일을 해야겠소." 그리고 서대문형무소로 끌려가 학생과 함께 고문을 당합니다.

남궁억 장로는 이 일을 계기로 학교를 그만두게 되고 멀리 강원도 홍천에 모곡교회와 학교를 세웠습니다. 그는 가는 곳마다 교회와 학교를 세웠습니다.

3) 남궁억 장로의 신앙

그는 무엇보다 신앙인이었습니다. 매일 새벽 기도를 하러 산에 올라갔다고 합니다. 종로에 있는 '종교 교회'의 장로로 강원도 홍천 모곡 교회의 전도사로 활동하였고, 태극무궁화훈장을 받았고, 홍천에는 그의 기도 모습이 조각상으로 남아있습니다.

"주여 이 나이에 환갑이 넘은 기물이오나 민족을 위해 바치오니 젊어서 가진 애국심을 아무리 혹독한 왜정 하일지라도 변절하지 하지 않고 육으로 영을 감당할 수 있는 힘을 주옵소서" 라고 기도했다고 합니다.

4) 남궁억 장로와 "무궁화"

"무궁화 꽃이 피었습니다." 놀이가 있는 데 이 곡을 만드신 분이 남궁

『일제감시대상인물카드』. 김경화·박양순·성혜자·소은명·안옥자·안희경 선생이 일본 경찰에 체포되어 옥고를 치를 당시 사진(일제강점기 배화여학교 모습 - 출처 : 배화여자고등학교).

억 장로입니다.

무궁화 꽃말이 뭔데 국화가 되었을까?

'무궁화' 명칭은 '목근'이란 한자음이 변한 순우리말 입니다. 학명은 그리스어로 '히비스커스(Hibiscus)'로, 아름다운 여신을 닮았다는 뜻입니다. 영어로는 'Rose of Sharon 샤론의 장미'인데, 찬송의 "샤론의 꽃 예수"의 그 꽃이 무궁화입니다. '성스럽고 선택받은 곳에서 피어나는 아름다운 꽃'이란 뜻도 있습니다.

남궁억 장로는 일제가 벚꽃과 국화 말살 정책에 대항하여 뽕나무 묘목과 무궁화 묘목을 접붙여서 전국에 보급합니다. 이것을 "무궁화 사건"이라고 하는데 자신의 밭 수천 평에 무궁화 묘목을 심고 전국 기독교학교, 교회, 기독교 단체, 가정에 보급합니다.

남궁억 선생은 5번 옥에 갇히고 온갖 어려움을 당하는데, 남궁억 장로를 잡기 위해서 온갖 치졸한 방법을 사용하다가 잡히지 않으니 주재소를 모곡리에 세우고 감시하면서 홍천경찰서의 신현규를 시조잡지 판매원으로 가장시켜 체포합니다.

그 후 1933년, 11월 4일 체포되고 병이 들어 보석이 되고 1939년 4월 5일 77세로 세상을 떠납니다.

결국, '삼천리 반도 금수강산' 찬송은 일제 강점기에 금지곡이 되어버립니다. 아무래도 남궁억 장로의 신념이 담긴 찬양이기 때문이지 않겠습니까?

사실 "일하러 가세 일하러 가", "농사에 비유했지만, 곡식을 기르듯이 나라를 독립시킬 일군을 기르자"는 말입니다. 이게 기독교 정신입니다.

예수님도 사람을 키웠습니다. 십자가를 지고 이제 모든 것이 끝난 것 같았지만, 사람을 키웠기에 그 제자들이 계속 일어나 이제 전세계에 복음을 전하고 이젠 세계 복음화가 눈앞에 있는 것이 아니겠습니까?

4. 남궁억 장로의 신앙과 찬양이 우리에게 주는 교훈

삼천리 반도 금수강산은 행진곡(전쟁곡)에 붙인 찬양입니다. 의미가 있다고 생각합니다. 고난 속에서 실의에 빠져 쭉 처져 있는 것이 아니라 다음 세대를 기르기 위해 온 생애를 바치자. 이것이 사실 우리가 싸울 전쟁이라는 교훈을 줍니다.

"내 나이 칠십이고 다 산 몸이 전환한다는 것은 지나가는 개가 웃을 일이니, 어서 법대로 하기를 바라는 것뿐이오. 나는 죽더라도 조선 사람으로 죽겠소.", '죽으면 죽으리라' 라는..., 독립 운동가들의 굳은 심지는 복음을 전해야 하는 신앙인들에게도 많은 귀감이 될 것 같습니다.

사순절 1. 사순절 찬양의 의미

"이 땅에 오직, 우리 때문에"

1. 사순절의 유래

기독교에서 부활절 이전 40일 동안 금식과 절제로 묵상하며 보내는 절기입니다. 유대인의 오랜 명절인 유월절 풍습을 바탕으로 초대교회의 성도들이 예수 그리스도의 수난과 부활을 기념한 40일간의 금식이 기원이 되었습니다.

사순절이 시작하는 날은 '재의 수요일'이라고 하는데, 종려나무를 태운 재로 이마에 십자가를 그려 인류의 죄를 대신 갚기 위하여 십자가에 달린 예수 그리스도를 묵상하는 풍습이 있었습니다.

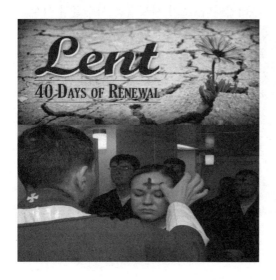

방송실황

2. 40일을 지키는 이유는?

① 예수 그리스도가 광야에서 금식한 것을 본받아 일요일을 제외한 40일을 금식 기간으로 정하고 있습니다.
② 부활 후 제자들이 예수님과 40일 같이 있으면서 성경을 깊이 이해하고 예수님의 마음을 깊이 알았습니다.
③ 노아 홍수 때 40주야로 비가 내리기 시작합니다. 탈무드에 보면 노아가 비 내리는 40주야 동안 금식기도를 합니다. 그래서 유대인들은 40일 동안 금식 기도를 합니다.
④ 가나안 정탐꾼이 가나안을 돌아본 것이 40일입니다. 새 약속의 땅을 돌아보며 정탐꾼들이 땅 밟기를 했다고 봅니다.
⑤ 니느웨는 40일 동안 회개하고 기도했습니다.
⑤ 모세는 시내산에서 계명을 받기 위해 40일 동안 금식했습니다. (출 34:28)

3. 사순절 금식에 대한 역사

니케아공의회(325년) 때부터입니다. 초기 사도들은 사순절의 식사로

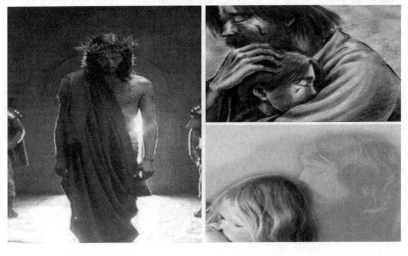

는 저녁 전에 한 끼 식사만 허용되었고, 물고기와 고기 등의 육류는 물론 우유와 달걀로 만든 음식도 금지되었습니다.

3세기 초까지는 기한을 정하지 않고 2, 3일만(40시간) 지켰습니다.

그러던 것이 그레고리우스 대 교황 때부터 40일을 지키게 되어 재(灰)의 수요일(Ash Wednesday)부터 사순절이 시작되는 기원이 되었습니다.

9세기에 와서 이 제도가 약간 완화되었고, 13세기부터는 간단한 식사를 허용하였습니다.

칼빈의 종교개혁 당시 밀라노에서는 36일간 단식을 하였고, 9~14세기에 이르는 동안에는 교구의 성직자는 사순절부터 단식을 시작하였습니다. 이 일로 성직자들이 무리한 단식으로 사망하는 일이 많아서, 현대에 와서는 단식은 완화되었고, 사순절을 단식기간으로 지키기보다는 구제와 경건 훈련으로 더 유효하게 지키게 되었습니다.

4, 사순절에 대한 오해

주님의 죽으심을 묵상한다고 웃음을 금지하고, 심지어 고행과 자해를 하는 경우가 생기고 마치 장례를 치루는 분위기를 연출하는 경우가 많습니다. 또 금식 안 하면 믿음 없는 사람으로 취급하는 경우도 있습니다. 다 오해에서 비롯된 것입니다.

우리가 고난당한다고 누굴 구원할 수 없습니다. 주님의 고난이 우리를 구원한 것입니다.

사순절의 영어로 'Lent' 라고 합니다. '봄'이란 뜻입니다. 부활의 계절을 보며 고난을 이기고, 주님의 고난으로 우리에겐 부활이 찾아온 것입니다. 그래서 금식의 초점을 맞추기 보다는 주님의 십자가를 묵상하면서 기도와 찬송하며 지내시길 바랍니다.

5. 사순절을 의미 있게 보내는 방법

제가 가장 기억에 남는 사순절은 '목적이 이끄는 삶'이라는 책이 있는데 그 책을 하루에 한 과씩 묵상하고 화요일에 교역자들끼리 서로 느낀 점과 결단을 나누었는데 그게 가장 기억에 남습니다. 그때의 교역자들이 형제처럼 지내고 있으며, 아직도 어려운 일, 기쁜 일이 있으면 함께 나눕니다. 이렇게 사순절은 말씀을 묵상하고 예수님께서 이루길 원하셨던 사랑의 공동체를 만드는 것이 의미가 있다고 생각합니다.

6. 사순절을 통해 변화된 사람들

사실은 기독인들은 이 십자가를 묵상함으로 변화됩니다.

길선주 목사님은 십자가를 묵상하면서 자기 죄가 생각 났다고 합니다. 젊은 시절 죽어가는 친구가 자기 아내에게 전해 달라는 돈을 갚지 않은 것이 생각이 나서 성도들 앞에서 울면서 회개했다고 합니다. 그게 평양 대부흥입니다.

그때 하디라는 선교사도 회개했습니다. "내가 조선인들을 너무 더럽게 보고 하나님께서 사랑하는 영혼이 아닌 미개인 본 것을 회개합니다." 고백하는 자리에서 우리나라에 파송된 선교사들이 다 울면서 무릎 꿇고 회개했다고 합니다.

"나 같은 죄인 살리신"의 작곡자, 존 뉴톤도 노예상인이었는데 십자가를 지고 가시는 주님을 만나고 나서 변화 받고 56년을 노예해방을 위해서 싸웠습니다.

아들을 잃은 한 분의 고백인데 "왜 아들을 데리고 가셨어요."하며 기도하는데, 하나님께서 이런 마음을 주셔서 이겼다고 합니다. "나도 아들을 잃었단다. 너를 위해서" 그 말씀에 한참을 울었다고 합니다.

사순절 2. 세 제자의 사순절 찬양

베드로 "친구의 고백"
도마 "그는 나를 만졌네"
요한 "그때 그 무리들이"

1. 친구의 고백 – 베드로의 사순절 찬양

"친구의 고백"에 모델은 누구일까요?

2절에 "지난 유월절 성찬 때 당신과 함께 나누던 핏잔을" 같이 했던 사람과 3절에 "새벽닭 울 때 난 괴로웠어." 라는 부분을 보면 베드로임에 틀림없습니다.

방송실황

후에 베드로는 1절의 가사처럼 "말없이 주님을 위해 떠나"고 "사랑의 십자가를 맞이" 합니다. 그는 주님과 제자들과의 많은 추억이 떠올리며 주님을 위해 십자가를 맞이하지 못했던 것을 후회하고 있습니다.

1) '닭 울음' 교회

예루살렘 시온산 밑에 닭울음교회(베드로 통곡교회)가 있습니다. 그곳은 베드로가 예수님을 배신하고 나서 닭이 세 번 우는데 바로 그 장소에 교회가 세워졌습니다. 그 장소가 가야바의 법정이기도 했습니다. 이 교회는 비잔틴 시대에 발굴되었는데 증거 자료가 많습니다. 예수님 시대에 감옥과 돌계단, 우물, 가야바의 아들 무덤 등이 발견됩니다. 그 교회의 신기한 것은 십자가보다 닭이 맨 꼭대기에 있다는 것입니다. 한국에도 그런 천주교 성당들이 많이 있습니다. 이 뜻은 닭 울 때 베드로가 후회했듯이 닭을 볼 때마다 "지금 내가 주님과 같이하는가?", "주님을 떠나 있는가?"를 점검하라는 뜻입니다.

나중에 주님을 만나면 가장 후회할 것이 바로 닭 울 때의 베드로 같은 후회하는 모습이 아니겠습니까?

주님 앞에 서게 되는 최후심판 때는 이미 늦습니다. 그래서 베드로가 닭 울음소리를 들을 때마다 울었듯이 지금 회개하고 주님께 돌아서라는 뜻이 있는 것 같습니다.

2) 베드로의 사순절

유세비우스 교회사에 보면 사도행전이 쓰여 질 당시, 사도들이 어디를 어떻게 선교했는지 나와 있는데 저는 베드로의 선교 이야기가 아직도 가슴에 남아있습니다. "베드로는 항상 그물을 어깨에 걸치고 다녔습니다. 예수님께서 그에게 사람을 낚는 어부가 되라고 하신 것을 기억하기 위해서라고 말하곤 하였습니다. 기도할 때도 그물을 기우며 기도했습니다." 그리고 "베드로는 전도할 때마다 울었습니다. 울먹이며 한참 말없이 울먹였으며, 심장을 두드리기고도 하고, 예수님과 눈이 마주쳤을 때를 회상하면서는 무릎을 꿇고 머리를 땅에 대고 한참을 울기도 했습니다. 그의 말을 듣던 사람들은 자신의 모습을 베드로를 통해 보는 듯이 같이 울었습니다. 순식간에 그 장소는 회개의 성령이 임했습니다."

베드로는 자기가 배신하고 돌아오던 이야기를 가는곳 마다 고백했다고 합니다.

복음서는 사도들이 나중에 예수님과 사역했던 것을 설교한 것인데 4복음서에 공통적으로 베드로가 부인하는 부분이 나옵니다. 사실 베드로의 부인 사건은 베드로가 비밀로 했으면 아무도 모르는 일입니다. 그런데 4복음서에 다 나온다는 이야기는 베드로에게 많이 들었다는 이야기입니다.

그리고 4복음의 저자. 마태나 베드로의 서기 마가, 바울의 서기 누가,

사도 요한이 자신의 복음서에 인용하고 있다는 것은 자신들도 베드로의 이야기를 복음 전할 때 사용했다는 이야기입니다. 4복음서 모두에 베드로가 많이 울었다는 이야기가 담겨있는 것으로 봐서 베드로는 사순절만 되면 많이 울었고, 베드로에 대한 기억 중에 제자들이나 그 후 제자들의 제자를 속 사도라고 하는데 그분들의 기억에도 베드로의 통곡을 기억하고 있었습니다. 클레멘트와 고린도교

회의 교부 디오니소스 등도 이 사건을 기억하고 기록하고 있습니다. 그래서 비잔틴 시대에 얼마나 그 이야기 감동적이었던지 성지 순례를 왔던 사람들이 "베드로 부인했던 곳이 어디야" 하고 물었을 정도였다고 합니다. 그래서 비잔틴 시대에 그곳에 교회를 세웠다고 합니다.

3) 베드로의 순교

퀴바디스 도미네라는 영화가 있는데 초대교부 클레멘트의 책을 모델로 만든 영화입니다. 네로 황제 때 로마에 기독교 박해가 아주 심했습니다. 로마에 불을 지르고 기독교인들 소행이라고 거짓 누명을 씌워서 "기독교인이 불로 많은 사람을 죽였으니 기독교인들을 화형 시키라"고 합니다. 그때 로마 성도들이 "베드로는 살아남아서 복음을 전해야 하지 않느냐"고 로마에서 탈출시킵니다. 로마 부근에서 환상으로 예수님이 십자가를 지고 로마로 가는 것을 봅니다. 그때 베드로가 "퀴바디스 도미네", "주여 어디로 가시나이까?" 라는 그 유명한 말을 합니다. 그때 주님께서 "네가 부인하고 떠난 로마로 간다." 라고 합니다. 그래서 베드로는 로마로 가서 거꾸로 십자가를 지고 순교를 당합니다. 그의 무덤이 있는 곳이 성 베드로성당입니다.

2. 도마의 사순절 찬양 "그는 나를 만졌네"

인도 마드리드에 가면 성 도마 성당이 있습니다. 여러 유적이 있는데 도마가 지팡이를 쳐서 물을 낸 곳과 도마가 예수님을 생각하며 기도하던 곳이 있는데 얼마나 기도했는지, 바위가 닳고 닳아서 기도하는 손 부분이 움푹 파여 있습니다. 도마는 나중에 힌두교의 바라마 사제들에게 창에 찔려 순교합니다.

"그는 나를 만졌네" 이 찬양을 통해 도마를 생각해 봅니다. 도마가 예수님을 만진 것 같지만, 사실은 주님께서 도마를 만지셨습니다. "내가 만져 보지 않고는 믿지 않겠다." 했는데, 주님은 "내 옆구리에 손을 대어 보아라.", "그리고 믿는 자가 되어라." 말씀하십니다. 도마의 인생은 여기서 바뀝니다. 그래서 도마가 만진 것 같지만, 주님께서 만졌다고 한 것입니다. 그 후 도마는 예수님의 심부름으로 성의를 가지고 에뎃사 왕국의 왕을 고쳐주고, 인도, 태국, 일본에까지 갔다는 설이 있습니다.

가장 멀리 까지 복음을 전했던 사람이 도마입니다. 또한 가장 큰 고백

을 했던 사람이 도마입니다. "주는 하나님이시라"고 고백합니다. 이때까지 아무도 주님을 하나님이라고 고백한 사람이 없었습니다. 도마가 처음으로 주님을 하나님이라고 고백합니다. 이 고백이 가능했던 이유는 주님을 만졌기 때문입니다. 하나님은 의심하면 의심한다고 야단치는 것에서 끝나는 것이 아니라 반듯이 만지게 하셔서 체험있는 신앙을 갖게 한 다음에 크게 쓰십니다. 그게 도마입니다.

안중근 선생도 그렇게 의심이 많았다고 합니다. 그래서 항상 의심을 하고 질문도 많았는데 예수님을 체험하고 나서 그의 세례명이 "도마"가 됩니다. 이렇게 도마처럼 의심하다가 주님을 만나고 크게 쓰임을 받는 사람이 됩니다.

3. 요한의 사순절 찬양 "그때 그 무리들이 예수님 못 박았네"

에베소에 가면 요한의 무덤이 있습니다. 십자가 위에서 예수님께서 어머니 마리아를 요한에게 부탁합니다. 요한은 그 약속을 평생 지키었다고 합니다.

요한은 마리아를 예루살렘에 있던 자기 집에 모시고 살다가, 바울의 전도여행으로 말미암아 복음이 소아시아 지방에서 흥왕하게 되자, AD 60년대 중후반경에 노구의 마리아를 모시고 에베소에 왔다고 합니다. AD 431년에 있었던 에베소 종교회의 회의록에 요한이 마리아를 위해 집을 한 채 지었다는 기록이 있습니다.

에베소 교회 1대 목사가 바울이고, 2대는 디모데, 3대는 요한입니다. 바울이 떠나고 디모데가 에베소를 목회하다가 바울이 로마로 디모데를 부릅니다. 주후 67년경에 바울이 순교하자, 디모데는 다시 에베소에 와서 목회를 하던 중 '5월 아데미 축제' 때 축제에 모인 군중들을 향하여 말씀을 선포하다가 군중이 던진 돌에 맞아 순교를 당합니다.

디모데가 죽자 사도 요한이 이어서 에베소 교회를 맡아 목회를 하게 됩니다. 황제의 동상 앞에서 경배하기를 거부하므로 다른 기독교인들과 같이 로마로 연행되어 가서 독배를 마셨으나 아무런 해를 받지 않아서 펄펄 끓는 기름 솥에 던져졌지만, 기적적으로 죽음을 면했으며 나중에는 어쩔 수 없이 밧모섬으로 유배시켜 혹독한 채석장의 중노동을 맛보게 했다고 전해집니다. 요한은 밧모섬에서 계시를 받아 '요한계시록'을 기록합니다.

에베소 교회에 세례 터가 아직 남아있는데 요한이 목회하던 때의 것이라고 합니다. 그는 사순절에 세례교육을 하고 세례를 주는 일로 보냈다고 합니다.

그리고 도미티아누스 황제가 측근에 의해서 암살당한 후 요한은 밧모섬 유배에서 풀려나 에베소로 돌아와, 평생 제자들을 양육하다가 AD 100년경에 95세라는 나이에 주님 품으로 돌아가게 됩니다. 요한의 시신은 '아야술룩' 언덕 위에 묻힙니다. 현재 지명은 '셀축'으로 이즈미르 남서쪽 50Km 지점에 있습니다. 4세기에는 무덤이 있던 그 자리에 '작은 요한 기념교회'를 지었습니다.

예수님을 가장 가까이서 보고 들었기에 그는 본질에 충실했습니다. 사순절 때 세례를 주는 전통이 요한으로부터 시작되었다고 합니다. 제자를 사랑하고 제자를 양육하는데 제자들에게 예수님의 사랑을 가르치기도 하지만 체험케 하는데 온 삶을 드린 소중한 제자였고 스승이었습니다.

ST. JEAN IN MEZARI
THE TOMB OF
ST. JOHN

사순절 3. 열두 제자들의 사순절 찬양
"갈릴리 바닷가에서"

열두 제자의 순교에 대한 이야기는 클레멘트의 서신과 유세비우스 교회사에 자세하게 전해지고 있습니다.

방송실황

1. 야고보

야고보는 세베대의 아들로서 갈릴리 사람이었고, 사도 요한의 형이었습니다. 사도 중 첫 번째로 서기 44년에 순교 당한 사람입니다. 헤롯 아그립바가 야고보를 죽이기 위해 거짓 증인을 세워 사형을 시키려 합니다. 그때 거짓 증언을 한 사람이 야고보가 순교 당하는 모습을 보게 되는데 억울해하고 항변을 할 줄 알았는데 그 사람은 오히려 큰 전쟁에서 이긴 승리자처럼 기쁜 표정을 하는 야고보를 보게 됩니다. 그때 거짓 증언을 한 사람이 야고보의 순교 당하는 모습을 보면서 자신도 그리스도인이 되겠다고 자처하고, 사도 야고보와 함께 순교를 당합니다. 두 사람은 결과적으로 같은 날, 같은 칼로 목 베임을 당하였습니다. 전설에 의하면 야고보가 목 베임을 당해서도 떨어진 머리가 계속 기도를 멈추지 않았고 몸이 계속 엎드려 기도했다고 합니다.

2. 빌립

빌립이 서기 52년에 두 번째 순교를 당합니다. 빌립은 소아시아 지방 터키 브리기아에서 복음을 전파합니다. 그는 히에라볼리지방 주민들이 큰 뱀을 예배하는 것을 보았습니다. 빌립은 그들 가운데 많은 사람들을 기독교로 개종시키고 그 뱀을 파괴하는 데 성공하였습니다. 그 일로 큰 뱀을 이용하여 많은 돈을 번 제사장들에 의해 채찍질을 당한 후 십자가에 못 박혔습니다.

3. 마태

세금 징수원이었으나 예수님의 부르심을 따른 마태는 예수님의 승천 이후 9년 동안 유대 지방에서 복음을 전파하고 마태 복음서를 히브리 말로 기록한 후(유세비우스 교회사에 의하면 4복서 중에 가장 먼저 기록했다고 합니다. 이 부분에서 문서학자들과 충돌되는데 저는 역사적인 사실을 따라야 한다고 생각합니다.) 에디오피아로 가서 복음을 전하며 교회를 세우고 많은 사람들을 개종시켰습니다. 그는 후에 파르디아로 갔는데 서기 60년경에 복음을 전하다가 미늘창에 찔리고 목 베임을 당하여 순교합니다.

4. 마가

마가는 베드로와 함께 복음 전하는데 많이 도왔으며, 그의 복음서의 말들은 사실 베드로가 한 말들이 많다고 합니다. 로마의 개종자들을 위하여 그는 헬라어로 복음서를 기록하였으며, 알렉산드리아와 리비아에서 많은 사람들에게 개종을 시키고 복음을 전파하였습니다. 그리고 알렉산드리아에 큰 부흥이 일어납니다. 그게 알렉산드리아 부흥으로 사도들에 일어난 4번째 부흥입니다. 첫 번째 예루살렘, 두 번째는 사마리아 부흥, 세 번째는 안디옥에서 일어난 부흥, 그리고 네 번째가 알렉산드리아 부흥입니다. 후에 변증시대에 알렉산드리아 학파가 생길 정도입니다. 이들은 지금은 애굽의 그리스도의 준 말인 "곱틱 교인'이라고 불려지고 있습니다. 그는 후에 애굽 신전의 이방 제사장들에 음모로 순교를 당합니다. 그의 발은 묶어 바닥에 질질 끌고 다녀 상처가 생겼고 온 밤을 더러운 곳에서 피를 흘렸습니다. 다음 날 그들은 그의 몸을 불에 태웁니다. 크리스천들은 후에 그의 뼈를 조심스럽게 모아 잘 매장하였다고 합니다.

5. 작은 야고보(유다의 형, 알패오의 아들, 어머니 살로메)

사도 요한의 형과 구별하기 위하여 작은 야고보라 불렸으며, 키가 작아 작은 야고보라는 설도 있습니다. 94세에 예루살렘에서 유대인에 의해 돌, 몽둥이 톱(망치, 목 찔림)로 순교당합니다. 높은 성전 탑에서 떨어뜨렸는데 죽지 않자 나무망치로 머리를 내려 쳐서 머리를 부수어 순교하였다고 합니다.

6. 안드레

베드로의 형제였던 안드레는 아시아의 여러 나라에서 복음을 전파하였습니다. 슬라브족과 스칸디아나 반도의 노르만족, 잉글로섹슨족까지 선교했다고 합니다. 그리고 후에 잉글로색슨족들이 잉글랜드를 점령하면서 안드레를 기리기 위해 '앤드류 십자가'를 국기로 삼습니다. 헬라에서 복음을 전할 때 헬라 총독 파트레에 의해 꼭 같은 두 조각의 나무로 만들어진 높은 십자가에 못 박게 하여 순교를 합니다. 천천히 죽도록 하기 위하여 못으로 박히지 않고 줄로 꽁꽁 묶었습니다. 그때 안드레의 고백이 유세비우스 교회사에 남아있습니다.

"안드레는 십자가가 준비된 것을 보았을 때 그의 안색이나 용모가 조금도 변하지 않았고, 전혀 괴로워하지 않는 가운데 마음에서 우러나오는 불타는 사랑이 가득 찬 말을 이렇게 외쳤습니다. 오, 십자가여! 나는 그대를 몇 번이고 환영하며 쳐다봅니다. 나는 기쁨과 소원에 찬 즐거운 마음으로, 그대에게 와서 그대(십자가)에게 달렸던 분의 제자가 되었습니다. 나는 항상 그대(십자가)에게 달리신 나의 스승을 사랑하였고, 그 십자가를 늘 포옹하고 싶은 갈망이 있었습니다! 오! 반가운 십자가여!"

안드레는 사흘 내내 십자가에 달려서 무서운 고통을 당하였으나 계속해서 시종일관 자기 곁에 있는 사람들에게 예수 그리스도를 사랑하라고 말하였습니다. 고통 중에 보이는 그의 태도에 감화를 받은 사람들이 그의 말을 믿기 시작하였고 총독에게 그를 십자가에서 내려놓자고 하였습니다. 총독은 결국 그것을 거절하지 못하고 명하여 밧줄을 끊게 하였으나 마지막 줄이 떨어질 때 사도의 몸은 땅에 떨어져 죽고 말았습니다.

7. 베드로

예수께서 승천하신 후 유대인들은 계속해서 크리스천들을 박해 하였고, 베드로를 포함한 몇 사도들은 붙잡혀 무서운 채찍질을 당하였습니다. 그러나 그들은 그 벌을 강한 인내로 참으면서 그들의 구세주를 위하여 고통을 당하는 것을 값진 것으로 생각하고 기뻐하기까지 하였습니다. 헤롯 아그립바가 야고보를 죽이자, 유대인들이 그것을 좋아하는 것을 보고 베드로도 죽이려고 감옥에 가두었으나, 베드로는 밤에 주의 천사의 도우심으로 풀려나 계속 복음을 전할 수 있었습니다.

베드로는 많은 이적을 행하고 복음을 전한 후 로마로 갔습니다. 그때 바울도 거기에 함께 있었습니다. 그 당시의 로마의 황제는 네로였는데, 그는 큰 도시에 불을 지르게 한 후 그 화제를 보고 즐거워하며 그 화제의 책임을 그리스도인들에게 돌리고 그들 가운데 수백 명을 잔인한 방법으로 죽이도록 명하였습니다.

베드로 복음서에 보면, 이때 로마에 시몬이라고 하는 마술사가 있었는데, 그는 사람이 할 수 없는 일을 할 수 있다고 자처하였습니다. 그가 약속한 대로 어느 날 그가 공중을 나는 것을 보려고 많은 무리가 모였다고 합니다. 그 무리 가운데는 베드로와 바울도 있었습니다. 마술사 시몬은 처음에 실제로 어떤 놀라운 묘기를 보였고 사람들은 그 묘기에 감명을 받았다고 합니다. 그러나 그때 베드로와 바울이 무릎을 꿇고 기도합니다. "주님! 마술사의 주술에 사람들이 속지 않게 해 주시고, 그의 행위는 아무것도 아닌 것으로 만들어 주십시오." 라고 주님께 기도하자, 시몬은 그 즉시로 땅에 떨어졌고 그의 양다리는 부러졌습니다.

네로 황제는 마술사 시몬을 대단히 좋아하였기 때문에 사도들에게 크게 노하였고, 특히 사도들이 자신의 가족 가운데 몇 사람을 기독교로 개종시키자 더욱 분노하여 그들을 9개월 동안 옥에 가두었습니다. 이 기간에 그들은 간수장들과 그 밖의 47명이 기독교로 개종합니다. 9개월의 복역을 끝내고 베드로는 밖으로 끌려 나와 채찍질을 받은 후 머리를 거꾸로 하고

십자가에 못 박혔습니다. 베드로는 자신이 사랑하는 주님과 똑같은 방법으로 고난을 받을만한 가치가 없다고 하면서 죽을 때 거꾸로 십자가에 못 박아 달라고 합니다. 그래서 베드로의 십자가는 거꾸로 된 십자가입니다.

8. 도마

도마는 파르디아와 인도에서 복음을 전하여 많은 사람들을 그리스도에게로 개종시킨 후 이방 제사장들의 분노를 사서 창으로 찔려 순교를 당했습니다.

9. 시몬

열심당원으로 예수님의 제자가 되었고 아프리카 마우리타니아와 아시아의 여러 지방에서 전도했으며 영국에서까지 크게 복음을 전하여 많은 사람을 개종시킨 후, 74년 영국에서 십자가형을 당합니다. 페르시아에서 톱으로 순교 당했다는 설이 있는데 후자를 역사학자들은 더 인정합니다. 영국에 복음을 전한 시몬은 교부 시몬이라고 하는 것이 정설입니다.

10. 바돌로매 또 다른 이름: 나다나엘

갈릴리 가나출신으로 바리새인이었다고 합니다. 예수님으로부터 "진실한 참 이스라엘 사람(성도)"이라는 칭찬을 들었습니다. 소아시아를 선교하였고 아르메니아에서 우상 숭배자에 의하여 산채로 살가죽이 벗기는 참수형으로 순교합니다.

11. 맛디아

갈릴리 출신으로 가룟 유다가 죽은 후 사도의 직무를 대신하기 위해서 제비뽑아 선택된 사람입니다. (행 1:23~26) 예루살렘에서 유대인에 의해 돌 팔매질 당했으나 죽지 않아 참수형으로 순교합니다.

12. 누가

의사로 누가복음. 사도행전 기록합니다. 바울을 따라다니면서 끝까지 복음을 전합니다. 후에 그리스에서 우상 숭배자에 의해 올리브나무에 목 매달려 순교합니다.

13. 요한

예수께서 가장 사랑하시던 제자로 알려진 요한은 헬라에 많은 교회를 세웠습니다. 그가 에베소에 있을 때, 도미시안 황제는 그를 로마에 보내어 끓는 기름 가마 속에 던지라고 명하였습니다. 그러나 기적적으로 살아나게 되어 밧모섬으로 유배를 가서 요한계시록이라는 놀라운 계시의 책을 썼습니다. 그는 나이가 많을 때까지 살다가 자연사하였다고 합니다.

14. 바울

유대인이고 베냐민 지파에 속한 바울은 처음에는 그리스도인들을 핍박하였으나 다메섹으로 가는 도중 주님을 만나 예수님을 위한 사도가 되었습니다. 기적적인 개종을 한 후, 예루살렘에 가서 베드로, 야고보, 요한 같은 사도들을 만나고 바나바와 같이 복음 전파에 나섰습니다. 그는 그가 만난 그리스도를 전파하다가 이고니움에서 성난 유대인들에 의해 돌에 맞아 거의 죽을 뻔하였고, 또한 루스드라에서 돌에 맞아 성 밖으로 끌려 나가 버려져 죽을 지경에도 이르렀었고, 빌립보에서는 실라와 투옥되어 채찍질을 당했고, 데살로니가에서 많은 학대를 받았습니다. 바울은 후에 예루살렘으로 붙잡혀가서 가이사랴로 보내졌으나, 로마의 감옥으로 가게 되어 거기서 2년 동안 감옥에 있다가 풀려 나와 헬라와 로마에 있는 교회들을 방문하고 고린도(고린도후서의 약속을 지켰다고 합니다.)와 스페인에서 전도하였습니다. 그는 로마로 돌아와 9개월 동안 베드로와 함께 투옥되어 있다가 네로의 명령에 따라 칼로 목 베임을 당함으로써 순교하였습니다.

15. 바나바

70인 제자로 바울을 동역자로 삼아 소아시아에서 복음을 전했습니다. 마가 때문에 바울과 싸우고 나서 싸이프레스(구브로)와 소아시아에서 복음을 전했습니다. 바울이 순교한 후 로마로 가서 바울의 빈자리를 채우려고 애썼다고 합니다. 로마에서 AD 73년에 십자가형으로 순교합니다.

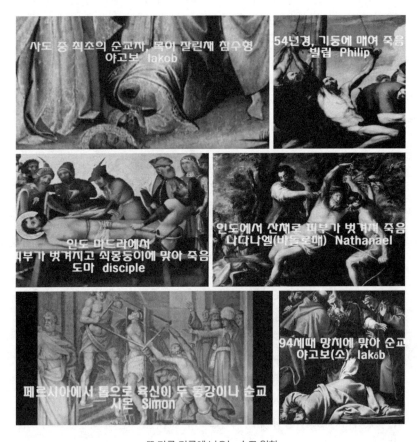

또 다른 기록에 나오는 순교 일화

결론

예수님의 제자들은 하나같이 다 순교를 당하였습니다. 혹은 칼로, 혹은 십자가로, 혹은 돌로 쳐 죽임을 당하였으나, 그들이 그렇게 용감하고 또 기쁘게 죽을 수 있었던 것은, 그들을 위하여 십자가에 달리신 구세주요, 그들의 스승이셨던 예수님의 사랑에 그들이 조금이나마 보답할 수 있다는 기쁨에서 그렇게 할 수 있었습니다. 그들의 마음속에 예수님을 위해 충성하고 싶은 신앙과 성령의 사랑이 넘치고 있었으므로 말입니다.

- 순교는 진리를 경험했을 때 가능합니다.

워터게이트 사건이라고 있습니다. 닉슨 대통령이 민주 당사를 도청한 사건 그때 닉슨의 보좌관이 12명이었습니다. 비밀을 철저하게 지키기로 약속했습니다. 그런데 막상 검찰 조사가 들어가니 다 배신했습니다. 거짓엔 아무리 큰돈을 주고, 권력을 준다 해도 힘이 없습니다. 그런데 주님의 열두 제자는 다 순교를 당했습니다. 부활을 직접 경험했기에 순교 할 수 있었던 것입니다. 지금 세계 곳곳에서 순교 당하는 사람들이 얼마나 많습니까? 설득한다고 순교하겠습니까? 돈을 준다고 가능하겠습니까? 주님을 만났기 때문에 가능한 것입니다. 순교는 주님이 부활하신 살아 있는 증거입니다.

사순절 4. 여제자들의 사순절 찬양

"마리아의 노래"
"값비싼 향유를"
"우물가에 여인처럼"

1. 예수님의 여제자는 누구인가?

로마의 2대 감독 클레멘트에 의하면 예수님을 따랐던 여 제자들에 관한 이야기가 있습니다. 성경엔 요안나, 수산나, 막달라 마리아(요8장)가 물질로 섬겼고 마가복음 15장 40절 막달라 마리아, 작은 야고보와 요셉의 어머니 마리아, 살로메(세배대의 아들들 어머니), 마태복음 27:61과 누가 복음엔 갈릴리에서 따라온 많은 여자 제자들 이야기가 나옵니다.

방송 뒷부분

예수님의 어머니도 요한복음에 보면 십자가 아래에 있었습니다. 초대 교부의 어떤 책에는 예수님의 어머니도 예수님의 제자로 소개합니다. 후대에 어머니 마리아를 신격화하는 오류를 범하게 됩니다. 그렇다고 해서 예수님의 어머니 마리아의 삶이 무시되어선 안 된다고 생각합니다. 예수님의 어머니 마리아는 요한과 에베소로 가기 전까지 예루살렘에 머무르며 골고다의 십자가 길을 많이 울면서 기도하며 그 길을 걸었다고 합니다. 마가의 다락방 주인인 마가 요한의 어머니 마리아와 같이 살다가 요한과 함께 소아시아에서 선교합니다. 에베소에 마리아의 집이 오늘까지 남아있습니다. 그리고 콘스탄틴의 어머니 헬레나에 의해 유해의 일부가 예루살렘의 감람산 성모 마리아 교회로 옮겨진 것 같습니다.

그리고 사도행전에서 도르가, 베로니카, 향유를 부은 마리아(다른 마리아-나사로의 동생)도 여제자라는 이름으로 분명하게 등장합니다.

2. 여제자의 대표 막달라 마리아에 대하여

1) 마리아의 노래

'주를 위해 목숨을 바치겠다'고 맹세한 제자들은 혼비백산하여 줄행랑을 쳤는데 막달라 마리아는 골고다의 십자가 앞에 가서 예수님의 피 흘리는 발아래에서 그의 임종을 지켜보았습니다.

부활 시에도 예수님의 무덤에서 울기도합니다. 그때 부활하신 주님을 가장 먼저 만납니다. 그곳에 막달라 마리아교회가 세워졌습니다. 러시아 정교회에서 황금돔 모양의 이쁜 교회를 그 장소 곧 올리브산 겟세마네 동산 밑에 세웠습니다.

막달라 마리아는 '일곱 악령(귀신)'에 시달리다가 예수에 의해 고침 받고 예수님을 따라 나섭니다. 갈릴리 출신이며 고향의 이름이 막달라(Magdala)이므로 '마리아 막달레나(막달라의 여자 마리아)' 또는 '막달라 마리아'라고 불립니다.

신약 외경에서의 막달라 마리아에 대한 기록은 《막달라 마리아 복음서》,《도마 복음서》,《빌립 복음서》,《가롯유다 복음서》 등에서 발견됩니다.

그 책들에 보면, 막달라 마리아는, 남성들과 대등한 예수의 제자로 등장합니다. 프랑스 프로방스 지방 남부에 가면 막달라 마리아를 조상으로 여기는 교파가 있는데, 그들의 전설에 의하면 막달라 마리아가 프로방스 지방 남부와 에스파니아 북동부에까지 선교한 것으로 보입니다. 그 후에 에베소에서 성모 마리아와 같이 살았다는 설이 있습니다.

프로방스 지방의 전설에 의하면 예수가 승천한 후, 막달라 마리아는 마르다 등과 함께 프랑스 남부의 마르세유로 가서 동굴 속에서 은둔생활을 하며 보냈다고 하며, 그녀의 유해는 엑상프로방스교외의 생막시망라생트보메(Saint-Maximin-la-Sainte-Baume)에 매장되었다고 믿어지고 있습니다. 그 유해(두개골)는 나중에 베즈레이의 막달라 마리아 대성당으로 이장되었다고 합니다. 그런데 역사학자들은 그의 유해를 샤를대제 때 에베소에서 프랑스와 콘스탄티노폴리스로 유해가 이장되었다고 주장합니다.

2) 막달라 마리아 오해 바로잡기

자코모 다 바라라제의《황금전설에 따르면, 막달라 마리아는 매춘부 출신으로 한동안 쾌락에 탐닉하다가 예수를 만나 자신의 죄를 뉘우치게 되었다고 기록이 되어 있습니다. 이 때문에 로마 가톨릭은 막달라 마리아를 창녀로 의미하는 '죄의 여자(the Sinner)'라는 별명이 주어지게 됩니다. 이후 1400년 가까이 막달라 마리아는 매춘부로 낙인 찍혔습니다. 교황 그레고리오 1세는 591년 막달라 마리아가 창녀였다고 강론했습니다. 이 이미지는 로마 가톨릭에 의해 조작되었다고 지적되었으며, 1988년에서야 교황 요한 바오로 2세가 막달라 마리아에 대한 오해를 바로 잡고 사과하였으며, 그녀를 '사도들의 사도'라고 격상시켰습니다.

3. 성모 마리아

성모 마리아는 예수님의 승천 후에 행방은 사도행전의 '기도하는 사람들' 편에 나옵니다. 마리아가 예루살렘 마가의 다락방에서 제자들과 한마음으로 기도에 전념했다는 기록입니다.

예수님은 숨을 거두기 직전 제자 요한에게 "이분이 네 어머니시다" 라고 부탁합니다. 그때부터 그 제자가 그분을 자기 집에 모셨다고 기록하고 있습니다.

마리아의 행방에 대해서는 두 가지 전승이 유력합니다. 우선, 예루살렘에서 아들이 걸은 십자가의 길(비아돌로사)을 매일 걸으며 여생을 보내다가 사도들이 지켜보는 가운데 영면(永眠)에 들었다는 전승이 있습니다. 올리브 산 근처에 있는 '성모 마리아 무덤 교회'로 오늘날까지 동방정교회가 관리하고 있습니다.

또 예루살렘에는 '동정 마리아 영면 교회'라고 불리는 성당도 있습니다. '도르미시오 베아테'(Dormitio Beatae) 우리말로 '복된 잠'이란 뜻을 가진 이 성당은 마리아가 승천한 장소로 알려져 있습니다. 그런데 별세를 의미하는 베아테라는 단어와 승천이라는 앞뒤가 맞지 않는 단어를 사용하고 있다는 점에서 승천설은 후대에 등장한 것이 맞는 것 같습니다.

또 하나 전승은 바울 사도의 선교지 터키 에베소에서도 마리아의 행적을 더듬을 수 있습니다. 에베소는 431년 공의회가 열렸을 정도로 기독교가 번창했던 도시입니다. 관광객들이 줄을 잇는 고대 유적지 앞산 남서쪽 능선에 성모 마리아의 집이 있습니다.

마리아와 요한이 박해를 피해 이곳에 와서 여생을 보냈다고 전해지고 있지만, 이 전승은 오랜 세월 이슬람 통치하에서 묻혀 있었습니다. 하지만 4세기 이전 교부들 글에서조차 마리아의 생애에 관한 기록을 찾아볼 수

없습니다.

유세비우스와 클레멘트의 기록에 보면 사도 요한이 직접 마리아의 집을 지어 주었다는 기록에 의거해서 보면 성모 마리아가 에베소에 온 것은 분명한 것으로 보입니다.

따라서 이 두 가지 설을 합쳐서 보는 것이 기독교 역사가들의 관점입니다. 예루살렘에 성모 마리아가 있다가 예루살렘 멸망을 시점에서 펠라 도피 사건을 계기로 예루살렘을 떠나서 소아시아에 복음을 전하다가 나중에 에베소에 정착한 것이 분명한 것 같습니다. 초대교회 문서들도 그렇게 증언하고 있습니다. 이를 근거로 마리에 그랑세이 수녀의 「동정 마리아의 생애」라는 책에 보면 '성모의 집'을 1891년 찾게 됩니다. 이를 성 요한 23세 교황은 1961년 이곳을 순례지로 선포했습니다.

1) 성모 마리아에 대한 가톨릭 교리
가톨릭 교회는 원죄에 물들지 않고 평생 동정이신 하나님의 어머니가 지상 생애를 마친 뒤 육신과 영혼이 함께 천상 영광으로 들어 올려졌다고 믿습니다.

1950년 비오 12세 교황은 성모 승천 교리를 선포합니다.
"성모 승천은 그리스도처럼 스스로 하늘로 올라간 것이 아니라 주님에 의해 불려 올려진 것입니다."

이에 대한 기독교의 견해
성모 마리아는 마13:55에 보면 "야고보, 요셉, 시므온, 유다와 누이들" 표현을 보아 예수님를 낳은 이후에 자녀를 6명 이상 둔 것으로 나옵니다. 그리고 성모 마리아가 12세에 예수님을 성령으로 잉태된 것으로 초대교회 문서에 나와 있는 것으로 보아 예수님 승천 후에 45세 정도 되었기에 예루살렘에서 자연사했다는 것은 다소 무리가 있어 보입니다. 다른 초대교회의 문서에 68년에 베드로가 주도된 펠라 도피 사건에 대한 기록에도 야고보가 예루살렘에 남고 베드로와 성모 마리아의 가족들이 같이 한 점으로 미루어 보아 사실임에 틀림이 없습니다. 그리고 많은 기록과 비추어보면 성모 마리아가 별세한 것과 콘스탄틴 황제 때 성모 마리아의 시신을 찾은 점을 미루어 보면 가톨릭의 성모 승천설은 후대의 교황청 주도로 생겨난 것이 확실합니다.

성모 마리아의 시신은 콘스탄틴 모친에 의해 에베소에서 예루살렘으로 옮겨졌다는 것이 일반적인 정설입니다.

4. 여성들에 대한 예수님의 시선

1) 당시 유대인들이 여자를 보는 견해
기원전 150년경에 활약한 이스라엘의 3대 랍비 예루살렘의 요세 벤 요하난은 이렇게 말했습니다. "너의 집은 활짝 열어놓고 가난한 사람들을 가족인 양 받아들여라. 그러나 여자들과는 말을 많이 하지 말라, 자기 아내와도 말을 많이 하지 말라. 하물며 남의 아내와 말하는 경우에 있으랴! 따라서 현자들은 이렇게 말했다. '여자들과 말을 많이 하는 남자는 불행을 자초하고, 율법 공부를 소홀히 하며, 마침내 지옥을 물려받게 된다.'"(<조상들의 어록> 1, 5 참조. 요한 4, 27).

"랍비 여후다는 말했습니다. 매일 찬양기도 세 편을 바쳐야 한다. 저를 이방인으로 만들지 않으신 하나님, 찬양받으소서. 왜냐하면 '그분 앞에서는 모든 이방 민족이 아무것도 아니기 때문이다'(이사 40, 17). 저를 여자로 만들지 않으신 하나님, 찬양 받으소서. 왜냐하면 '여자는 율법을 지킬 의무가 없기 때문이다.' 저를 무식쟁이(Bur = am ha aretz: 요한 7, 49)로 만들지 않으신 하나님, 찬양받으소서. 왜냐하면 '무식쟁이는 죄를 부끄러워하지 않기 때문입니다'"(토세프타 브라코트 7,18 = 예루살렘 탈무드 브라코트 9,13. 38).

그러나 예수님은 여자들을 가까이하시고 아끼셨습니다. 12년 동안 불결 상태로 하혈하는 부인(막 5, 25-34), 가련한 과부(막 12, 38-40. 41-44; 눅 7, 11-17; 18, 1-18), 수로모니게아 여인(막 7, 24-30), 기름 부은 마리아(막 14,3-9), 창녀(마 21, 31-32), 사마리아 여자(요한 4, 1-42), 간음한 여자(요한 7, 53-8,11)를 칭송하고 우대하고 변호하고 고쳐주셨습니다. 또한 이혼논쟁(마르 10, 1-13), 마르다와 마리아 단화(누가 10,38-42), 곱사등이 부인 치유 이적사화(눅 13, 10-17)에는 남녀 평등사상이 환히 드러납니다. 그리고 예수님은 여자들에게서 큰 믿음을 보았다고 말씀하셨으며 성모 마리아뿐만 아니라 많은 여제자들이 복음사역에 남자제자들에게 뒤쳐지지 않게 복음을 전했음을 보여 줍니다.

　　신기한 것은 1세기 역사서에 보면 여 제자들도 남자와 차별 없이 성경과 교회 토론에 참여했던 것으로 보이며 3세기 이후 부터 여성의 교회 참여를 제한한 것으로 보인다는 것입니다. (랍비 예수 제자도를 말하다 p16)
　　예수님의 여성에 대한 생각 때문에 그동안 세계에서 여성 해방과 여성에 대한 사회적 편견이 바로잡아지고 있고 앞으로 여성에 대한 예수님의 생각이 연구되면서 더 발전될 것입니다.

사순절 5, 고난주간찬양
"비아돌로로사"

1. 비아돌로로사의 뜻

비아돌로로사는 '고난의 길, 슬픔의 길'이란 라틴어입니다.

비아돌로로사(Via Dolorosa)는 예수님께서 빌라도 법정에서 사형선고 받고 골고다 언덕까지 걸어가신 약 800m의 거리를 뜻합니다. 매년 사순절이 되면 세계에서 가장 붐비는 곳이 예루살렘 구시가

비아돌로로사

지에 있는 고난의 길, 십자가의 길입니다. 전 세계 순례객들이 이스라엘 순례길에 올라 결코 빼놓을 수 없는 코스가 바로 이곳입니다. 예수님께서 사형선고를 받으시고 골고다로 오르신 고난의 길, 죽음의 길이었지만 이 길이 있었기에 비로소 인류에게 생명의 길, 부활의 길이 되었습니다.

2. 비아돌로로사 발굴

AD 70년 로마 황제 티투스에 의해 예루살렘이 완벽하게 초토화된 후 이슬람 군대에 짓밟혀 수백 년을 지나오면서 예수님이 십자가를 지고 가신 길이 제대로 보존될 리가 없었을 것입니다.

그래도 다행인 것은 1294년 리칼두스란 신부에 의해 대략 위치가 정해진 후 1540년경에 이르러 프란체스코 수도사들에 의해 지금의 코스가 확

정되었습니다. 그 후 19세기에 들어서서 고고학적으로 예수님이 걸으셨던 길로 확인되었습니다. 여기를 찾는 수도사들은 직접 십자가를 지고 약 800m에 이르는 이 길을 수행의 길로 삼아오고 있습니다. 주님의 고난이 어떠했을지를 실감해 보기 위해서 수도사들뿐만 아니라 오늘날의 순례자들도 돈 주고 십자가를 사서 어깨에 메고 오릅니다.

이 길은 모두 14처소 지점으로 이루어졌는데 예수님이 빌라도에게 재판을 받으신 제1처소로 시작하여 죽으신 후 부활하신 지점까지 모두 14처소이 표시되어 있습니다. 그런데 제10처소는 예수님께서 옷 벗김을 당한 곳에서부터 묻히셨다가 부활하신 제14처소는 한 교회당에 안에 있습니다. 그 교회당을 우리는 성묘교회, 영어로는 홀리 세펄커 교회당(The Church of Holy Sepulcher)이라고 부릅니다.

이 성당은 6개 기독교 종파, 그러니까 가톨릭, 희랍정교회, 아르메니안 사도교회, 시리아 정교회, 콥틱 정교회 등 6개 교파가 1층, 2층, 지하를 나눠 관리하는 중입니다.

3. 비아돌로로사의 14개 처소

고난 주간에 "비아돌로로사" 나 "주님 가신 길" 찬양을 부르며 1-14 처소까지 묵상해 보는 것이 좋을 것 같습니다.

1) 십자가의 길 제1처소 - 빌라도 법정 재판을 받은 곳

헤롯 시대 예루살렘의 북쪽의 취약점을 보완하기 위하여 예루살렘 성의 동북쪽에 요새를 건축하였는데 로마에 의하여 성전 북편을 감시하던 곳으로 사용되었습니다. 총독들이 명절 때가 되면 가이사랴로 부터 예루살렘에 올라와서 이곳에 있었는데 예수님을 심문할 때 빌라도도 이곳에 있었습니다. 그래서 예수님께서 빌라도에게 심문 당하셨던 장소가 되었습니다. 지금은 아랍국민학교로 사용되고 있습니다. '리토스 트로토스'(Lithos Trotos)란 '돌 판'이란 뜻으로 로마시대에 도로나 광장을 조성하기 위해 바닥에 깔았던 큰 돌 판을 말합니다. 요한복음 19장 13절에 보면 빌라도가 예수님을 재판할 때 박석(히브리 말로 '가바다')이란 곳에서 재판석에 앉았다고 했는데 이 박석이 곧 리토스 트로토스입니다. 오늘날 빌라도 법정 자리에 위치해 있는 시온 수녀원 지하에는 발굴된 돌판 바닥의 일부가 잘 보존되어 있으며, 사람이나 말이 미끄러지지 않도록 홈을 파 놓은 것과 로마 군인들이 장난으로 새겨놓은 장기판 등의 흔적이 그대로 남아있습니다. 현재는 알 오마리야 대학 마당 뜰로 되어 있습니다.

아직도 이곳에서 "그들이 소리 지르되 없이 하소서 없이 하소서 그를 십자가에 못 박게 하소서"하는 소리가 들리는 것 같습니다.

2) 십자가의 길 제2처소 – 예수님이 가시관을 쓰고 홍포를 입고 희롱당한 곳

이곳은 빌라도가 가시면류관과 자색옷을 입고 나오고 예수님을 군중들에게 보이며 "보라 이 사람이로다"(요 19:5)고 외친 곳입니다. 현재의 교회는 에케호모교회(The Church fo Ecce Homo)가 있습니다. 1868년에 건축된 것으

로 입구에 있는 아치는 AD 2세기경의 로마 개선문입니다. 교회 안쪽에 나머지 아치가 남아 있습니다. 이곳에서 예수님께서 빌라도에게 사형을 선고받습니다(눅 23:24-25).이 교회는 1904년에 재건된 비잔틴식 교회로 예수님이 십자가를 지시기 위해 계단을 내려오는 성화가 그려져 있습니다. 예수님 뒤로 자기의 무죄를 증명하기 위해 손을 씻고 있는 빌라도가 보입니다.

3) 십자가의 길 제3처소

예수님께서 십자가를 지고 가시다가 첫 번째로 쓰러진 이곳을 기념하여 1948년에 작은 예배 처소를 지었습니다. 교회 입구 윗 쪽에 십자가를 지시고 쓰러지신 조각이 있습니다.제3처소의 기념교회의 내부입니다. 밤새 심문을 당하신 예수님께서 십자가의 무게를 이기지 못하시고 쓰러지실 때 안타깝게 바라보고 있는 천사들의 모습의 성화가 교회 정면에 그려져 있습니다."십자가의 무게보다 더 무거운 것은 우리들의 죄로 인한 무게였으

리라." 라는 글귀가 쓰여져 있는데, 그 죄는 우리가 우리 죄를 지신 주님의 십자가에 대한 무관심 아닌가 생각합니다.

4) 십자가의 길 제4처소 – 예수님이 슬퍼하는 성모 마리아를 만난 곳
이곳은 인류의 죄를 속하기 위해 십자가를 지고 가는 예수님께서 어머니 마리아를 만난 것을 기념하기 위해 1881년에 교회를 만들었고 입구에 예수님과 마리아의 만남을 조각해 놓았습니다. 성모 마리아에 대한 전설에 의하면, 노년에 요한과 에베소로 가기 전까지 요한의 집에 거하면서 매일 아침 이 길을 거닐며 울었다고 합니다.
이때 성모 마리아가 가슴이 아팠다는 것을 알 수 있습니다.

5) 십자가의 길 제5처소 – 구레네 시몬이 예수님 대신 십자가를 진 곳
교회 내부에는 구레네 사람 시몬이 예수님을 대신해서 십자가를 지고 있는 모습이 조각되어 있습니다. 억지로 십자가를 진 시몬은 자녀들이 초대교회의 훌륭한 목사님들이 되시고, 아내 마리아는 로마교회에서 바울이 어머니라고 부를 정도로 복음에 헌신합니다. 그리고 시몬은 고향인 구레네로 돌아가진 못하고 안디옥에서 큰 일군이 됩니다. 사실 시몬이 예수님의 십자가를 진 것 같지만 예수님께서 시몬의 십자가를 지신 것입니다. 흑인이었던 시몬은 자신이 십자가를 진 것은 자신의 의지가 아니었기에 하나님의 계획안에서 자신을 주님께서 십자가를 지고 찾아오셔서 주님의 제자로 삼아 주셨다고 평생 고백했다고 합니다. 주님의 십자가를 지는 것이 평생 시몬에게 자랑거리였듯이 우리도 주님의 십자가 자랑거리가 되길 기도해 봅니다.

6) 십자가의 길 제6처소- 베로니카가 수건으로 예수님의 얼굴을 닦아 드린 곳

제6처소는 제5처소에서 골고다를 향한 언덕으로 약 30m 정도의 거리에 있는 수녀원이 있습니다. 이곳은 열두 해 혈루증을 앓다가 예수님의 옷 깃에 손을 대고 나은 여자 (막 5:25-34) 라고 전해지고 있는 베로니카가 십자가를 지고 가시며 피와 땀을 흘리시던 예수님의 얼굴을 닦아 드렸던 곳이라고 전해지고 있습니다. 비잔틴 시대에

는 코스마스 수녀원이 있었으며 지금 있는 수녀원은 1895년에 지어진 것입니다

정말 주님을 사랑하는 것은 주님께 기도해서 응답받는 것도 중요하지만, 더 중요한 것은 주님의 고난에 동참하는 것이 아닌가 생각해 봅니다.

7) 십자가의 길 제7처소 – 두 번째 쓰러지신 곳

6처소에서 언덕을 조금 올라가면 남북으로 이어지는 길과 만나게 되는데 그 세거리의 서쪽 건물이 제7처소로 문 위에 표가 되어 있습니다. 이곳은 예수께서 골고다를 향해 가시다가 두 번째 쓰러지신 곳으로 지금 있는 건물은 1875년 천주교에서 구입하여  학교(School of the Arts and Crafts)로 사용하고 있습니다.

8) 십자가의 길 제8처소 – 마리아를 위로해 드린 곳

제7처소의 바로 서쪽에 희랍정교회 건물이 있습니다. 이 지점에는 라틴 십자가에 희랍말(NIKA)로 기록된 돌판이 있습니다. 검게 그을리고 더럽혀져 있어서 주의 깊게 찾지 않으면 발견하기 어렵습니다. 이곳은 십자가  의 뒤를 따르며 슬피 울던 여인들에게 "나를 위해 울지 말고, 너희와 너희 자녀를 위하여 울라" 라고 말씀하셨던 곳이라고 전해지고 있습니다.

9) 십자가의 길 제9처소 – 세 번째 쓰러지신 곳

이 처소는 예수님 무덤 교회의 지붕 위에 있는데, 골고다 정상과는 매우 가까운 거리입니다. 이곳에는 마가가 전도한 알렉산드라의 애굽 정교회인 콥틱 교회가 있습니다. 이곳은 예수님께서 세 번째로 쓰러지신 자리  입니다. 이 교회 지하로 큰 물 저장고가 있습니다.

10) 십자가의 길 제10처소 – 예수님의 옷을 벗긴 곳

문 입구에서 돌 침상을 바라보며 오른쪽 옆으로 돌아서면 계단이 있고, 몇 개의 계단을 오르면 그곳이 골고다 정상입니다. 골고다는 아람어입니다. 예수님 당시에 사용한 언어라서 골고다라는 말을 세계 각국의 교회에서 쓰고 있습니다. 희랍어로는 "크라니온(Kranion)", 라틴어로는 "칼바(Kalva)", 영어로는 "갈보리 (Calvary)" 곧 "해골언덕"이라는 뜻입니다. 이 골고다 정상에는 십자가의 길 (Via Dolorosa) 의 제10처소부터 제13처소까지가 한곳에 모여 있습니다. 계단에 올라서면 만나는 제10처소는 예수님을 십자가에 못 박기 위해 옷을 벗긴 곳입니다.

11) 십자가의 길 제11처소 - 십자가에 못 박히신 곳

예수님께서 십자가에 못 박히신 곳 (마 27:35) 인 11처소이며 천주교회 소속입니다. 제11처소의 정면 벽화는 1938년에 새로 된 것인데, 예수님이 못 박히시는 것을 어머니 마리아가 내려다보고 있는 모자이크가 있습니다.

12) 십자가의 길 제12처소 - 예수님 운명하신 곳

제11지점보다 조금 안쪽(북쪽)은 제12지점으로 예수님이 십자가에 달려 운명하신 자리입니다. (마 27:45-53). 이곳의 관리는 희랍 정교회에서 하고 있으며 정면에는 예수님이 십자가에 달려 계신 모습이 금속 조각으로 만들어져 있고 천정에 등잔이 가득 달려 있습니다.

13) 십자가의 길 제13처소 - 예수님의 시체를 놓였던 곳

제13처소은 11처소과 12처소의 중간입니다. 십자가에 달려 돌아가신 예수님을 십자가상에서 땅에 내리신 곳 (눅23:53)입니다. 이곳에 있는 제단은 천주교 소속이며 눈물을 글썽이고 있는 성모 마리아의 목상이 있습니다. 이 마리아상은 포루투칼의 마리아 1세가 1778년에 기증한 것인데, 이 작품은 16-17세기 형이고 리스본에서 만들어진 것이라고 합니다. 이 제단 밑에 있는 골고다 언덕의 자연석을 볼 수 있습니다.

14) 십자가의 길 제14처소 - 예수님이 묻히신 곳

제14처소인 예수님 무덤은 콘스탄틴 대제 시대에 무덤 주위의 돌을 깎아내리고 무덤과 골고다 언덕만 자연석으로 살리면서 그 둘레에 교회를 지었다고 합니다. 성경에 나오는 동산 무덤의 모습은 찾아볼 수 없었습니다.

이 예수님의 무덤은 기원후 335년에 봉헌되어 1600년 이상의 역사를 가진 교회로 천주교와 희랍 정교회들이 공동으로 관리 하고 있으며, 개신교에서 말하는 골고다 언덕과 예수님 무덤은 천연적인 동산의 아름다움과 모형을 지니고 있는 예루살렘 성 북쪽에 있는 무덤 동산 (The Garden Tomb) 인데 그 무덤 동산의 역사는 약 100년 정도 되었습니다.

무덤 동산 (The Garden Tomb)

성묘교회

The Garden Tomb은 고든 장군이 발견 한 곳인데 이곳에는 로마시대의 무덤과 해골모양의 무덤, 예수님 당시의 무덤과 아리마데 요셉의 집으로 불리는 여러 가지 유물이 발견되어 실제 골고다가 이곳이 아닐까 추정해 보기도 합니다. 그리고 십자가와 고난을 묵상하기엔 이곳이 훨씬 좋은 것 같습니다.

4. 고난주간에는 각 날마다 명칭과 의미

고난주간에는 각 날마다 독특한 명칭과 의미가 있습니다. 예수 그리스도의 행적에 따라 이름 붙여진 각 날의 의미를 생각하며 주님의 고난을 묵상하고, 그 고난에 동참하는 것도 이 시기를 보내는 좋은 방법입니다.

△ (주일) 종려주일: 예수님의 예루살렘 입성을 축하하는 주일로 고난주간이 시작되기 전의 '개선의 날'입니다. 만왕의 왕이신 예수님이 겸손하게 새끼나귀를 타고 예루살렘으로 입성하실 때 군중들은 자신의 겉옷을 벗어 길바닥에 펴고 종려나무 가지를 길에 깔거나 손에 들고 "호산나! 다윗의 나라여, 찬송하리로다. 주의 이름으로 오시는 이여"라며 환호했던 날을 기념하는 주일입니다. 그래서 이 주일을 '호산나 주일'(Dominica Hosana)이라고 부르기도 합니다.

△ (월) 권위의 날, 혹은 성전 청결의 날: 예수님이 예루살렘에 입성하셔서 성전을 청결케 하신 뒤 타락한 종교에 대한 경고와 책망을 통해 자신이 하나님의 아들이시고, 성전의 주인이시며, 성전 자체이심을 나타낸 날. 예수님은 제사장들의 타락으로 더럽혀진 성전을 보고 격분하신 뒤 참 제사장의 자격으로 성전을 청결케 하셨습니다. 이는 우리 자신이 거룩한 전이 되어야 함을 알려 주신 것이고 교회는 성결해야 함을 강조하신 것입니다. 이날 예수님은 또한 열매가 없고 잎만 무성한 무화과나무를 저주하심으로써 행함과 실천은 없이 형식만 무성한 이스라엘은 패망한다는 것을 경고하셨습니다.

△ (화) 변론의 날: 이날은 종교 문제뿐 아니라 정치 문제에 대한 질문까지도 권위를 가지고 대답하시며 논쟁하신 날입니다. 예수님은 자신을 모함하기 위하여 "계명 중에 첫째가 무엇이냐"고 시험하는 서기관들에게 "마음을 다하고 목숨을 다하고 뜻을 다하고 힘을 다하여 하나님을 사랑하고 네 이웃을 네 몸과 같이 사랑하라"고 답변하셨습니다. 예수님은 피곤하고 바쁜 하루를 보내시면서도 하나님과 교제하시기 위하여 한적한 곳을 찾아 간절히 기도하셨습니다. 가룟 유다가 배반한 날도 바로 이날입니다.

△ (수) 침묵의 날, 혹은 은퇴의 날: 많은 변론으로 피곤한 하루를 보내신 예수님께서 베다니로 가서서 쉬신 날입니다. 그러나 이날도 주님은 제자들에게 서기관과 바리새인들의 위선에 대한 경고와 교훈을 하셨습니다. 이날 마리아가 값비싼 향유를 예수님 발에 부어드리고 섬겼습니다. 한편에서는 유다를 비롯해 대제사장과 서기관, 장로와 군관들이 예수를 체포할 은밀한 흉계를 꾸미고 있었습니다.

△ (목) 번민의 날, 혹은 세족의 날: 예수님이 제자들에게 최후의 만찬을 통해 마지막 교훈을 주신 날입니다. 예수님께서 제자들의 발을 씻겨준 날이어서 '세족의 날'이라고도 합니다. 예수님은 다락방에서 제자들의 발을 씻겨주시면서 "새 계명을 너희에게 주노니 서로 사랑하라"고 말씀하셨습니다. 이날 고별사를 하신 후 밤 11시쯤에 열한 제자를 데리고 겟세마네

동산으로 가서서 구속 성취를 위한 고뇌의 기도를 드리셨습니다. 이어 자정이 되자 가룟 유다의 가증스러운 입맞춤을 신호로 체포되셨습니다.

△ (금) 수난의 날, 혹은 십자가 고난의 날: 이날은 인간을 구원하기 위하여 예수 그리스도께서 십자가에 돌아가신, 놀라운 사랑을 보여 주신 날입니다. 주님께서 십자가에 못 박히신 슬픈 날이지만 하나님께서는 그리스도의 생애를 통하여 인간을 위한 그의 사역을 모두 성취하셨기 때문에 서양에서는 이날을 '선한 금요일'(Good Friday)이라고 부릅니다.

△ (토) 안식의 날: 고난 주간이 끝나는 토요일은 유월절이 시작되는 첫 안식일이며 사순절 최후의 날이기도 합니다. 아버지께서 맡기신 사명을 다 이루신 후 그 영혼은 아버지의 품에서, 육신은 아리마대 요셉의 새 무덤에서 안식하시면서 부활을 준비하셨습니다. 고난 후에 받으실 영광을 위한 조용한 안식의 시간이었습니다.

부활의 목격자들의 찬양
다윗의 장막의 "무덤 이기신 예수(할렐루야)"

♪

1. 부활의 의의

첫째로, 부활은 예수님이 하나님의 아들이심을 확증입니다.

만일 예수님께서 부활하시지 않았더라면 그는 평범한 종교가에 지나지 않았을 것입니다. 예수님의 기적과 치유사역은 의술이나 요술로 취급되었을 것이고, 예수님의 죽음은 하나의 비극적인 순교로

방송실황

끝나고 말았을 것입니다. 그러나 예수님께서 부활하셨기 때문에 그의 가르침이 살아 있는 하나님의 말씀이 되었고, 예수님의 병 고침이 하나님의 자비의 손길이 되었으며, 그의 죽으심이 인류를 구속하는 대속제물이 될 수 있었던 것입니다.

둘째로, 예수님의 부활은 우리 죄를 속함 즉 구원의 보증이 됩니다.

예수님께서 십자가 위에서 죽으신 것은 인류의 죄 값인 사망을 대신 짊어지시기 위함인데, 다시 살아나지 못하셨다면 죄 값을 치르지 못했다는 증거입니다. 그러나 주님께서는 살아나셨습니다. 그 결과 우리의 모든 죄 값이 다 청산되고 우리는 자유자가 되었습니다.

셋째로, 예수님의 부활은 장차 우리가 얻을 부활에 대한 확증이 됩니다. "만일 죽은 자의 부활이 없으면 그리스도도 다시 살지 못하셨으리라"(고전 15 : 13).

넷째로, 예수님의 부활은 오늘 우리에게 다가오는 모든 역경을 이길 수 있는 힘을 주십니다. 주님께서 부활의 능력을 통하여 죄와 죽음과 마귀를 멸하셨기 때문입니다. 또한 장차 다가올 부활은 우리의 삶을 승리로 이끄는 소망이 됩니다.

이처럼 예수님의 부활은, 예수님이 하나님의 아들임을 확증해 주는 것입니다. 그리고 우리 죄 속함의 보증이 되며, 우리도 장차 부활할 것이라는 확증이 됩니다. 부활은 우리에게 다가오는 모든 절망을 소망으로 변화시키는 위대한 힘이 되는 것입니다.

2. 예수님의 부활을 반대하다가 스스로 부활을 증명하는 학설들

1) 가사설(假死說)
진짜로 죽은 것이 아니라 실신했다가 다시 살아났다고 하는 설입니다.

그러나 예수님은 6시간이나 십자가 위에 계셨고 운명 후 로마 군인이 옆구리에 창을 찔러 물과 피를 나오게 하여 죽음을 확인했습니다. 아리마대 요셉과 니고데모는 주님의 제자이지만 죽은 것이 확인되니 무덤에 장사했을 것입니다. 로마 병정도 죽은 것이 확인되니 시체를 내어 주었고 제자들도 확인되니 흩어졌을 것이 분명합니다.

2) 도거설(盜去說)
예수님의 제자들이 시체를 도적질해 가고는 돈을 주고 예수가 살아났다고 거짓 소문을 퍼뜨렸다는 것입니다.

그러나 제자들이 훔쳐 갔으면 무엇 때문에 여자들과 베드로가 무덤에까지 찾아갔겠습니까? 로마 병정들이 인봉을 하고 지키는데 어떻게 접근했겠습니까? 나아가 제자들은 무엇 때문에 순교하기까지 부활의 주님을 증거했겠습니까?

도리어 대제사장들이 로마 군인들에게 돈을 주면서 훔쳐 갔다고 거짓 증거 하라고 한 것을 알 수 있습니다.

3) 그 외에 환상설도 있으며 유령설도 있으며 여러가지 거짓 증거가 많이 있습니다.

그러나 고린도전서 15장에서는 예수의 부활을 목격한 자가 베드로, 야고보 외에도 500명이나 된다고 증거 하고 있습니다. 성령의 역사가 예수님의 부활을 증거 하고, 기독교회가 세상에 끼친 영향으로도 증거 하고도 남으며, 교회 확장과 박해국가들이 기독교 국가로 변하며, 현재의 역사를 통해서도 주님의 부활을 증거 할 수 있습니다.

불란서의 볼테르는 50년 후에는 교회가 다 없어진다고 하면서 무신론과 성경을 반박하는 책을 많이 출판했습니다. 그러나 50년 후에 교회는 없어지기는커녕 더 왕성해졌습니다. 신기하게도 볼테르의 집은 성경을 찍어내는 인쇄소가 되어서 마루에서 천정까지 성경책으로 꽉 찼다고 합니다. 예수님의 부활을 반대하다가 스스로 부활을 증명하는 증거가 되고 있습니다.

3. 부활의 과학적인 증거-트리노성당의 수의

약 30년 전 프랑스의 한 잡지사가 세계의 저명인사 100명에게 '지구의 파멸이 시작되었을 때 가장 먼저 반출해야 할 지구상의 보물이 무엇이냐?'는 설문조사를 했을 때, 1위를 차지한 것이 바로 토리노 성당에 보관 중인 '예수님의 수의'였고, 2위가 미로의 비너스 상이었습니다.

왜 이렇게 트리노 성당의 수의가 지구의 보물이 되었을까?

바로 예수님의 부활 증거이기 때문입니다.

* 트리노 성당의 수의가 예수님의 것이라는 과학적인 증거

현대과학 촬영장비로 측정해보니…….

1. 수의에 묻은 꽃가루가 팔레스타인 지방에서만 나는 가루이다.

(꽃가루는 2000년 넘어도 썩지 아니함)

2. 그 당시 유대인이 입었던 모직직조 (방직기술) 옷감이다.

(현미경 검사결과)

3. 당시 풍습은 시신눈 위에다가 동전을 얹어서 매장함

(현미경 검사결과 동전 자국 있음)

4. 옷감에 복사된 얼굴이 모직에만 새겨지는 음각이다.

(특수 장비로 촬영하니 종이 위에 나타나는 것과는 별개의 사진검출)

5. 심장부위에 창 자국에 찔린 자리가 있다.

6. 일부, 불에 탄 자국은 탄소연대측정 결과가 2000년 전 것이다.

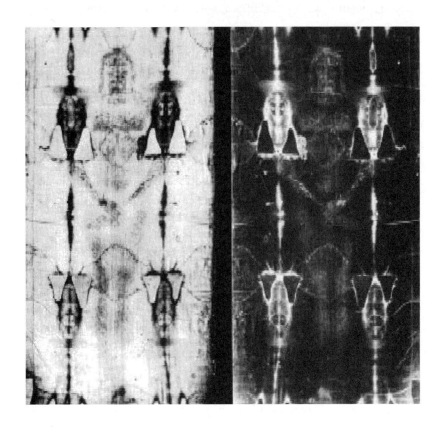

* 트리노 성당의 수의에 대한 검증

　트리노 성당의 수의의 진위 여부를 가리기 위해 여러 차례 방사성 동위 원소 측정으로 검증이 이루어졌습니다. 1973년부터 1988년까지 5차례 측정 결과 1세기 것(위 결과)으로 판명되었습니다. 그러나 1988년 미국과 영국 그리고 스위스에 위치한 3개의 독립 연구소(무신론 연구단체) 수의의 가장 자리에 일부를 방사성 동위원소 C14측정 방법으로 테스트를 실시하여 수의는 서기 1260년에서 1340년 사이의 것으로 결과를 내놓았습니다. 그래서 트리노 성당의 수의가 가짜라는 기사가 나올 정도로 이슈가 되었습니다. 1989년 다시 다른 부위를 측정하게 되는데 측정 결과 1세기 것으로 밝혀졌습니다.

그래서 수의의 역사를 추적한 결과 이러한 사실이 밝혀졌습니다. 1988년의 측정이 1532년에 발생한 당시 수의가 보관되었던 사보이 대 성당의 화재를 고려하지 않았다는 것입니다. 트리노 성당의 수의에는 1세기 것과 1532년의 사보이 대 성당의 화재(후에 트리노 성당으로 옮겨짐)의 화재 당시의 것이 함께 혼재하고 있음이 사실입니다. 그러나 수의의 대부분은 1세기의 과학적 증거가 존재하고 있는 것으로 보아 예수님의 수의라고 보는 것이 타당합니다. 왜냐하면 다음의 역사적인 증거가 있기 때문입니다.

* 트리노 상당의 수의 역사적 고증

요한복음 제20장 6절에서는 베드로가 일요일 아침 예수의 무덤 안으로 들어갔을 때 수의를 발견한다는 구절이 나옵니다. 초대교회 문서에도 수의가 베드로에 의해 발견되었을 뿐만 아니라 일정 기간 그가 보관했다고 믿고 그렇게 가르쳤다는 증거가 있습니다.

수의에 대한 언급은 4세기에 고대 시리아 문서에 등장합니다. 이 문서에 따르면 애브가라는 에뎃사의 왕이 기독교 집단에게 예수님의 얼굴이 있는 옷감을 받고 나병을 치료했다고 기록하고 있습니다. 유세비우스 교회사에는 예수님의 심부름으로 다데오(도마라는 설도 있음)를 문둥병에 걸린 에뎃사 왕에게 예수님의 얼굴이 있는 수의를 가져가서 치료하는 장면이 나옵니다. 후에 에뎃사 왕국은 세계 최초로 기독교 국가가 됩니다. 그들은 수의를 보호하기 위하여 만딜리온(Mandylion), 즉 그리스어로 '사람 손으로 만들지 않은 초상화' 라는 용어로 부르기 시작하였습니다.

944년 지진으로 에뎃사의 성문이 부서지면서 돌더미 속에서 황금 격자무늬 상자와 함께 수의가 발견되었습니다. 수의는 즉시 에뎃사 교회로 옮겨지고 후에 비잔틴 제국이 수의의 존재를 알고 군대를 파견하였고 에뎃사를 속국으로 만들고 수의는 콘스탄티노플로 옮겨졌습니다.

그리고 제4차 십자군에 속한 유럽 기독교 기사들은 콘스탄티노플로 진격해 도시를 약탈합니다. 조프리 드 샤르니라는 사람이 리레이 성당에 수의를 보관해 달라고 맡겼다고 합니다. 그 후 1532년, 프랑스 샴베리의 사보이 대 성당에서 일어난 화재로 수의가 손상되었습니다. 수의의 양쪽 길이 전체를 따라 남은 불에 탄 흔적이 그것입니다. 그 후 1578년 사보이 가문은

에뎃사왕국, 지금도 성지 순례 코스로 많은 사람이 찾고 있습니다.

토리노 시로 이주하였습니다. 루이 사보이 공작은 신앙심이 깊은 사람이었는데 자신의 소중한 소유품을 모시기 위해 성 요한 대성당에 특별한 건물을 세우게 했습니다. 그리고 수의는 오늘날까지 그곳에 보관되어 있습니다.

이처럼 역사적으로 수의의 존재와 수의가 옮겨지는 과정이 역사적으로 증명되고 과학적으로 '1세기의 수의' 라고 밝혀진 이상 예수님의 수의 말고 다른 것이라 할 수 없습니다. 따라서 예수님의 부활 사건은 역사적인 증거라고 할 수 있습니다.

그 외에도 예수님의 부활은 비신자가 쓴 역사서 요세푸스 유대전쟁사, 빌라도 보고서, 로마역사가 타키투스, 시인 플리니우스 서신에도 기록이 되어 있고, 유세비우스 교회사 외에 초대교회 문서에 수도 없는 기록들이 역사적인 사실로 전해집니다.

우리 성도들은 트로노 성당의 수의뿐만 아니고 많은 체험과 역사로 현재에도 부활의 주님을 만나고 있고, 그 분을 찬양하고 있습니다.

성령 강림 주일과 세계 부흥역사 속의 찬양

1. 교회 절기와 성령 강림절 기간

교회 절기는 크게 12월의 대림절(5주 성탄절까지), 12월의 성탄절(3주, 세이레), 3월의 사순절(5주 반, 40일), 4월의 부활절(7주, 칠칠절 유래), 6월~8월의 성령강림절(11주), 9월의 창조절(12주, 11월 마지막 주까지)나눕니다. 그 절기 중에 교회는 성령 강림으로 탄생했습니다. 그리고 세계교회 역사는 성령의 강한 임재를 통해 발전되어 왔습니다.

2. 성령 강림에 대한 찬양

김도현 찬양사역자의 "성령이 오셨네"는 성령 강림절에 가장 어울리는 찬양입니다. 성령은 억눌린 자, 갇힌 자를 해방하러 오셨습니다. 그래서 성령의 임재가 있으면 상처가 치유되고, 죄에서 해방되는 역사가 일어납니다. 성령의 임재가 강하게 일어나는 찬양은 보통 아무 조건 없이 성령 임재를 사모할 때 일어납니다. 예를 들어 "성령의 비가 내리네"와 "하늘의 문을 여소서"등이 대표적입니다.

3. 성령의 사역

1) 창조와 구원 사역
성령의 사역은 창세기 1장의 창조 사역부터 시작합니다.

그리고 고전 12장 3절 "성령으로 아니하고는 누구든지 예수를 주라 할수 없느니라" 구원 사역도 성령으로 인한 것입니다.

2) 재능을 주시는 사역

성경은 삼손이 힘이 세었던 이유를 성령이 임하므로 인간이 발휘할 수 없는 하나님의 사역을 했다고 기록하고 있습니다. 성령은 이처럼 특별한 재능을 주시는 사역을 하십니다. 브사렐과 오홀리압에게는 예술적 재능도 주시고 에스라에게는 학자의 재능도 주십니다.

3) 영적 사역

성령의 주된 사역은 영적 사역입니다. 성령이 임해서 예언, 방언, 치유역사가 일어납니다.

전도의 역사도 성령의 역사를 통해 일어납니다. 예수님께서 제자들을 보내실 때 "우리가 무슨 말을 해야 합니까?" 제자들이 묻자, 주님께서 "걱정 마라 성령께서 할 말을 가르치리라" 하십니다. 전도도 성령의 사역입니다. "성령이 임하시면 너희가 권능을 받고 예루살렘과 온 유다와 사마리아와 땅 끝까지 내 증인 되리라"

4) 위로 사역

성령의 다른 이름은 보혜사라고 합니다. "위로자", "변호사"란 뜻입니다. 다시 말해 마음과 영혼을 치유하는 사역을 하십니다.

5) 찬양과 예배 사역

다윗이 찬양할 때 성령이 임하셨다고 합니다. 그리고 구약 제사를 드릴 때 성령께서 임하십니다. 신약에서 마가의 다락방에 성령께서 임하십니다. 성령은 예배를 예배 되게 하는 사역을 하십니다.

예배도 "영과 진리로" 하지 않으면 가짜가 될 수밖에 없습니다. 말씀 중에 성령을 통해서 꿈과 비전을 주시는 분도 성령이십니다. "자녀들은 예언할 것이요, 청년들은 환상을 보고 아비들은 꿈을 꾸리라"

신앙생활의 모든 부분이 성령을 통해 이루어집니다. 그래서 미국의 속담 중에 "성령 받지 않고 목사 하라"는 말이 가장 큰 욕이라고 합니다. 교회 생활은 성령없이 할 수 없다는 뜻입니다.

4. 성령 강림절의 유래

오순절은 "펜테 코스트(πεντεκοςτ)" 50번째의 날이란 뜻입니다. 부활절로부터 50일째에 오는 일요일을 이야기합니다. 예수 그리스도가 십자가에서 죽은 뒤 부활하여 승천한 다음, 유대교의 오순절에 성령이 제자들에게 강림한 것을 기념하며, 제자들이 세계를 향해 선교를 시작한 날로 여깁니다.

오순절은 유대교 절기로는 원래 밀을 수확하여 바치는 봄 추수감사절이었지만, 랍비들은 하나님이 시나이 산에서 모세를

오순절 성령강림 Asam작품

통해 히브리인들에게 율법을 내려준 날이라고 이 날을 영적인 추수 감사절로 지킵니다.

교회가 언제 처음으로 이 축일을 지켰는지는 알려져 있지 않으나, 2세기 동방교회에서 유래한 〈사도들의 편지 Epistola Apostolorum〉는 성령 강림절에 대해서 언급하고 있습니다. 3세기에는 알렉산드리아 신학자인 오리게네스와 카르타고의 사제인 터툴리안이 당시 교회가 성령 강림절을 지켰다고 언급하고 있습니다.

초대교회는 성령 강림절 기간을 부활절에서 오순절까지 지키면서 세례식을 거행하였습니다. 훗날 북유럽에서는 부활절보다 오순절에 세례를

주는 것이 보편화 되었으며, 영국에서는 세례를 받은 사람들이 특별히 흰 옷을 입었기 때문에 이 축일을 보통 '백색 일요일'(Whitsunday)이라고 하였습니다.

5. 성령 강림과 부흥역사

1) 초대교회 시절의 찬양
예루살렘은 마가의 다락방의 성령 강림을 통해 부흥의 역사가 일어났습니다. 사도행전 후반부에 보면 믿는 사람의 숫자가 수만 명이 되었다고 합니다. 짧은 5년간에 120명이 수 만이 되는 부흥이 예루살렘에서 일어난 것입니다.

그 다음 안디옥 부흥입니다. 바울과 바나바에 의한 부흥인데 디아스포라 유대인에 의한 첫 부흥입니다. 말씀과 기도운동이 주가 됩니다. 그리고 전 세계로 이방인 선교가 시작 됩니다.

그 다음은 마가 요한에 의한 알렉산드리아 부흥이고, 그 다음이 사도 요한에 의한 에베소 부흥이고, 그 다음이 바울에 의한 고린도 부흥, 그 다음이 베드로, 누가, 바울에 의한 로마 부흥이 있었습니다.

초대 교회 알렉산드리아 부흥 (마가의 알렉산드리아 설교)

이때 *당시의 찬양은 마태복음 등, 복음서에 그대로 찬송으로 남아 있으며, 사도행전에서도 찬송 부분이 들여쓰기로 그대로 남아 있습니다.* 당시 역사문서에 보면 복음서 자체가 찬양이었다고 합니다.

기독교 초기 부흥의 결과 알렉산드리아 학파와 안디옥 학파의 그리스도 신성 논쟁

2) 중세시절의 부흥

중세시절은 흔히 암흑시대라고 합니다. 그런데 이때 가장 큰 부흥들이 일어난 시기입니다. 그리고 가장 타락한 시기이기도 합니다. 몇 가지 부흥 사례를 보면 황금의 입 요한 크리소스톰에 의한 말씀의 부흥 시기입니다. 요한 크리소스톰이 말씀을 전할 때면 수 만 명이 모였다고 전하고 있으며 말씀 끝날 때 콜링을 하였는데 숫자를 헤아릴 수 없을 정도로 몰려 들었다고 합니다. 믿는 이들이 너무 많아 박해를 할 수 없게 되고 박해의 시대가 끝이 납니다. 드디어 박해의 시대에서 기독교가 공인되고 기독교가 국교가 될 정도로 사회와 정치에 영향력을 갖습니다. 이때까지 아직 기독교에 대해 오해하는 거짓 소문들이 많아 교부들에 의한 변증 설교와 성령의 역사를 통해 큰 부흥이 일어납니다.

그 다음이 학문의 부흥입니다. 에스라에게 임하셨던 학자의 영이 임합니다. 알렉산드라아의 아다나시우스는 마가를 이어 도시 전체를 하나님께 돌아오게 합니다. 로마 제국 곳곳에서 부흥이 일어나다보니 사도 이름으로 된 책들이 등장하면서 이단들이 곳곳에서 생겨나면서 기독교 신앙의 교리화 작업이 일어납니다. 각나라마다 각지방 마다 조금씩 차이를 보이던 신학이 4세기 어거스틴에 의해 기독교가 신학화되고 로마제국 전체가 신앙교육 체계가 통일이 됩니다. 이때가 숫자적으로 가장 부흥한 시기이기도 합니다. 그러나 역사가들은 이때 강제 개종이 가장 많이 일어났기 때문에 숫자적인 의미보다 교리적인 통일을 의미에 두어야한다고 생각합니다. 이때 대학이 생겨났고, 신학이 가장 고상학문으로 취급되면서 세상의 어떤 학문보다 인정받게 됩니다.

그러나 이때부터 기독교가 타락하기 시작합니다. 정권과 연결되면서 온갖 부정 부패가 이루어집니다. 심지어 카톨릭 신부와 수녀의 사생아를 감추기 위해 고아원이 만들어 졌다고 할 정도입니다. 이처럼 강제 개종은 기독교에 악영향을 미쳤습니다.

크리소스톰   어거스틴   프란시스   아퀴나스

그 반작용으로 성 프란시스는 제도화된 기독교보다 기독교의 원래 정신으로 돌아가자고 수도원 운동을 일으킵니다. 이때 성령의 임재 역사가 수도원 중심으로 일어나면서 경건 훈련, 묵상 훈련, 기도 훈련, 섬김 훈련이 체계화됩니다. 성 프란시스가 얼마나 영성이 깊었던지 동물과 식물과 이야기를 나눌 정도였다고 합니다. 이때 작곡된 곡들이 아직도 미사곡으로 쓰이고 있습니다. 성 프란시스는 선교에도 관심이 많아서 직접 제자들을 데리고 브르티니아선교를 하기도 했습니다. 이 선교단을 탁발 선교단이라고 합니다. 이때 선교사로 결신한 사람들이 많아서 미개인이라고 불리는 슬라브족과 바이킹과 영국의 선교 활동이 왕성하게 일어납니다.

　이때의 찬송들은 로마 가톨릭에 고스란히 남아 있는데 라틴어들로 구성된 찬양이 많습니다.

3) 종교 개혁 시절의 부흥과 찬양
　이 시기는 교회가 타락의 극치를 걸으면서 말씀 부흥과 기도 부흥이 일어납니다. 루터 같은 경우도 그의 책에 보면 성령과 끊임없이 대화하면서 종교개혁을 이루어 냅니다. 종교 개혁은 사실 성령 역사가 아니고는 불가능했습니다. 예배 시에 성령의 임재가 없었다면 그렇게 많은 사람들이 루터와 종교 개혁자들을 따라 목숨을 걸고 로마 카톨릭에 대항 하지 못했을 것입니다. 로마 카톨릭과 종교 개혁자들의 다른 점은 교리적인 면도 있지만 예배와 찬송에서 큰 차이가 났습니다. 로마 카톨릭은 사제가 다 진행 하지만 종교 개혁자들의 예배는 찬송을 모두가 제사장이 되어 같이 부른다는 것입니다. 라틴어로 진행 되는 카톨릭 미사에서는 참여만 하던 사람들이 종교 개혁자들의 예배에서는 "시편"을 자기 나라 언어로 번역하여 다 같이 참여자가 되어 기도하고 찬송하다보니 성령의 역사가 강하게 나타났습니다. 그래서 종교 개혁자들의 신학에선 성령론이 다른 카톨릭의 신학자들에 비해 더 실질적이고 체험적인 부분이 더 많습니다. 사실 종교 개혁은 기도하는 사람과 교회의 승리였습니다.
　루터가 작사한 **"내 주는 강한 성이요"** 는 종교개혁 교회들에게서 불려지면서 강력한 성령의 임재가 일어납니다.

종교개혁의 도화선을 그은
마틴 루터(1483~1546)

1517년 10월 31일,
면제부 판매에 반대하는
95개조 논제들
비텐베르크 성교회 정문에
내걸어, 유럽 종교개혁의
도화선을 그었다.

4) 근대의 부흥과 찬양

(1) 1차 대각성 운동

1700년대는 감리교 부흥의 시기로 요한 웨슬레, 조지 휫필드 등이 주도
했으며 이 영향으로 윌리엄 윌버포스 같은 신앙인들을 배출하면서 영국에
노예해방, 프랑스에서 시민 혁명이 일어납니다.

그리고 이 부흥의 물결이 미국으로 넘어가서 조지 휫필드의 미국 부흥
회를 통해 강력한 성령의 임재가 경험이 되면서 조나단 에즈워드 등에 의
해 1차 대각성운동이 일어나고 마침내 미국이 영국에서 독립하게 되는데

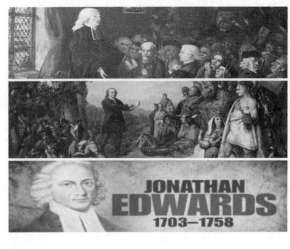

요한 웨슬레

조지 휫필드

조나단 에즈워드

주도적인 역할을 합니다.

(2) 2차 대각성운동
① 조나단 에즈워즈의 손자 드와이트에 의해 예일대에서 일어난 부흥
이 유명합니다. 드와이트가 작곡한 **"내 주의 나라와 주 계신 성전과"** 찬양
할 때면 성령의 임재가 너무 강해서 학생들이 그 자리에서 가슴을 부여잡
고 뒹굴기도 하고 고함을 지르기도 했다고 합니다.

② 윌리암스 대학에서는 5명의 학생들이 비를 피해 건초더미로 피하
게 됩니다. 그때 건초더미에서 기도를 하게 되는데 그때 성령이 임하여서
회개 운동이 일어나고 선교의 비전을 품게 됩니다. 이 건초더미 기도회를
통해 2만명의 학생들이 선교에 헌신하게 됩니다. 이 부흥을 뉴잉글랜드
부흥이라고 합니다.

③ 뉴욕변호사였던 찰스 피니에게 갑자기 성령이 임하여 숲 속에서 기
도하게 됩니다. 그 후에 찰스 피니가 주도하는 기도회가 생기게 되고 성령
의 역사가 얼마나 강했는지 기도하다가 쓰러지는 사람, 방언과 귀신이 소
리를 지르며 떠나는 일들이 벌어지면서 1831년 한해에 1,200명이 회개하였
고 이 역사는 50년 동안 계속되면서 총 10만명이 회개하고 하나님께 돌아

근대 부흥 운동을 이끌었던 영적 거인
찰스 피니 (1792-1875)
Charles G. Finny
- 오벌린 대학 신학교수

드와이트, 윌리암스대학, 찰스 피니

왔다고 합니다. 찰스 피니의 책에 보면 성령의 임재가 얼마나 가득했던지 기도회도중 500명에서 1,000명이 동시에 쓰러지기도 하고 찬송 소리에 귀가 멍할 정도였다고 합니다.

(3) 3차 대각성운동

대 경제 공황을 겪으면서 불안과 좌절이 온 미국을 뒤덮었습니다. 이 무렵 뉴욕의 뒤 골목의 구두닦이 소년이었던 무디가 성령을 체험하면서 미국에 새로운 부흥이 일어납니다. 형식주의에 빠져 메말랐던 예배가 일순간에 성령 임재함으로 자유롭게 예배하기 시작하였습니다. 무디의 대각성 운동은 패니 크로스비의 찬송이 큰 역할을 합니다. 그의 찬송 중에 유명한 찬송이 *"후일에 생명 그칠 때"*입니다. 무디의 말씀 선포 전, 후에 크

미국 역사상 가장 위대한 복음 전도자로 알려져 있는 드와이트 무디. (Dwight L. Moody 1837-1899)

이반 로버츠 Evan J. Roberts (1878 - 1951) 웨일즈 부흥(1904-1905)의 주역

로스비가 찬송을 인도하였는데 성령의 임재에 사로 잡혀 예배했다고 합니다. 무디 교회는 아직 그때의 성도들이 남았는데 아직도 그때의 예배를 그리워한다고 합니다. 그래서 3차 대각성운동은 찬송의 부흥, 말씀의 부흥이라고 할 수 있습니다.

무디가 말씀을 전할 때마다 불렀던 찬송이 *"선한 목자 되신 우리 주"* 와 *"나 주의 도움받고자"* 입니다. 이 찬송을 하면서 구두닦이였던 자신을 다윗처럼 인도해 주셨다고 많이 울었다고 합니다. 무디를 통해 대공황 시기에 큰 희망이 선포되었고, 찬송운동이 일어났으며 이때 선교에 헌신된 사람들이 한국 선교에 아버지들이 됩니다. 무디의 부흥운동 업적으로 주일학교운동과 YMCA、YWCA 등의 사회변화 운동들이 있습니다.

(4) 1904년 웨일즈 부흥

광부의 아들이었던 이반로버츠는 어느 날, 기도하다가 성령의 임재를 경험하고 가슴이 불타오릅니다. 그리고 교회 담임 목사님에게 말씀을 전할 수 있도록 해달라고 요청하지만 거절당합니다. 그러나 포기하지 않고 계속 부탁합니다. 할 수 없이 담임목사님은 수요예배 후에 시간을 허락합니다. 수요예배 후에 17명이 순종하며 남습니다. 그런데 그 시간에 성령이 임하십니다. 말씀 내용은 회개, 새 삶, 성령께 순종, 증거를 주제로 전했는데 땅에 무릎을 꿇으면서 회개의 역사가 일어납니다. 이 집회는 계속 되었고 30일 만에 3만 7천명이 모여 기도합니다. 5개월 동안 웨일즈에서 10만명이 하나님께로 돌아옵니다. 금요기도회의 시작이 '이반'에 의해서 시작되었다고 볼 수 있습니다.

'웨일즈 부흥'을 '당나귀 부흥'이라고도 부릅니다. 왜냐면 웨일즈부흥을 가장 좋아했던 것이 당나귀라고 합니다. 그 이유는 웨일즈는 탄광촌입니다. 광부들이 일이 끝나면 술을 먹고 당나귀를 때리기 일수였는데, 부흥운동이 일어나고 나서 광부들이 회개하는데 당나귀를 때린 것을 회개하고 당나귀들을 때리지 않았다고 합니다.

웨일즈 부흥 때 많이 불리던 찬양이 **"바다같은 주의 사랑"** 입니다. 이 찬양을 하면서 하염없이 우는 사람들이 많았다고 전해집니다.

(5) 1907년 평양대부흥

일제시대를 거치면서 한국 교회는 왕성하게 부흥하였고, 한국 교회는 교육의 중심지가 되었습니다. 1909년에 5만 명이었던 기독교인이 1909년에 12만 명, 1910년에 112만 명이 하나님께로 돌아왔습니다. 세계 부흥역사상 유례가 없는 일이었습니다. 성령의 역사 뿐 아니라 기적과 축귀 등 성령의 역사가 가장 많이 일어난 부흥이었다고 평가합니다.

이때 부흥 주역들이 부흥회 때마다 불렀던 찬양입니다.

길선주 목사는 **"성신이여 강림하사"**, 주기철 목사는 **"영문밖에 길, 서쪽 하늘 붉은 노을"**, 이후 해방 시점에 손양원 목사는 **"주님고대가, 낮에나 밤에나 눈물 머금고"**가 유명합니다.

5) 현대의 주요 부흥과 찬양
① 빌리그래함

1980년대 빌리그래함을 중심으로 일어난 운동을 4차 대각성 운동이라고 합니다. 빌리그래함은 철저하게 복음 메시지 운동을 펼쳤으며, 1,000만 명을 주님께로 인도했다고 합니다. 한국에서도 여의도 광장에서 100만 명이 모여 한국 교회 부흥과 전도를 위해 기도합니다. 이때 10만 명의 선교사들이 헌신합니다. 그 헌신에 힘 입어 지금은 한국 교회가 세계 2위의 선교사 파송 국가가 되었습니다.

② 로제 수사의 테제공동체

테제 공동체의 찬양의 특징은 그 동안 성령운동과 달리 명상이나 묵상을 통한 성령의 만지심을 기대한다는 점입니다.

"하나님께로 더 가까이", **"거룩한 땅에"**, **"주님과 같이"**, **"할렐루야송"** 등의 찬양을 악보가 없어도 부를 수 있게 편곡하여 깊이 하나님께 나아가게 합니다. 때론 찬송이 하나님께 나아가는데 도움이 되지만 찬송이 하나님께 나아가는데 방해를 할 수 있다고 생각하기 때문입니다. 예배가 '찬송이 목적이냐?', '하나님을 만나는 것이 목적이냐?'의 질문에 '찬송이 아니라 하나님을 만나는 예배의목적이다'는 답을 제시한 운동이 테제 공동체의 예배 운동입니다.

테제 공동체는 쉼과 묵상, 나눔을 통해 일상에 지친 세계의 청년들이 프랑스 테제로 몰려들었습니다. 테제 공동체를 통해 느낀 것은 예배의 형식보다 예배의 본질에 집중하면 성령의 역사가 일어난다는것을 하나님께서 직접 체험케 하는 운동이라 생각합니다. 우리나라도 하스데반 선교사의 "침묵의 기도"를 통해 소개되었습니다.

③ 호주의 힐송
힐송 음악은 현대의 젊은이들에게 현대 음악에 맞는 또 다른 찬양의 방향성을 제시했습니다.

힐송 음악의 특징은 첫째 뛰면서 찬양할 수 있는 '기쁨의 찬양'이라는 것과 기도를 깊이 할 수 있는 '프리 워십'이 특징이라 할 수 있습니다. 달린 첵이라는 여성 리더를 통해 세계 예배를 전혀 새로운 각도로 바꾸었습니다. 호주 힐송 워십은 새로운 곡이 나오면 바로 호주 음악차트에 1위를 석권했고, 일반 대중이 세상의 음악보다 교회 음악을 더 좋아하게 하는 사례를 남겼습니다.

'온 땅이여 주님께 외쳐라', '위대하신 하나님', 'one way', 'glory', '주 품에', 'worthy is the lamb' 등이 유명합니다.

④ 우리나라의 부흥 사례
우리나라 최근 부흥 사례는 조용기 목사가 여의도순복음교회를 통해 보여 준 구역 부흥과 성령의 치유사역입니다. 이를 통해 여의도 순복음교회는 70만 성도가 되었습니다. 한 교회 교인이 70만이 된 첫 사례로 교회

대형화에 영향을 미쳐서 한국에 세계 10위 교회가 다 있을 정도로 세계 교회에 한국 교회가 영향을 미쳤습니다.

이때 전국의 마을마다 교회가 안 생긴 곳이 없을 정도로 한국교회는 부흥을 맞이합니다. 산자락마다 기도하는 사람들이 가득했고, 교회마다 한 해에 두 번은 부흥회를 하였는데 부흥회 한 번에 교회 하나가 탄생할 정도였습니다. 이때 한국 교회를 성령의 도가니로 몰아넣었던 찬양들이 **"불길 같은 성신여"**, **"빈들에 마른 풀 같이"**, **"울어도 못하네"**, **"예수 십자가에 흘린 피로서"** 등입니다. 이때 저녁에 모이면 저녁 내내 찬송가 1장부터 끝장까지 불러야 잠이 들곤 했습니다.

조용기 목사가 직접 작사 작곡 한 곡이 유명한데 **"갈보리 십자가에"**, **"얼마나 아프셨나?"** 등 십자가 찬양이 유명합니다.

후에 하스데반선교사가 찬양과 기도회가 겸하여진 '경배와 찬양'을 통해 한국 청년들에게 기도의 불씨를 일으킵니다.

⑤ 그 외 세계의 부흥 사례
싱가폴의 FCBC와 CHC의 셀 교회 부흥이 전 세계에 영향을 미쳤고, 셀(구역)과 함께, 예배 형식의 변화를 가져왔습니다. 예배 형식에 매여있던 예배를 성령의 임재에 따라 드리는 예배 형태로 바뀌었습니다.

아프리카의 본케 목사는 집회할 때 아프리카의 각 나라에서 100만 명 이상 사람들이 몰려들었습니다. 나이지리아에서는 170만 명이 모였습니다. 본케 목사가 강단에 들어가기 힘들어서 헬기를 타고 강단에 내릴 정도로 집회마다 성령의 역사가 강하게 나타났습니다. 치유의 역사와 회개의 역사도 강하게 나타났습니다.
마지막으로 중국의 부흥입니다. 마오쩌둥에 의해 기독교가 중국에서 추방당한 이후 중국의 기독교는 씨가 마른 줄 알았습니다. 그런데 카터 대통령 이후 미국, 영국, 한국 등에서 끊임없이 선교 활동을 펼친 결과, 중국의 선교 문이 잠시 열렸는데 세계가 놀라지 않을 수 없습니다. 마오쩌둥 당시 1,000만이었던 기독교인이 추방과 순교를 당하고 거의 없어진 줄 알았는데 지하교회 성도가 1억이 넘는다는 발표가 나왔습니다. 그리고 중국 교회의 찬송 중에서 100절이 넘는 찬송가가 많다고 하니 성령의 역사는 음악의 스타일과 관계없이 영과 진리로 예배하는 곳에 임함을 중국의 교회 역사를 통해 드러났다고 봐야 합니다.

그 중에 윙 형제라고 하는 목사가 꿈에서 보고 펼쳤던 "백투더 예루살렘"은 전세 계의 거의 선교단체의 꿈이 되었습니다.

6) 미래의 부흥은 이슬람과 이스라엘 부흥

미래의 부흥은 이슬람을 향하고 있습니다. 단기선교를 갔다 온 사람들

▲ 1973년 서울 여의도광장에서 열린 '빌리 그레이엄 목사 한국 전도대회'의 모습.

라인하르트 본케
Reinhard Bonnke

1940년생
독일-미국 부흥사
'아프리카 선교의 살아있는 전설'

이나 선교사들의 한결같은 고백은 강력한 Is, 보코하람 같은 이슬람 단체도 있지만 이미 문화가 열려있는 온순한 이슬람들 사이에 복음이 들어가고 있으며 급속도로 복음이 퍼지고 있다고 합니다. 무엇보다도 한국 사람들을 집에 초대하기 위해서 경쟁할 정도로 한국 문화가 세계 선교에서 큰 일하고 있습니다. 큰 집회보다도 집을 방문하여 복음을 전하고 세족식을 하는 방법을 통해 복음을 많이 영접하고 있습니다. 그리고 이스라엘과 이슬람의 화해 모드가 이슬람·유대 연합집회를 통해 이루어지고 있습니다. 그 중에 한국의 찬양들이 큰 역할을 하고 있습니다. "축복송"과 "아주 먼 옛날"은 아랍어나 히브리어로 번역되어 불리고 있습니다.

5. 성령강림절을 보내는 법

성경에 보면
1) "기도에 전혀 힘쓰더라" 즉 기도에 힘쓰면서 위로의 성령을 체험하고
2) 오순절에 시내산에서 십계명을 받은 날이니 만큼 말씀을 깊이 묵상하고
3) 오순절을 통해 전도가 시작되었듯이 주위 사람들을 전도하고
4) 금식 기도가 흉악의 결박을 풉니다.
그래서 작정금식기도를 하면서 성령의 임재를 경험하는 것이 좋습니다.

이스라엘의 추석, 초막절 찬양
하니의 "행복"

1. 하니의 '행복'에 대해

행복

"화려하지 않아도 정결하게 사는 삶,
가진 것이 적어도 감사하며 사는 삶
내게 주신 작은 힘 나눠주며 사는 삶,
이것이 나의 삶의 행복이라오

눈물 날 일 많지만 기도할 수 있는 것,
억울한 일 많으나 주를 위해 참는 것
비록 짧은 작은 삶 주 뜻대로 사는 것, 이것이 나의 삶의 행복이라오
이것이 행복 행복이라오, 세상은 알 수 없는 하나님 선물
이것이 행복 행복이라오, 하나님의 자녀로 살아가는 것
이것이 행복이라오"

우리는 언제 정말 행복을 느끼는 것일까요? 사실 우리는 행복하기 위해 사는 것 같습니다. 직장도 행복하기 위해 다니고, 결혼도 행복하기 위해합니다.

문제는 행복하지 않을 때가 많다는 것입니다.

이제는 좀 알려졌지만, 이 곡을 부른 하니(본명 강한이)도 무명 CCM가수입니다. 이 곡을 작곡한 손경민 전도사도 무명의 작곡가입니다.

참 힘든 시기에 작곡한 곡입니다. 사역자 중에 후원도 많고, 이름이 알려지면 그런 대로 살아 갈 수 있습니다. 그러나 더 많은 사역자들은 정말 힘들게 살아갑니다. "이렇게 사역을 계속 감당해야 하나" 의문점이 들 때가 많습니다.

이 세상엔 정말 빛도 없이 이름도 없이 하나님께 목숨 걸고 하나님 사역하는 사람들이 많습니다. 무명의 찬양 가수들, 산간벽지의 목사들, 외국의 선교사들, 그리고 우리나라 97%의 교회가 100명 이하의 교회라고 합니다. 제가 아는 후배도 전주에서 개척 교회를 하는데 동탄, 수원까지 다니면서 막노동을 하며 목회를 하고 있습니다.

그리고 이 시대를 사는 청년들, 가장들, 주부들이 모두가 다 힘든 것 같습니다.

"세상이 이렇게 불공평한가?" 라고 불평이 들 때, 그때 이 찬양을 들어보시기 바랍니다. 이 찬양이 위로가 됩니다. 지금 우리가 하는 사역의 이유를 주님께서 조용히 말해 주는 것 같습니다.

저는 1절을 부르다 눈물이 났습니다.
"화려하지 않아도 정결하게 사는 삶, 가진 것이 적어도 감사하며 사는 삶 내게 주신 작은 힘 나눠주며 사는 삶, 이것이 나의 삶의 행복이라오"

2절을 부르다가 통곡이 나왔습니다.
"눈물 날 일 많지만 기도할 수 있는 것, 억울한 일 많으나 주를 위해 참는 것
비록 짧은 작은 삶 주 뜻대로 사는 것, 이것이 나의 삶의 행복이라오"

하니의 '행복'은 우리에게 진정한 행복을 일 깨워주는 아름다운 찬양입니다.

2. 이스라엘의 행복은 추석 초막절

초막절에 대해

이스라엘 민족은 한 해에 세 번 추수감사제를 드립니다.
첫 번째 추수 감사절은 초실절로 3-4월 쯤 유월절 안식일 다음 날에 첫 수확한 보릿단을 바치는 절기가 있고, 두 번째 추수 감사절은 맥추절이라 하여 초실절로부터 50일째가 되는 날로 5-6월 달에 오순절이라고 하여 첫 수확한 밀을 봉헌하는 절기가 있습니다. 그리고 마지막 추수 감사절로 유대인의 추석 명절이자 추수감사절인 9-10월 쯤에 초막절이 있습니다.

유대인들의 추석 명절인 초막절을 '숙콧'(Sukkot)=초막이라 부릅니다. 다만 유대 달력의 윤달인 '제2 아달' 월이 있는 달이면 우리보다 한 달 뒤진 달 보름에 유대월력인 티쉬리월 15일부터 21일까지 7일 간의 축제로 성대하게 지킵니다.

초막절의 첫 째 날은 가족들과 초막을 짓고 가족 예배을 드리고, 두 번째 날과 마지막 날에는 특별한 예배가 거행되며 전통적인 성결의식이 행하여집니다. 따라서 처음 이틀간은 일할 수 없습니다. 또 각 가정과 회당에서는 매일 아침 간략한 예식이 행하여집니다. 오른손에는 버드나무로 연결한 종려가지를 들고, 왼손에는 이스라엘 소산의 아름다운 과일인 시트론을 들고 축복서가 낭송되며 그 후 그것을 동쪽을 향해서 흔들고, 남쪽, 서쪽, 북쪽, 그리고 위와 아래에서 각각 흔드는 요제를 드립니다.

초막절 첫날에 이스라엘 사람들은 초막(숙콧)을 짓고, 과일로 장식하며 식탁과 의자 등을 설치합니다. 초막은 대개 천으로 만들며 바닥은 널빤지를 지붕은 나뭇잎과 가지들을 이용하여 만듭니다. 초막을 짓는 이유는 조상들이 애굽 땅에서 탈출하여 광야(사막)에서 40년간 천막생활 했던 것을 상기하기 위한 것입니다. 유대인들은 이 7일간 초막에 촛불을 켜놓고 절기 음식을 먹으며 노래하거나 대화를 나눕니다. 여건이 허락하는 한 초막에서 먹고 자면서 최대한 오랜 시간을 보냅니다.

신명기에 보면 광야의 초막에 사는 이스라엘 백성에게 이야기합니다.

"너는 행복 자로다"

하나님 눈으로는 이스라엘이 광야에서 행복했다는 것입니다. 이 초막에 사는 이스라엘을 향해 행복하다니 무슨 말일까요?

3. 초막절이 주는 행복의 의미

저는 두 가지 의미가 있다고 생각합니다. 가난한 광야생활을 체험해 보면 '지금 우리에게 주신 것이 얼마나 큰 행복이냐?'는 것입니다.

두 번째 의미가 더 중요합니다. 현대 문명을 다 끊고 나면 진짜 행복이 무엇인지 알게 되고 체험하게 된다는 것입니다. 하나님은 진짜 행복을 알고 있습니다.

핸드폰 없는 삶, TV 없는 삶, 전기 없는 삶, 가스렌즈 없는 삶이 어떨까요? 불행할까요?

그런데 신기한 것은 그 초막절 때 유대 가정들은 웃음이 넘칩니다. 행

복이 넘칩니다. 진짜 하나님께서 주신 행
복을 체험하는 것입니다. 관계의 행복, 같
이 음식을 준비하는 행복, 음식을 나누는
행복, 그리고 한 해 동안 함께 해 주신 하
나님의 은혜를 나누는 진정한 행복을 체
험하게 됩니다. 가족들이 말씀을 나누고
한 해 동안 겪은 삶을 말씀으로 해석하면
서 누리는 깨달음은 그들에게 참 행복을
갖게 했고, 출애굽부터 3,000년 동안이나
초막절을 지속하게 하는 힘이었습니다.

우리는 성경에서 초막절을 어떻게 지내는 지 알고 있지만, 성경대로 추
수감사절을 지내지는 않습니다. 그래서 정말 하나님께서 주신 행복을 체
험하진 못하는 것 같습니다.

이스라엘에 가면 나욧 거리의 메아 쉬아림(100개의 문이라는 뜻)라고
있는데 유대인 촌이 있습니다. 거기 초막절에 가보면 베란다마다. 텐트가
쳐져 있는데 정말 멋집니다. 방엔 전기 대신 촛불을 켜는데 그 불빛과 함
께 새어져 나오는 것은 초막의 불빛과 함께 웃음소리가 온 사방을 뒤덮습
니다.

우리는 추석 때 크리스천이지만 가정예배지를 통해 예배를 잠깐 드리
고 나머지는 세상 사람들처럼 보냅니다.

그런데 유대인들은 출애굽 후 3,000년이 넘는 세월을 지내면서 7일 동
안 할 일을 메뉴얼을 만들었습니다. 마사다, 다윗의 엔게디 동굴로 견학을
가서 예배하고 선조들의 삶을 나누고, 고스톱 같은 놀이가 아니라 하나님
안에서 7일을 할아버지랑 아버지랑 이야기하면서 보냅니다. 사실 보드게
임같은 게임도 유대인들이 초막에서 보내면서 만들었다고 합니다.

8일에는 쉐미니 앝제렛(제8일째 날의 모임'이란 뜻)을 갖는데, '심핫 토
라'라고 말씀을 깊이 나누는 하브루타 시간을 갖습니다. '심핫 토라'는 '토
라 속에서의 기쁨,' 곧 '말씀을 통한 기쁨'이란 뜻입니다. '심핫 토라'을 통

해 부모와 자녀들은 말씀 공부와 삶의 궁금증을 말씀으로 풀어보고 해석하면서 하루을 보냅니다.

8일은 기독교에서 참 의미가 깊은 날입니다. 바로 주님께서 부활하신 날로 초대교회에서의 '주의 날'로 주일 예배가 시작되기도 합니다. 초대교인들이 이 초막절을 지킨 기록이 나오는데 이 8일째 날 유대인과 이웃 이방인들을 초대해서 모닥불을 피워 놓고 별을 쳐다보며 참다운 행복해 대해 이야기했다고 합니다.

3. 행복에 대한 2행시

가스펠 산책

크리스찬을 대상으로 하는 찬송, 성가, CCM 리퀘스트 프로그[
특별 순서를 마련합니다.

| 알려드립니다 | 청취자세상 | 선곡리스트 | 생방[|

N	MSG
43	살롬~^^ 이뿐 유아님 찬양톡톡 목사님 안녕하세요 오늘도 감사합니다 · · 저도 가스펠산책길에서 처음으로 행복 들었을때 많이 울었답니다ㅠㅠ · · 가스펠 산책 식구들 주님과함께 따뜻하고 기쁨이 넘치고 행복한 명절 보내세요~
42	행:행복이란, 성령님의 만지심과 더불어 복: 복된 우리의 신앙과 또한,돌아오는한 가위가 더욱 꽉 차오르기를요.
41	자녀들과 함께있는 것이 가장 큰 행복인것 처럼. 하나님 품 안에서 가장 행복한 추석명절이 되기를 소망합니다. 행ー행여 상품을 주시려거든~ 복ー복을 나눠 주세요.
40	안녕하세요유아님, 행복한나귀가 되고싶어서 "꿈 자"의 "행복한나귀"를 듣고싶은데 들려주실수있을런지요 수고하세요
39	금당남부교회 이시형 (행)복을 얻으려면, 세상 욕심 다 버리고 (복)스럽고 둥근 모습으로 떠오르는 보름달 마냥, 꽉찬 너그러움으로 함께 살아가기. 어때요?
38	저는 순천 참사랑교회 ㅡ문정심집사입니다 ㅎ
37	행복으로 2행시... 행:... 행복이 무어냐고 물으신다면, 복;... 복음의 소리에 귀기울여 하나님 앞으로 매일 가까이 나아가는것입니다
36	행복 행:함이 있는 그리스도인의 향기가 복:되고 아름다운 이땅 가득 충만한 명절 되기를 원합니다^^

35	아 · 오늘의 주제가 제가 좋아하는 찬양에 관한 것이군요 *찬양이라는 단어만 들어도 제 눈엔 눈물이 고입니다 언제나 오후예배때 하나님을 찬양함으로 그 은혜로 말미암아 일주일을 살아갑니다 오늘 신청곡은 제가 백번도 더 불러본 입니다 사실 제 컬러링도 이곡이예요 들을때마다 떨어져있는 제 아이들이 생각나고 우리 아이들을, 그들의 인생을 아버지께 전적으로 맡긴다고 고백합니다
34	이행시가 금 생각나네요~~ 행 — 행님아~~ 하나님 믿으면 복 — 복 많이 받을거~~ 하나님 믿어봅시다잉~
33	102.1 CBS 방송 고정채널입니다.
32	정답은 기도입니다 국가 보훈처 공무직 보훈섬김이입니다. 14년째 섬김과 봉사로 국가유공자분들을 돌보고 있습니다. 주님의 사랑과 은혜로. 복음 증거 전도 사명 어르신분들 구원받게 하는 최선이 기름이여 감사입니다. 모두 건강 평안 행복 형통으로 힘내세요.
31	기도 기도 기도 .동생이 7년전 암을 치유했는데 또 2차암이 생겨서 온 가족이 마음아파합니다 부디 이 고난이 축복으로 되기를 소망합니다^^
30	기도입니다
29	문제 못들었는데 정답 기도요~~ 감사합니다

추수감사절 찬양 "날 구원하신 주 감사"

♪

1. 추수감사절 때 가장 많이 부르는 찬양 "날 구원하신 주 감사"

날 구원하신 주

날 구원하신 주 감사 모든 것 주심 감사
지난 추억인해 감사 주 내 곁에 계시네

향기로운 봄철에 감사 외로운 가을날 감사
사라진 눈물도 감사 나의 영혼 평안해

응답하신 기도 감사 거절하신 것 감사
해처럼 높으신 감사 모든 것 채우시네

아픔과 기쁨도 감사 절망중 위로 감사
측량 못할 은혜감사 크신 사랑 감사해

길가의 장미꽃 감사 장미꽃 가시 감사
따스한 사랑의 가정 일용할 양식 감사

기쁨과 슬픔도 감사 하늘 평안을 감사
내일의 희망을 감사 영원토록 감사해

이 찬양은 1891년 12월 5일 스웨덴 구세군 회보에 처음 실렸습니다. 노랫말을 작사한 August Ludvig Storm(스톰)은 37세에 척추 장애를 입어 장애인이 됩니다. 스톰은 천국 갈 때까지 하나님께 충성하겠다며 "하나님께 드리는 감사"라고 제목을 붙이고 감사를 찾기 시작합니다. 그리고 첫 가사 "지금 있는 것" 즉 "지금 살아있는 것"를 찾아냅니다. "지금 있는 것"을 찾아내고 나니 다 잃은 것 같은 자신에게 또 다른 있는 것들이 보이기 시작합니다. 감

날 구원하신 주 감사

사가 넘치면 일어나는 현상이 있습니다. 잃어버린 것도 감사하게 된다는 것입니다. 둘째 감사가 참 눈물겹습니다. "주님이 가져가신 것 감사"가 그것입니다. 그리고 32가지 감사를 찾아내며 찬양합니다. 그 찬양이 "날 구원하신 것 감사"입니다. 먼저 스웨덴 찬양으로 가사를 번역해 봅니다.

스웨덴어 가사와 번역

1. Tack min Gud for vad som varit, 지금 있는 것 주께 감사,
Tack for allt vad du beskar. 주님 가져가신 것 감사.
Tack for tiderna som farit, 지나간 시간도 감사,
Tack for stund som inne ar. 지금 이 시간도 감사.
Tack for ljusa, varma varar, 화사하고 따뜻한 봄날 감사,
Tack for mork och kulen host. 울적하고 쓸쓸한 가을 감사.
Tack for redan glomda tarar, 사라진 눈물 감사,
Tack for friden i mitt brost. 내 가슴의 평안 감사.

2. Tack for vad du uppenbarat, 주께서 드러내신 것 감사,
Tack for vad jag ej forstar.. 나 다 알지 못하는 것 감사.
Tack for bon som du besvarat, 응답하신 기도 감사,
Tack for vad jag inte far. 받지 못한 것도 감사.
Tack for livets hemligheter, 영생의 비밀 감사,
Tack for hjalp i nodens stund 궁핍할 때 공급 감사.

Tack for nad som ingen mater, 측량할 수 없는 은혜 감사,
Tack for blodets fridsforbund. 평안의 새가족 주신 보혈 감사.

3. Tack for himmel bla i livet 내 삶에 푸른 하늘 감사,
Tack for moln du strott darpa. 비뿌리는 구름 주심 감사.
Tack for solljus, av dig givet, 주님 주신 광명 감사,
Tack for morkret likasa. 마찬가지 어둠도 감사.
Tack for provningar och strider, 시험과 분투 감사,
Tack for hopp som uppfyllts val. 변치 않는 소망 감사.
Tack for dagen som framskrider, 다가오는 내일 감사,
Tack for hopp som slagit fel. 내일 실패 닥쳐도 소망 감사.

4. Tack for rosorna vid vagen, 장미 꽃 어우러진 환한 길 감사,
Tack for tornet ibland dem. 장미에 가시도 감사.
Tack for resta himlastegen, 가야 할 천국 계단 남은 길 감사,
Tack for evigt tryggat hem. 영원히 안전한 집 감사.
Tack for kors och tack for plaga, 십자가와 고통 감사,
Tack for himmelsk salighet. 천국의 복락 감사.
Tack for stridens klara laga, 불 같은 시련 감사,
Tack for allt i evighet! 모든 것 항상 감사.

이 찬양을 들으며 느낀 점은 "다 있어도 주님을 잃어버리면 다 잃은 것
이지만, 다 잃어도 주님을 잃어버리지 않는다면 하나도 잃어버린 것이 아
니라는 것입니다. 반드시 다시 일어나게 된다는 것입니다. 그리고 하나님
의 섭리를 깨닫고, 깨달은 하나님의 깊은 섭리를 많은 사람에게 나누어 준
다는 것입니다." 이것이 감사의 힘 아닐까 생각합니다.

그리고 스톰은 죽을 때까지 자기 직무를 수행하며 하나님께 감사하며
생을 마감하였습니다. 1910년 Hultman(훌)이 원래의 웨일즈 곡조 대신에
자기가 작곡한 가락에 노랫말을 붙여 부르게 되었고, 1933년 Carl E. Back-

strom이 스웨덴 말로 된 가사를 영어로 옮겼습니다. 그 영어 찬양 가사를 소개합니다.

영어직역

"장미꽃이 만발한 길로 인도하시는 것도 감사,
그러나 그 길에 장미가시가 함께 있더라도 감사.
앞으로 가야 할 천국 계단의 남은 길도 감사,
영원히 안전한 천국 집에서도 감사
(원문엔 한글 가사처럼 '따스한 가정'에 대한 감사가 아닙니다)
일생 동안 겪는 십자가의 고통도 감사,
천국에서 누리게 될 복락도 감사..."

한국에서 부르는 찬양은 문정선씨가 번역을 했고, 개사를 한 부분이 있습니다. 원래 스웨덴어 가사는 4절까지 있었는데, 영어와 한글로 번역된 가사는 3절까지 있습니다. 가사 내용 역시 스웨덴에서 영어로, 영어에서 한글로 넘어오면서 조금씩 달라졌습니다. 작사자의 의도를 정확하게 반영하고 있는 노래는 처음에 나온 스웨덴어로 된 찬양 가사입니다.

2. 추수감사절에 대하여

1) 추수감사절의 유래
구약성서에서 유대인들은 그들의 민족적 경험과 감사의 축제 전통에 따라서 가지고 있는 3대 명절은 모두 감사절입니다. 유월절(Passover)은 민족 해방에 대한 감사절로 기념하였고, 봄의 초실절은 첫 열매의 수확에 대한 감사절입니다. 가을에는 추수하여 곡식을 저장하고 나뭇가지로 집을 지으며 그 안에서 7일 동안 지내는 수장절, 즉 초막절을 지켰습니다. 성경에서 말하는 가을에 하나님께 드리는 추수에 대한 감사제의 의미가 담긴 절기는 초막절입니다. 초막절은 한자어로, 직역하면 풀로 장막(집)을 지으며 기념하는 절기입니다.

초막절의 유래는 이집트 해방 후 모세가 십계명을 받으러 시내산에 올라갔을 때 40일 동안 모세가 내려오지 않자 이스라엘 백성들은 모세가 죽은 거로 생각하고 자의적으로 금송아지를 만들어 경배합니다. 이에 분노한 모세는 가지고 내려오던 십계명을 깨트리고 이스라엘 백성들은 크게 죽임을 당합니다. 이에 모세가 다시 두 번째 십계명을 받으러 시내산에 올라가 40일 동안 있다가 십계명을 가지고 내려왔는데 이는 여호와가 이스라엘 백성들의 죄를 용서하고 다시 십계명을 허락한다는 의미입니다. 자신들의 죄를 용서한 것에 대해 크게 감동을 받은 이스라엘 백성들은 하나님께 감사의 의미로 십계명을 보관할 성막을 짓기 위한 재료를 자발적으로 모으기 시작합니다. 이 성막 재료를 모으던 역사가 초막절의 유래입니다. 이후 이스라엘에서는 초막절에 성막 재료 모으던 것을 기념하고 하나님께 대한 감사의 의미로 산에서 풀이나 나뭇가지 등을 꺾어와 집을 만들어 7일 동안 그 안에 거하며 큰 기쁨 속에 초막절을 지켰습니다.

초막절의 다른 명칭은 수장절, 추수절 등이 있는데 수장절은 곡식을 거두어 저장한다는 의미이고, 추수절은 가을에 곡식 추수함을 기념한다는 의미입니다. 이름만 다를 뿐이지 모두 다 초막절을 가리킵니다. 즉 성경을 기준으로 하나님께 가을 추수에 대해 감사제를 드리는 절기는 초막절입니다. 유대교에서는 지금도 이 초막절을 중요한 명절로 구약 율법에 따라 기념하고 있습니다. 초막절은 오늘날 양력으로 9~10월 경입니다. 하지만 초막절은 기독교에 전해지지 않았습니다. 그 이유는 진짜 구원의 완성이 유월절을 기준으로 하는 것에 있는 것이 아니라 예수님의 십자가에 있기 때문입니다.

후에 기독교에서는 가을 추수를 감사하는 감사절이 미국 청교도들에 의해 생기게 됩니다. 그래서 구약의 초막절을 연구하게 되고 구약의 초막절을 각 나라에 맞게 적용하여 추수감사절이 생기게 됩니다. 그래서 날짜가 유대인의 초막절과 한 달 차이가 있습니다. 현대의 추수감사절의 유래는 1620년경 아메리카 대륙에 정착한 영국 청교도들이 하나님께 감사의 의미로 칠면조를 잡고 예배를 드렸다는 것을 시초로 봅니다.

2) 미국의 추수감사절
미국 뉴욕에 가면 엠파이어스테이트 빌딩이 있습니다. 이 건물은 102층입니다. 그런데 왜 100층이 아니고 꼭 102층으로 지었는가하면 거기에는 이런 유래가 있습니다.

지금부터 379년 전인 1620년의 일입니다. 당시 영국의 왕이었던 제임스 1세는 하나님께서 왕을 세우셨다면서 왕의 권위에 반대하는 사람들을 무조건 잡아 가두었습니다. 이에 견디다 못해 1620년 9월 2일 102명(남자 78명, 여자 24명)의 신교도들은 종교의 자유를 찾아서 메이 훌라워(May Flower)라는 배를 타고 신대륙을 향하여 출발하였습니다. 그리고 약 두 달에 걸친 항해 끝에 1620년 11월 11일 미국의 북쪽 '메사추세츠 주프머리' 항구에 도착하였습니다. 그해 겨울은 유난히도 추웠습니다. 102명 가운데 44명이 그해 겨울에 목숨을 거두었고 가까스로 살아남은 사람들은 한 끼에 옥수수 다섯 알을 먹으면서 겨울을 지냈습니다. 그러나 이들은 낙심하지 않았습니다. 근처에 사는 인디언 추장 사모세트가 씨앗을 주고 농사법을 가르쳐 주어서 황무지를 개간하여 씨앗을 뿌리고 가축을 기르기 시작하였습니다. 하지만 한 해가 지난 다음 거둔 것은 보잘것없는 옥수수 조금 뿐이었습니다. 그러나 이번에도 낙심하지 않고 또 다시 씨를 뿌려서 그다음 해에는 조금 더 많은 수확을 거두게 되었습니다. 그러다가 3년째 되던 1623년에는 농사가 풍년을 이루었습니다. 그래서 기대에 찬 가을을 맞이하고 있었는데, 어느 날 어디서 나타났는지 조그마한 벌레들이 떼를 지어 나타나서는 정성 들여 가꾼 곡식을 사정없이 갉아먹기 시작했습니다. 사람들이 전부 나서서 벌레들을 잡았지만 벌레 떼들은 끝없이 나타났습니다. 도저히 감당할 수가 없었습니다. 모두가 낙심해서 눈물을 흘리며 앉아 있는데, 그 중의 한 사람이 일어나서 이렇게 말했습니다. "여러분, 우리는 모든 것이 갖추어져 있는 고향을 버리고 이곳에 온 것은 풍족하게 살기 위해서가 아니라, 오직 하나님을 잘 믿기 위한 것이었습니다. 그렇다면 우리에게 어려움이 닥칠수록 우리는 더욱 하나님께 의지해야 합니다. 우리가 하나님을 의지하지 않고 우리 힘을 의지하고, 원망과 불평만 늘어놓으니까 이런 일이 생긴 것으로 압니다. 여러분, 오늘 밤에 우리 다 한자리에 모여서 하나님께 밤새워 기도합시다!". 그래서 그들은 한 자리에 모여서 밤을 새워서 하나님께 기도했습니다. 이튿날 아침, 그들은 기대를 가지고 밭에 나가 보았습니다. 그러나 기대와는 달리 벌레 떼들은 여전히 곡식을 갉아 먹고 있었습니다. 이젠 눈물도 마르고, 기력도 없고, 모두가 그냥 주저앉아 넋을 놓고 있었습니다, 이때 놀라운 일이 생겼습니다. 갑자기 어디선가 참새 떼가 까맣게 하늘을 뒤덮으면서 날아왔습니다. 그러더니 밭에 내려와서는 벌레들을 한 마리 남기지 않고 모두 다 잡아먹어 버렸습니다. 하나님께서 그들의 기도를 들으시고 놀라운 은혜를 베풀어 주셨습니다. 이때 저들은 깨달았습니다. "우리가 하나님께 감사하는 마음이 없었습니다. 힘들고 어렵다고 해서 원망과 불평만 하고 살았습니다. 이제부터라도 하나님께 감사를 드려야 하겠습니다." 그래서 모든 사람이 한자리에 모여서 그들이 첫 추수한 햇곡식과 채소를 하나님께 올리는 제단을 쌓았습니다. 추수감사예배를 드리고 이웃의 인디언들을 초청하여 함께 즐거워하며 축제를 열었습니다. 인디언들이 초청받았을 때 칠면조를 구운 요리와 호박파이를 가지고 왔기 때문에 그 유래로 칠면조를 구운 요리와 호박파이는 미국의 추수감사절 요리가 되었습니다. 이것이 오늘날 우리가 지키는 추수감사주일의 기원입니다. 그 뒤 추수감사절은 17세기 말 코네티컷 주와 메사추세츠 주의 연례적인 성일로 정착되었고, 서서히 다른 지역들로 퍼져 나가기 시작하였습니다. 신대륙의 한 귀퉁이에서 치러졌던 감사의 축제가 오늘까지 이어져 미국인들의 가장 큰 명절로 자리 잡게 되었으며 현재는 매년 11월 넷째 주 일요일을 추수감사절로 지키고 있습니다.

그래서 처음 영국을 떠나올 때 메이 홀라워호를 타고 왔던 102명의 사람이 누구인지, 지금은 그 이름을 알 수 없습니다. 그러나 그들의 후손들은 하나님께 감사하는 마음을 자신들에 심어준 102명의 선조들을 기념하는 뜻에서 102층의 건물을 지었습니다. 그것이 엠파이어스테이트 빌딩입니다.

3) 우리나라의 추수감사절
　성경의 추수감사절은 초막절입니다. 이 시기에 추수가 되어 여러 가지 음식을 가족끼리 나누는 것이 성경적인 추수 감사절이라면 우리나라의 추수 감사절은 한 해의 곡식을 추수하고 하나님께 드리는 감사절입니다. 이렇게 보면 추석이 개인적으로는 추수 감사절이 아닌가? 생각해봅니다.

　우리나라의 추수감사절은 11월 셋째 주로 지키는데 그 유래는 우리나라 개신교 선교사인 원더우드, 아펜젤러 선교사 가족과 일행이 입국하고 감사 예배를 드린 날로 기준으로 해서 정해졌습니다. 그래서 다소 늦은 감이 있지만, 복음의 추수가 시작되었다는 점에서 큰 의미가 있습니다.

성탄특징1.
크리스마스 캐럴의 유래와 베스트 10

♪

1. 캐럴의 유래

캐럴이란 단어의 유래를 살펴보자면 원래는 'choraulein'이라는 켈트어 +그리스어+라틴어가 결합된 단어로 춤(choros)과 피리(Aulien)의 이름에서 비롯된 말입니다. 정리해 보면 "캐럴은 춤과 피리를 불며 기쁨으로 부르는 찬양"을 말합니다. 그래서 캐럴을 부르면 왠지 즐겁고 행복한 것입니다.

서기 129년, 로마의 총독 텔레스 포러스가 교회에 모여든 신도들에게 <존귀하신 하나님께 영광을 돌리세> 라는 노래를 알려주며 신도들에게 부르게 한 것이 시초가 되어 16세기에는 종교개혁과 함께 새로운 버전의 곡들이 등장하였고, 17세기 후반에는 널리 전파되어 교회가 아닌 가정에서도 마음껏 불리게 되었답니다.

그러나 요즘은 거리에 나가봐도 도무지 캐럴이 들리지 않습니다. 크리스마스의 행복한 분위기가 느껴지지 않습니다. 며칠 전 우연히 본 TV에선 더 이상 '캐럴'이라 하지 않고 '시즌송'이라고 명명하는 것을 보고 여러 가지 생각을 하게 되었습니다. 이제는 종교적인 음악을 거리에서 법적으로 틀 수가 없습니다. 상점에서도 외부 스피커로 틀어 놓았던 캐럴을 이제는 들을 수가 없습니다.

"기쁘다 구주 오셨네 만백성 맞으라♬"

불과 십여 년 전만 해도 크리스마스 시즌만 되면 거리에선 캐럴송이 울려 퍼지고 한쪽에선 크리스마스 카드를 판매하기도 하였습니다. 이젠 사라진 풍경입니다. 캐럴을 들으면서 설레는 마음으로 크리스마스를 기다렸던 기억이 있습니다. 이 설레는 마음이 그리워지는 계절입니다.

2. 크리스마스 캐럴 베스트 10

1) 미국 네티즌의 인기투표로 정하는 캐럴 베스트 '10'
미국 네티즌들은 어떤 캐럴을 즐겨 들었을까?
'톱텐스(www.thetoptens.com)에서 크리스마스 캐럴 베스트 10을 선정했습니다.

캐럴 베스트 10

① 1위는 "징글벨락(Jingle Bell Rock)"-Bobby Helms
이 곡은 1957년 10월 바비 헬름스(Bobby Helms)에 의해 불려집니다. 미국의 대표적인 크리스마스 캐럴송으로 많은 이가 이 노래를 불렀으나 바비 버전이 가장 널리 알려져 있습니다.

곡명이나 가사는 크리스마스 캐럴의 뿌리인 "징글벨"을 토대로 합니다. 크리스마스 날이면 방송사마다 틀어대던 영화 <나홀로 집2(Home Alone2 O.S.T)>에도 이 곡이 나옵니다. (Helms' original version charted at No. 13 on Billboard's Most Played C&W by Jockeys chart)

② 2위는 머라이어 캐리 "All I Want for Christmas is You"

가사의 의미

I-I-I don't want a lot for Christmas
아 아 아이 돈 원트 어 랏 포 크리스마스

난 크리스마스에 많은 걸 바라지 않아요

There is just one thing I need
데어 이즈 저스트 원 씽 아이 니드
내가 원하는 게 딱 하나 있어요

I don't care about the presents
아이 돈 케어 어바웃 더 프레젠츠
난 선물들은 관심 없어요

Underneath the Christmas tree
언더니스 더 크리스마스 트리
크리스마스 트리 아래에서

I just want you for my own
아이 저스트 원트 유 포 마이 오운
나만의 당신이길 원해요

More than you could ever know
모어 댄 유 쿠드 에버 노우
당신이 알 수 있는 것보다 더

Make my wish come true
메이크 마이 위시 컴 트루
내 소원이 이루어지게 해 주세요

All I want for Christmas is you, yeah
올 아이 원트 포 크리스마스 이즈 유, 예
내가 크리스마스에 원하는 것은 당신 뿐이예요.

2절 가사 중에 보면
"난 크리스마스에 많은 것을 원하지 않아요.
내가 바라는 게 딱 한 가지 있어요.
선물들에는 관심이 없어요.
난 내 양말을 걸어놓을 필요가 없어요.
산타클로스는 날 행복하게 하지 못할 거예요.
크리스마스 날에 장난감으로는"

　이 캐럴 가사를 보면 크리스마스 선물, 양말 걸어 놓은 것, 그런 것으로
행복하지 못할 것을 이야기합니다. 그러면서 크리스마스에 원하는 것은
당신뿐이라고 캐럴을 마무리합니다. 진정한 사랑을 원하는 현대인들의 갈

증을 이야기하고 있습니다. 여기서 당신은 누구일까요? 소원을 이루어지게 해달라는 말을 봐선 인간은 아닌 것 같습니다. 바로 예수님을 이야기하지 않나 싶습니다. 이 캐럴이 많은 사랑을 받는 것은 크리스마스의 본질을 노래하기 때문이라고 생각합니다.

③ 3위는 "Waiting for Christmas"

④ 4위는 "Silent Night - Josh Groban"
오스트리아의 교회 음악가 프란츠 그루버와 가톨릭 사제인 요제프 모어가 곡을 만들었습니다. 온 세계 기독교 신자들은 물론, 비신자들까지도 즐겨 부르는 캐럴송입니다. 한국에서는 1950년경부터 보급됐습니다.

1800년대 오스트리아의 음악 도시 찰스부르크에서 약 20km 떨어진 오베른도르프(Oberndorf)라는 조그마한 마을에 그루버와 모어 신부가 1818년 크리스마스 축제를 축복이 가득한 성탄 전야로 마을 사람들을 기쁘게 해주기 위해 모든 사람이 조용하게, 크리스마스를 맞이하여 부를 수 있는 노래를 만들었습니다. 그는 그동안 해마다 크리스마스 때가 되면 느꼈던 감정을 토대로 "고요한 밤 거룩한 밤(Stille Nacht Heilige Nacht)"으로 시작되는 노랫말을 만들었습니다. 1절은 다음과 같습니다.

가사의 의미

고요한 밤 거룩한 밤. Stille Nacht, heilige Nacht!

어둠에 묻힌 밤. Alles schläft, einsam wacht
주의 부모 앉아서 Nur das traute hochheilige Paar.

감사 기도 드릴 때 Holder Knabe im lockigen Haar,
아기 잘도 잔다. Schlaf in himmlischer Ruh'
아기 잘도 잔다. Schlaf in himmlischer Ruh'

가사는 참 간단합니다. "고요한 밤 거룩한 밤" 그러나 그 시대 배경을 알면 의미가 깊습니다. 1차 대전의 소용돌이 속에 고요한 평화를 원하는 세계인의 소원이 담겨져 있습니다. 전쟁의 포화 속에서 아기가 자라기 힘든 시대였습니다. 바로 그런 분위기가 예수님께서 세상에 오실 때였습니다. 그래서 평화를 사모하는 이 땅의 소원이 담긴 노래라 크리스마스에 가장 많이 불리는 곡으로 유명합니다.

"고요한 거룩한 밤"의 또 다른 사연

제1차 세계 대전이 발생 중인 1914년 12월 24일 크리스마스이브에 벨기에의 '이프르'에서 영국과 독일 간의 전쟁 중 독일군의 한 병사가 크리스마스 캐럴인 '고요한 밤 거룩한 밤'을 불렀는데, 이를 들은 영국 군사들이 환호하자 독일군이 노래를 다 끝마친 후 독일군 장교가 나와 영국군 하사와 악수를 하여 정전을 맺게 됩니다. 이를 크리스마스 정전이라 합니다.

⑤ 5위는 "White Christmas"
하얀 눈에 덮인 크리스마스에의 동경과 꿈을 낭만적으로 그린 이 곡은 1942년 어빙 벌린이 작사, 작곡한 것으로 빙 크로스비가 1942년에 노래해서 차트 정상에 올랐던 크리스마스 캐럴송 중에서 가장 높은 인기를 얻고 있는 작품입니다. 이 노래는 3천만 장이 넘는 레코드 사상 최고의 판매량을 기록하여 기네스북에 오르기도 했습니다.
(※ I Wish You A Merry Christmas 도 포함)

⑥ 6위는 "Rudolph the Red Nose Reindeer"
'루돌프 사슴코'만큼 한국인이 사랑하는 캐럴송이 또 있을까 생각해 봅니다. 원제는 '루돌프 빨간코의 순록(Rudolph the Red-Nosed Reindeer)'. 빨간 코가 노래의 포인트입니다. 일본에서는 "새빨간 코의 루돌프 사슴은, 언제나 모두의 웃음거리(まっ赤なお鼻のトナカイさんは いつもみんなの わらいもの)"로 시작합니다. 미국과 일본 가사에는 모두 '빨간'이란 말이 들어있는데 우리 가사엔 빠져 있습니다.

"루돌프, 빨간 코의 순록"은 실화입니다. 1939년 미국 시카고의 통신 판매사 몽고메리 워드에 근무하는 로버트 메이(루돌프)가 회사의 선전용 아동서 《Rudolph the Red-Nosed Reindeer》를 만든 것이 기원입니다. 이 책에 근거, 1948년 뉴욕 태생의 미국인 작곡가 죠니 마크스가 작사·작곡, 1949년에 진 오트리가 불러 히트를 칩니다.

당시 레코드가 200만 장 팔렸고, 빌보드차트 1위를 기록했습니다. 일본에선 1959년에 번역됐고 이후 한국에도 소개됩니다. (영남대 최재목 교수의 <산타클로스 · 코카콜라 · 레드컴플렉스를 생각하다> 참조)

⑦ 7위는 "Do They Know Its Christmas - Band Aid"
영국 팝 뮤지션들이 의기투합해 만든 곡입니다. 에티오피아 난민을 돕기 위한 기금 마련을 위해 만들었습니다. 1984년 12월 3일 영국에서 처음 공개 되었습니다. 영국 싱글 차트에서 가장 빨리 판매된 앨범으로 기록돼 있습니다.

1984년 그해에만 300만 장 이상이 판매됩니다. 그전에 갖고 있던 폴 매카트니의 기록(Wings's "Mull of Kintyre" as the biggest-selling single of all time in the UK)을 깨뜨렸습니다.

밥 겔도프, 조지 마이클, 보노(U2), 폴영, 필 콜린스, 듀란듀란, 보이 조지(컬처 클럽), Kool & the Gang, Ultravox, 등 당대 최고 뮤지션이 참여했습니다.

⑧ 8위는 "Last Christmas - Wham!"
이 곡을 부른 2016년 12월 25일 팝스타 조지 마이클(George Michael, 1963~2016)이 53세 나이로 사망했습니다. 사인은 심부전증입니다.

그의 미성(美聲)은 누구도 흉내 내기 어려워서 '따라 부르기 힘든 가수'로 손꼽혔습니다. 또 런던 출생의 백인이면서 흑인 감성이 묻어나는 R&B의 '완급'까지 소화할 수 있는 성량을 타고났습니다. 한국인에게 특히 사랑

받았던 곡이 바로 'Last Christmas'입니다. 조지 마이클이 크리스마스 날 세상을 떠났다는 사실이 아이러니합니다.

⑨ 9위는 "Jingle Bells"
1857년 보스턴의 음악가 피어 폰트가 일요학교 학생을 위해 만든 오래된 노래로 2년 후에 이 제목이 붙여져 캐럴의 대표적인 노래로 현재에 이르고 있습니다.
이 노래는 1943년 페리 코모와 빙 크리스비가 불렀고 이후 크리스마스 때면 언제나 불리고 있는 곡으로 큰 인기를 끌었습니다.

현재는 세계 어린이들에게 크리스마스 노래로서 애창되고 있으며 독창곡·합창곡·기악곡·관현악곡 등으로 편곡되어 널리 연주되고 있습니다.

가수라 하는 사람들치고 이 노래를 부르지 않은 가수는 없을 정도라는 것입니다.

⑩ 10위는 "Santa Claus Is Comin' To Town - Mariah Carey"
'Santa Claus Is Comin' to Town'은 존 프레드릭 코트와 헤븐 길레스피가 작곡했습니다. 1934년 11월 한 라디오 쇼에서 공개됐습니다. 공개되자마자 50만 장 이상이 팔려 나갔습니다. 하루 동안 3만 장이 팔렸다는 기록도 있습니다. 이 노래는 200명 이상의 아티스트들이 불렀을 정도였습니다. 브루스 스프링스턴, 프랭크 시나트라, 마이클 잭슨이 어린 시절 참여했던 잭슨5, 크리스탈스(The Crystals) 등이 불렀고 그중에서도 머라이어 캐리가 부른 버전이 대중적으로 가장 많은 사랑을 받았습니다.

가사의 의미

You better watch out (넌 조심하는 게 좋을 거야.)
You better not cry (넌 울지 않는 게 좋을 거야.)
You better not pout I'm telling you why (넌 삐쭉거리지 않는 게 좋을

거야. 내가 그 이유를 알려 줄게.)

Santa Claus is coming to town (산타클로스가 우리 마을에 오시거든.)
He's making a list (그는 목록을 만들었어.)
He's checking it twice (그는 두 번이나 체크를 하지.)
He's gonna find out Who's naughty or nice
　　　(그는 누가 나쁜 애인지 착한 애인지 찾아낼 거야.)

Santa Claus is coming' to town (산타클로스가 우리 마을에 오신데.)
He sees you when you're sleeping (그는 너가 언제 자는지도 알고 있어.)
He knows when you're awake (그는 너가 언제 깨어있는지도 알고 있어.)
He knows if you've been bad or good
　　　(그는 너가 나쁜 일을 하는지 좋은 일을 하는 지도 알고 있어.)
So be good for goodness sake (그러니까 좀 더 착해지렴.)

So you better watch out (그러니까 넌 조심하는 게 좋을 거야.)
You better not cry (넌 울지 않는 게 좋을 거야.)
You better not pout I'm telling you why
　　　(넌 삐쭉거리지 않는 게 좋을 거야 내가 그 이유를 알려줄게.)
Santa Claus is coming' to town (산타클로스가 우리 마을에 오시거든!)

이 캐럴의 가사를 알고 듣는 사람들은 기쁜 웃음이 아니라 쓴웃음이
납니다. 왜냐하면 부모 입장에서 기록한 가사이기 때문입니다.

"조심하는 게 좋을 거야
울지 않는 게 좋을 거야
삐쭉거리지 않는 게 좋을 거야
산타클로스가 두 번이나 체크를 하지
그러니까 좀 더 착해지렴"

아이들을 착한 아이가 되게 하는 데 이 캐럴이 사용되었습니다.

그런데 착한 것이 이 캐럴 가사와 같을까요? 일찍 자는 아이와 울지 않는 아이는 착하고, 늦게 자는 아이와 우는 아이는 나쁠까요?

크리스마스의 진정한 정신은 우는 아이를 위해서 주님께서 오셨습니다. 비쭉거리는 아이를, 사랑받지 못한 아이를 사랑하러 오셨습니다. 이 캐럴의 경쾌함은 참 좋지만, 가사는 복음적이지 않아서 좀 안타깝습니다.

2) 한국의 크리스마스 캐럴 베스트 10

① 왬의 "Last Christmas"
② 보니 엠의 "Mary's Boy Child/Oh My Lord"
③ 사이먼 앤 가펑클의 "Go Tell It On The Mountain"
④ 존 덴버의 "Rudoph The Red Nosed Reindeer"
⑤ 호세 펠리치아노 "Feliz Navidad"
⑥ 엘비스 프레슬리 "Blue Christmas"
⑦ 밥 딜런의 "Must Be Santa"
⑧ 모던 토킹의 "It's Christmas"
⑨ 마이클 볼튼의 "White Christmas"
⑩ 토니 베넷의 "Winter Wonderland", 아레사 프랭클린의 "Joy To The World"
《한국인이 가장 사랑하는 크리스마스 캐럴 40 중》(소니 뮤직)

3) 베스트 10 이외의 인기 캐럴

① Feliz Navidad(펠리스 나비닫)
해마다 우리나라 크리스마스 시즌에 길 거리에서 울려 퍼지는 캐럴송은 "Feliz Navidad(펠리스 나비닫)" 입니다.

이 캐럴은 1970년에 호세 펠리시아노가 자작곡으로 만들었는데 가사 내용이 단순하고 반복적이어서 아무나 따라 부르기 쉽게 만들어진 곡입니다. 해마다 크리스마스 시즌만 되면 전 세계에서 들을 수 있는 애창곡이 되었습니다.

먼저 가사 내용을 살펴볼 것 같으면 스페인어 부분인 "Feliz Navidad"는 Merry Christmas(메리 크리스마스)라는 뜻이고 próspero año y felicidad" 은 Happy New Year(풍성한 새해 되십시오.) 라는 뜻입니다.

그리고 영어 부분인 "I wanna wish you a Merry Christmas from the bottom of my heart", 는 "진정 내 마음 깊은 곳에서 즐거운 크리스마스를 바랍니다." 라는 내용이다. 이같이 2문장만 외우면 누구나 다 따라 부를 수 있는 곡입니다.

Feliz Navidad (펠리스 나비닫)
즐거운 크리스마스
Prospero Años y Felicidad (쁘로스뻬로 아뇨시 펠리시닫)
새해 복 많이 받으세요~~

호세펠리시아노가 1970년에 처음으로 레코딩한 노래이지만, 단순한 가사 내용과 경쾌한 리듬으로 인하여 40년이 지난 지금까지도 사랑을 받고 있는 캐럴송이며 앞으로도 크리스마스 시즌만 되면 거리에 울려 퍼질 곡이라고 생각합니다.

<Feliz Navidad>펠리스 나비닫

Feliz navidad, Feliz navidad, Feliz navidad
펠리스 나비닫, 펠리스 나비닫, 펠리스 나비닫
Prospero año y felicidad
쁘로스뻬로 아뇨시 펠리시닫

Feliz navidad, Feliz navidad, Feliz navidad
펠리스 나비닫, 펠리스 나비닫, 펠리스 나비닫
Prospero año y felicidad

쁘로스뻬로 아뇨시 펠리시닽

I want to wish you a merry Christmas
아이워너 위시유어 메리 크리스마스
I want to wish you a merry Christmas
아이워너 위시유어 메리 크리스마스
I want to wish you a merry Christmas
아이워너 위시유어 메리 크리스마스
From the bottom of my heart
프럼더 버럼 업 마이 핱.

I want to wish you a merry Christmas
아이워너 위시유어 메리 크리스마스
I want to wish you a merry Christmas
아이워너 위시유어 메리 크리스마스
I want to wish you a merry Christmas
아이워너 위시유어 메리 크리스마스
From the bottom of my heart
프럼더 버럼 업 마이 핱.

② We wish you a merry Christmas

1절
We wish you a merry Christmas × 3
우리는 당신이 좋은 크리스마스를 보내길 바래요

And a happy New Year.
행복한 새해도요

Good tidings to you Wherever you are

어디에 있든지 좋은 명절 되세요.

Good tidings for Christmas And a happy new year,
좋은 크리스마스 휴가 되세요. 그리고 행복한 새해도요.

2절
Now bring us some figgy pudding Now, × 3
무화과나무 열매 푸딩(크리스마스 때 먹는 푸딩)을 가져다주세요

So bring some right here
바로 여기로 가져다주세요
(한 번 더 반복)

어빙 벌린이 작사, 작곡한 곡으로 1940년대 말 냇킹 콜 등이 노래해서
큰 인기를 끌었습니다. 그 외에 포크 트리오 킹스턴 트리오가 60년대 초반
발표해서 잘 알려진 캐럴입니다. 요즈음은 경쾌하게 편곡한 곡들이 주류
를 이루고 있습니다.

③ Silver Bells
어빙 벌린의 대표적인 캐럴송으로 1943년 빙 크로스비가 노래해서 큰
인기를 끌었습니다. 그 외에 노래하는 카우보이로 큰 인기를 끌었던 진 오
트리가 1947년 발표해서 빅 히트를 기록했습니다.

④ Last Christmas
영국 출신 남성 듀오 웸의 1986년 베스트 앨범에 수록된 노래로 인기차
트와 상관없이 국내에서 큰 인기를 끌었던 노래입니다. 크리스마스 캐럴
과 관계는 없으나 제목에 크리스마스가 들어간 이후 10여 년간 꾸준히 사
랑받고 있는 이색적인 노래입니다.

⑤ The Christmas Song

이 노래는 재즈 보컬의 한 획을 그었던 멜 토메가 1946년 발표한 곡으로 크리스마스의 전경을 아름답게 그린 캐럴송의 명곡입니다. 1950년 냇 킹 콜이 노래해서 잘 알려진 이 노래는 이후 많은 가수들이 리메이크한 곡입니다.

⑥ Blue Christmas
록큰롤의 황제 엘비스 프레슬리도 여러 크리스마스 캐럴을 노래했고, 또한 캐럴 앨범을 내놓기도 했는데, 그중 창작곡으로 소개된 이 노래가 크리스마스 시즌이면 언제나 애청되고 있습니다.

⑦ The Little Drummer Boy
편곡자 겸 합창단 지휘자로서 활약했던 해리 시메온이 1958년에 내놓은 캐럴송의 대명사로 불려지고 있는 노래입니다. 이 노래는 자신의 합창단 이름으로 1958년 발표되어 1962년까지 계속 빌보드차트에 오르는 이색적인 기록을 갖고 있습니다.

⑧ Oh Little Town Of Bethlehem
18세기 성직자 찰스 웨슬리에 의해 소개된 이 노래는 현대 캐럴송에서 빼놓을 수 없는 대표적인 캐럴송입니다. 국내에서는 비엔나, 파리 나무십자가 합창단과 가스펠 여성가수 마할리아 잭슨의 노래로 잘 알려졌습니다.

⑨ I'll Be Home For Christmas
백 램과 킴 가논의 1943년 공동 작품으로 빙 크로스비가 노래해서 빅히트를 했습니다. "크리스마스에는 우리 집에 돌아갑니다"란 내용을 담고 있는 이 노래는 도리스 데이, 카펜터스, 그리고 1994년 피보 브라이슨과 로버타 플랙의 듀엣 작품으로 널리 알려진 노래입니다.

성탄특집2. 크리스마스 캐럴 이야기

1. 크리스마스 아름다운 풍속

1) 박싱 데이(영어: Boxing Day)는 크리스마스 다음 날(12월 26일)을 가리키는 말로, 서구 유럽과 미국에서 지킵니다. 박싱 데이는 전통적으로 가난한 사람들에게 선물과 기부를 하는 날입니다. 선물상자를 의미하는 영어 낱말 'Box'에서 유래했으며, 권투(Boxing 복싱)와는 관련이 없습니다.

박싱 데이의 기원에 대해서는 논란이 있는데, 다음과 같은 주장들이 제기되고 있습니다.

① 수백 년 전에 상인들이 하인들에게 음식과 과일을 크리스마스 팁으로 주었습니다. 자연스럽게 음식과 과일 선물을 상자에 포장되었기 때문에 "박싱 데이"라고 불립니다.

② 봉건 시대에 크리스마스는 대가족이 모이는 날이었습니다. 모든 농노는 영주의 집으로 모였고, 영주가 농노들에게 연금을 주었습니다. 12월 25일의 크리스마스 파티가 끝나면 영주가 자기 땅에 사는 농노들에게 옷, 곡물, 연장과 같은 물건들을 상자에 담아 주었고, 각 농노의 식구들은 크리스마스 다음 날 그 상자를 집으로 가져갔습니다. 이 설명에 따르면 이 행사에는 자의성이 전혀 없었고, 영주는 이런 물품을 제공할 의무가 있었습니다. 물건을 상자에 담아 주었기 때문에 그 날을 박싱 데이라고 불렀습니다.

③ 수십 년 전만 해도 영국에서는 하인들이 크리스마스 다음 날(12월 26일)에 일하러 올 때 고용주에게 상자를 갖고 오는 풍습이 있었습니다.

고용주들은 특별 연말 수당으로 상자에 동전을 넣어줬습니다. 이는 근대의 크리스마스 보너스와 비교할 수 있습니다. 하인들은 동전 상자를 들고 갔으며, 그래서 박싱 데이라 부릅니다.

④ 교회에서는 크리스마스에 헌금함을 열어서 그 돈을 다음 날 가난하고 비천한 주민들에게 주는 것이 전통이었습니다. 이 설명에 따르면 "박스(box)" 또는 "박싱 데이"는 헌금이 남아 있는 거대한 잠금 상자 하나에서 유래했습니다.

⑤ 영국에서는 많은 하인이 크리스마스에 고용주를 위해서 일을 해야 했기 때문에 고용주들이 25일 파티 후 남은 음식들을 상자에 담아 하인들

에 가져가도록 했습니다. 즉, 맛있는 음식이 담긴 상자를 받아오는 날이라는 뜻에서 박싱 데이라로 불리게 되었습니다.

2) 새벽송과 새로운 성탄문화

새벽송은 주님의 탄생을 전하는 참 아름다운 문화였습니다. 새벽송 찬양으로는 "고요한 밤 거룩한 밤", "저 들 밖에", "그 어린 주 예수" 등이 유명했습니다. 교회에서 게임을 하고 놀다가 12시가 넘어 크리스마스가 되면 교우들 집이나 이웃집을 찾아가서 캐럴송을 부르고 "메리 크리스마스"를 외칩니다. 그러면 선물로 과자를 주기도 하고, 집에 들어가서 새해 인사 나누면서 이야기하며 떡국을 먹기도 했습니다. 새벽송을 하는 시간 때는 시대에 따라 변해서 24일 초저녁으로 바뀌다가 요즘은 고성방가로 새벽송을 할 수 없으니 안타깝습니다. 그러나 주님의 탄생소식을 전하고 싶은 교회들은 교회 안의 행사에서 끝내지 말고 세상에서 나아가서 전하고 싶은 열정을 통해 새로운 문화가 탄생하고 있습니다. 그것은 거리캐럴 찬양이나 플래시 몹을 통해 주님 탄생소식을 전하고 있습니다. 어떤 교회에서 크리스마스 성탄 이브 날, 이웃을 초대해서 캐럴송과 아이들의 공연, 파티를 하기도 합니다. 교회의 주님 사랑 열정은 세상이 아무리 찬양을 막는다고 해도 식지 않는 것 같아 너무 행복합니다.

유대땅 베들레헴

2. 우리의 캐럴 장종택 목사의 "유대 땅 베들레헴"

둘째 딸 온유가 2015년 항 NMDA 수용성 뇌염으로 갑자기 쓰러져 2달간 사경을 헤매며 무의식 상태에서 입에 피가 고이고 마우스피스를 끼웠는데 이가 빠질 정도로 고통스러워 하는 모습을 보면서 이 땅에 보내시고 십자가의 고통을 겪으시는 예수님을 보면서 아버지 하나님 모습을 알았다고 합니다. 많

생명과 바꾼

은 기도동역자들이 기도해 주었고 두 달 후에 아이가 깨어나 "예수님, 예수님" 외치는 모습을 지켜보면서 우리가 주님을 부르는 것이 얼마나 값진 대가가 있었는지를 깊이 생각해 보았다고 합니다(동영상이 유튜브에 있으니 보세요).

3. 세계역사 현장에서 성탄 캐럴이 어떤 역할을 했는가?

<오! 거룩한 밤(O Holy Night)>은 마을 성탄 축제를 위해 와인 감식관 "프리시도 카푸"가 마을 신부의 요청으로 작사하고 그의 친구 "아돌프 촬스"가 작곡한 곡인데 아돌프가 유대인이라는 이유로 가톨릭 교회로부터 금지곡이 되었습니다.

오 거룩한 밤

1813년 5월 13일 보스톤에서 출생한 죤 설리반 드와이트(John Sullivan Dwight)목사가 노예폐지를 위해 기도하다가 3절의 "진정으로 그는 우리에게 서로 사랑하라고 가르치셨다. 그의 법은 사랑이요 그의 복음은 평화다. 노예들의 사슬이 끊어질 것이다. 노예는 우리들의 형제이기 때문에. 그리고 그의 이름 안에서 모든 압제가 끝날 것이다."라는 가사에 강한 일체감을 느껴 남부에 있는 노예들에게 부르게 했습니다. 그리스도께서 모든 사람을 자유롭게 하려고 오셨다고 불렸으며 이 노래를 통해서 백인들이 노예 문제와 직면할 수 있었습니다. 그리고 노예의 편이 되어 싸웠습니다.

지금의 오 거룩한 밤은 드와이트 목사가 본래의 의미를 그대로 간직하면서 가사를 영어로 번역한 곡입니다. "오 거룩한 밤"은 금방 미국 전역에 퍼져나갔고 특히 남북 전쟁 중 북쪽에서 널리 불렸습니다.

그 후 근 20여 년이나 금지곡으로 되어 있었으나 프랑코- 프러시안 전쟁 중 프랑스와 독일군 사이에 전투가 치열하던 1871년 크리스마스이브에 한 프랑스 병사가 갑자기 진흙탕 참호에서 뛰어나왔습니다. 그리고 손에

총도 없이 우뚝 선 이 병사는 눈을 들어 하늘을 쳐 다보면서 노래를 부르기 시작했습니다. "오 거룩한 밤, 별 빛이 찬란한 밤. 거룩하신 우리 주 나셨네" 거룩한 밤의 첫 구절이 울려 나왔습니다. 그리고 전쟁은 멈췄습니다.

영화

이 이야기는 1차 세계 대전 중 영국과 독일전쟁 중에 있었던 '고요한 밤 거룩한 밤' 캐럴에 얽힌 이야기와 '오 거룩한 밤' 캐럴 이야기와 비슷합니다.

4. 징글벨같은 예수님이 없는 캐럴은 어떻게 해야 하나요?

사실 징글벨에는 예수님이 없습니다. "흰 눈 사이로 썰매를 타고 신나게 달려 보자"는 내용입니다. 더 우스운 것은 3절에 썰매 뒤에 소녀들을 태우고 놀자는 내용도 나옵니다. 현재 폭주족의 기원인 셈입니다.

그럼 어떻게 해야 할까요?
우리 찬양 중에 CCM이란 찬양이 있습니다. 실로암같은 노래는 주님을 "당신"이라고 되어 있습니다. 왜냐면 크리스천만 부르지 말고 믿지 않는 사람들도 같이 부르자는 이야기입니다. 진정한 크리스마스는 교회 안에서만 예배하고 끝나는 것이 아니라 박싱데이처럼 세상 사람들과 나누어야 합니다. 그것이 주님께서 이 땅에 오신 목적입니다. 의미를 세상 사람들처럼 오도하지 말고 본 의미를 잘 살려서 비 크리스천과 크리스마스를 축하하는 캐럴송을 많이 불렀으면 좋겠습니다.

코카콜라 회사가 만든 북극에 사는 영원한 존재인 산타가 아니라 AD 400년경의 성 니콜라스의 정신을 따라 가난한 이들에게 선물을 나누는 산타클로스는 우리가 보존해야 한다고 생각합니다. 그래서 징글벨이라든지 캐럴을 비 크리스천들과 같이 부르면서 아름다운 크리스마스를 만들어 갔으면 좋겠습니다.

크리스마스는 태양신 아폴로를 기념하는 이단들의 주장과 같은 것이 아니라 음란하고 퇴폐에 빠진 아폴로 축일을 예수님 탄생(콘티탄티 누스 황제 전에도 클레멘트, 어거스틴의 주장: 12월 25일 예수님 탄생일)일로 바꾸는 거룩하고 아름다운 날이었습니다. 이 시대의 퇴폐로 얼룩진 크리스마스가 예수님 탄생을 축하하는 나눔이 있는 행복한 크리스마스가 되기를 소망합니다.

성탄특집3. 크리스마스 문화의 발전

𝄞

'그리스도의 미사'라는 뜻의 고대 영어 'Cristes maesse'에서 유래한 것이 크리스마스(Christmas)입니다. 사실 크리스마스는 노는 날이 아니라 예배하는 날입니다. 그런데 이날은 원래 예수님이 이 땅에 오시기 전에는 지상에서 가장 타락한 날이었습니다. 기독교인들은 이날을 지상에서 가장 아름다운 날로 발전시켜왔습니다.

1. 크리스마스 문화는 발전되어야 합니다.

1) 크리스마스 일자의 논쟁 시작
① 성경의 기록
의문의 시작은 누가복음 2장 8절에 "그 지경에 목자들이 밖에서 밤에 자기 양 떼를 지키더니"라고 한 성경 말씀을 토대로 12월은 팔레스타인에

서 우기이며 추운 날씨였기 때문에 목자들이 양떼를 치는 것을 꺼릴 뿐만 아니라 10월 중순부터 그들을 따뜻하게 보호하려고 했기 때문에 늦여름이나 이른 가을 또는 봄으로 보는 시각으로 시작되었습니다.

② 태양신 축일과 크리스마스가 같다.
두 번째 의문은 태양신 축일과 크리스마스가 같다는 점입니다. AD 313년 로마의 콘스탄티누스 대제가 기독교를 인정하면서 4세기 이후 해가 가장 짧은 날이면서 동시에 해가 새로 태어나는 날을 상징하는 동지 축제일을 기독교식으로 토착화시켜 로마시민들을 달랬다는 해석입니다.

역사적으로 종교개혁 이후, 이런 배경을 알고 있는 경건한 프로테스탄들은 1644년 청교도들이 의회를 장악했을 때 12월 25일에 성탄절 지키는 것을 반대하기도 했고 이날을 '교황의 날'로 명명하기도 했다고 합니다.
또 미국에서는 1659년 매사추세츠 주에서는 공식으로 성탄절을 20여 년간 금지하기도 했고, 1836년에 이르러 앨라배마 주에서 성탄절을 공휴일로 처음 결정하게 되었고, 남북전쟁이 일어나면서 하나둘씩 공휴일로 바뀌게 되었습니다.

그래서 12월 25일이라는 설에 의문점이 많다는 것입니다.

③ 현대 천문학자들의 동방 박사의 별을 추적
위의 두 가지 이론으로 제기된 의문을 해소한 천문학자들의 학설이 나왔습니다. 누가복음의 기록을 토대로 크리스마스는 겨울이 아니라 봄이었다는 견해가 생기면서 과학자들이 진짜 크리스마스에 관해 연구하기 시작했습니다. 물리학 박사인 아다이르(Aaron Adair)가 2013년 2월에 기사에 의하면 예수님의 탄생 때에 동방의 박사들을 인도하였던 별 즉 '베들레헴의 별'을 목성과 토성이 겹쳐 보이는 합(合) 현상(conjunction)이라고 주장하면서 별자리를 최첨단 과학 기계로 역 추적하여 그 별이 나타난 시기를 밝혀냅니다. 그 현상은 AD 1702년➔AD 848년➔BC 861년➔BC 7년에 나타납니다. 그래서 크리스마스를 BC 7년 5월 14일로 봅니다.

메시아 별

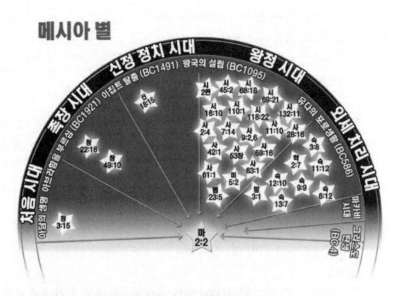

이 그림에는 메시아의 오심에 대한 예언의 약속들이 들어 있다.
이것들은 히브리 역사의 어두운 밤의 여러 시대에 밝은 별로 나타났다.
창3:15에서부터 시작해서 이것들은 구약의 대언이 끝날 때까지 하나씩 하늘에 밝게
빛을 비추면서 모두 베들레헴의 별을 가리켰다.

메시아 예언의 두 줄기

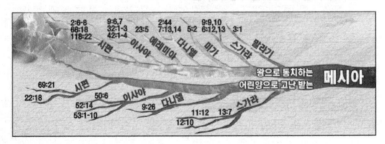

이에 대한 비판)

누가복음 2장 2절에 보면 동방의 지혜자들에게 그분의 별(his star)이 나타났음을 알 수 있습니다. 9절에도 보면 그것은 그들이 동쪽에서 보았던 그 별(the star)이었습니다. 그러므로 이 메시아별은 목성과 토성의 두 별이 아니라 한 별이라는 것입니다.

그리고 목성과 토성이 겹쳐서 한 개의 별로 보이는 시간은 사실 몇 분 되지 않습니다. 그런데 동방 박사들이 낙타를 타고 또 걸어서 예수님 계신 데까지 가려면 적어도 수개월이 걸렸을 것입니다. 그러므로 그 긴 기간에 두 별은 한 별로 보이지 않고 두 별로 보였을 것입니다. 그러므로 목성과 토성 이 두 별은 결코 메시아별이 아니다는 비판이 있습니다.

2) 역사적인 기록에 의한 설
① 1월 6일설
로마 역서(曆書)에 따르면 크리스마스 축제는 336년경 로마에서 거행 되었다고 합니다. 그러나 로마의 동방지역 곧 동방 정교회(현 러시아정교회)에서는 1월 6일에 하나님이 예수의 탄생과 세례 때 나타난 일을 기념했고, 예루살렘에서는 탄생만 기념했다고 합니다. 아르메니아 교회에서는 12월 25일 대신 1월 6일에 그리스도의 탄생을 기념했습니다. 동방교회는 크리스마스를 12월 25일에 지키게 된 후 1월 6일은 예수의 세례를 기념하는 주의공현대축일로 지켰습니다. 그러나 서방의 주의공현대축일은 동방 박사들이 아기 예수를 찾아온 날을 기념하는 축일이었다고 합니다.

② 12월 25일설
기독교 공인 이전인 2세기 중엽이 지나며 알렉산드리아의 클레멘트의 저술에서 그리스도 탄생에 관한 관심과 탄생 일자에 관한 주장들을 기록 하였습니다. 그리고 2세기 후반이 지나면서 점차 그리스도의 수난일인 유대력 니산월 14일(당시 로마의 율리우스력 3월 25일)을 수태일과 동일시하는 기준이 나타나기 시작하였다.

이후 4세기 교부인 히포의 어거스틴와 기독교의 이단으로 구분되었던 도나투스주의자들 간의 대화에서 교회가 공인되기 전부터 12월 25일을 그리스도의 탄생일로 지켰다는 기록이 나옵니다. 히포의 어거스틴의 기록인 삼위일체론(De Trinitate) 4권 5장의 기록에 따르면 "예수께서는 3월 25일에 수태되셨다. 전통에 따르며 예수께서는 12월 25일에 태어나셨다."라고 기록하고 있습니다. 그는 이미 12월 25일이 전통 즉 초대교회부터 내려온 것이라고 기록합니다. 교회의 전통에서 수난일이며 동시에 수태일인 3월 25일부터 상징적인 9개월 이후인 12월 25일을 기독교의 그리스도론적 개념으로 탄생일로 본다는 기록입니다.

③ 12월 25일에 대한 날짜의 차이
크리스마스는 태양력으로 12월 25일입니다. 하지만 동방교회의 크리스마스는 1월 7일 (율리우스력의 12월 25일)로 서방 교회보다 13일이 늦는데, 이유는 천주교(1582년부터)와 개신교(영국에서는 1752년부터)가 그레고리력을 교회력으로 채택하고 있지만 동방 정교회는 율리우스력을 교회력으로 계속 쓰고 있기 때문입니다.

④ 별에 대한 삼국사기 기록
성서에 적혀있는 이야기들이 모두 있었던 일이라고 믿는 사람들은 많지 않습니다. 세상 사람들을 가르치기 위해 만들어낸 이야기로 받아들여

지는 경우가 많습니다. 그러나 그 이야기들은 정말로 있었던 일임이 입증되어 세상을 놀라게 할 때가 한두 번이 아니었습니다. 아기 예수가 태어났을 때의 동방의 큰 별에 관해 삼국사기(三國史記)와 중국(中國)옛 역사서에 기록이 있었다는 것입니다. (1977년 12월 25일) 중앙일보

3) 크리스마스의 진정한 의미
현재까지 그 별이 무슨 별이고 크리스마스가 어느 날짜인지 정확하게 밝혀진 것은 없습니다. 그러나 역사적인 기록은 초대교회에서부터 12월 25일을 예수님 탄생일로 여겨왔습니다. 그것이 콘스탄틴 황제 때 국가 경축일이 된 것은 사실입니다. 그렇다면 크리스마스의 진정한 의미를 새겨보는 것이 더 좋을 것입니다.

① 첫째는 여기서 진정으로 중요한 것은 우리의 구원을 위해 십자가에 못 박혀 죽으시고 부활하신 하나님을 믿는 마음으로 크리스마스를 기독교인들이 지켜온 것이지 그리스도께서 그 날에 정확하게 태어났다는 의미만을 가지고 성탄절 축제를 하지는 않았다는 점입니다.

기독교 신앙의 핵심은 하나님께서 육신을 입고 이 땅에 아기 예수로 오신 분명한 역사적 사실이 있다는 점입니다. 왜 높은 보좌를 버리고 이 땅에 오셔서 가장 낮은 곳에 임하셨느냐, 그것은 바로 우리 인간들을 구원하시기 위해서 오신 것입니다.

성 어거스틴은 이런 말을 했습니다.
"우리가 성탄절을 거룩하게 지키는 것은 이교도들과 달리 태양의 탄생이라는 의미가 아니라 이날을 거룩하게 하신 분의 탄생 때문이며 그것을 만드신 분의 탄생 때문이다."
기독교인들이 2천여 년 동안 압박과 탄압 속에서도 이교도의 동화되지 않았고 부활의 신앙을 지켜온 정신으로 성탄절도 지킨것을 의심할 여지가 없는 것입니다.

② 둘째는 문화적인 개혁의 의미입니다. 아폴로 탄생일을 크리스마스로 정한 것이 아니고, 초대교회부터 내려오는 예수님 탄생일을 아폴로 탄생일 축제를 없애고 크리스마스로 정한 것입니다. 여기에는 중요한 의미가 있습니다. 바로 이방 문화의 음란하고 퇴폐적인 풍습이 건전하고 아름다운 풍습으로 바뀌었다는 것입니다. 얼마나 아름다운 개혁입니까? 이방 신전에서 벌어지던 온갖 추악한 일들이 사라지고 거룩하고 아름다운 사랑의 교제와 찬양이 울려 퍼지게 된 것입니다. 그것이 크리스마스 캐럴입니다.

그래서 이방 문화들도 기독교식으로 바뀐 게 많이 있습니다. 아름다운 문화는 기독교식으로 바뀌어 전해졌고 아름답지 못한 문화는 사라졌습니다.

4) 발전하는 크리스마스 문화
① 선물 교환 발전
크리스마스 하면 생각나는 것 중 하나는 선물 교환입니다.

이 풍습은 기독교회만의 문화는 아닙니다. 이란 사람들은 12월 25일 미트라(정의의 태양)의 탄생일에 서로 선물을 교환하며 축복했습니다. 이 전통은 사라지지 않고 기독교화되고 기독교 정신을 닮아 계속 전해졌고 미트라 신앙을 가진 사람들이 쉽게 예수를 믿는데 도움을 주었습니다.

오늘날에는 주위의 많은 이웃에게 선물을 나누어주는 문화로 발전되었습니다.

② 트리 장식 문화 발전
종교개혁사에 보면 루터가 크리스마스 밤 중에 묵상하다가 눈 내린 나무에 별이 빛나는 모습이 너무 아름다워 집에 나무를 장식했다는 크리스마스 트리에 대한 이야기가 있습니다. 사실 이 나무 장식 문화는 다른 이방인 문화에도 존재합니다.

로마력 설날(1월 1일)에 사람들은 자기 집을 푸른 나무와 등불로 장식했고, 자녀들과 가난한 사람에게 선물을 주었습니다. 튜튼족이 갈리아, 브리튼, 중앙 유럽으로 침입해 들어오면서 게르만족과 켈트족의 크리스마스 축제 의식들이 이러한 관습들에 융합되어 발전되었습니다.

16세기 북부 독일에서 공장근로자들이 성탄절에 전나무를 공장 안에 세워놓고 꽃과 과일, 과자를 매달아 장식하던 풍습이 프랑스와 스칸디나비아 북유럽 미국을 거쳐 유행하게 됐다고 합니다.

지금은 열대지방 아프리카, 중남미 선교지에서 크리스마스 때 큰 인기가 있는 문화이기도 합니다.

이 외도 음식과 교제, 크리스마스이브에 벽난로에 때는 장작과 크리스마스 케이크, 푸른 잣나무, 선물과 인사 등이 크리스마스 문화로 창작되고 발전되었습니다.

이교도든 기독교인이든 크리스마스는 언제나 따뜻함과 사랑을 전할 수 있는 크리스마스에 매료되었듯이 크리스천이나 믿지 않는 사람들이 크리스마스의 정신과 문화에 더 매료될 수 있도록 앞으로도 더 아름다운 문화들이 생겨나길 원합니다.

③ 산타클로스의 발전
'산타클로스'라는 말은 AD 3세기 경 소아시아 지방 미라의 대주교였던 세인트(성) 니콜라스의 이름에서 유래되었습니다. 그의 이름은 라틴어로 상투스 니콜라우스입니다.
그가 살았을 때 많은 자선을 하고 남몰래 많은 선행을 베풀었으며 사후에는 아이들과 항해자의 수호성인이 되었다고 합니다. 그리고 나중에 12월 6일을 그의 축일로 지켰습니다.
성 니콜라스의 전설은 노르만족에 의해 유럽으로 전해졌으며 12세기 초부터 프랑스의 수녀들에 의해 니콜라스 축일 하루 전날인 12월 5일에 가난한 아이들에게 선물을 주는 풍습이 생겨났습니다.
성 니콜라우스의 이 같은 미담은 유럽 전역으로 퍼졌고, 네덜란드 사람들은 산 니콜라우스라고 불렀는데 특히 AD 17세기경 아메리카 신대륙에 이주한 네덜란드인들은 산테클라스라고 불러 자선을 베푸는 사람의 모델로 삼았습니다.

이 발음이 그대로 영어화 했고 AD 19세기 크리스마스가 전 세계에 알려지면서 오늘날의 산타클로스로 변하게 된 것입니다.

오늘날처럼 산타클로스가 순록이 끄는 썰매를 타고 다니는 모습으로 일반 사람들 앞에 등장한 것은 1822년 성탄절 이브로, 뉴욕의 신학자 클레멘트 무어가 쓴 '성 니콜라스의 방문'이라는 시가 효시였으며, 본래 날렵하고 키가 큰 모습에서 통통한 볼에 뚱뚱한 모습을 하게 된 것은 토마스 나스트라는 19세기의 만화가가 20년 동안 잡지에 성탄절 삽화를 그리면서 완성한 것이고, 현재처럼 빨간 옷을 입게 된 것은 1930년대의 일로, 산타클로스가 코카콜라 선전에 등장하고 난 뒤부터였다고 합니다.

교회에서 산타클로스 복장을 하고 아이들에게 선물을 나누어주는 것은 코카콜라 회사가 만들어낸 상업적이고 신화적인 인물 때문이 아니라 예수님의 사랑을 실천한 니콜라스의 마음 때문이라고 볼 수 있습니다.

크리스마스의 주인은 예수님입니다. 그런데 지금은 산타클로스가 주인이 되었습니다…. 그러나 이 또한 아름다운 문화임에는 틀림없습니다. 그래서 초대교인들처럼 아름다운 정통은 계속 이어져 가고 아름답지 못한 정통들은 정리하며 성 니콜라스의 정신은 더 발전되길 기도해 봅니다.

④ 크리스마스 씰의 발전
성탄 씰 즉 우표와 같은 형태의 표를 붙였던 어린 시절 추억이 있습니다. 이는 덴마크에서 1903년 우체국 직원이던 아이날 홀보 넬이 돈이 없어서 치료를 받지 못하는 결핵 환자들을 돕기 위한 방법으로 제작했는데 오늘날까지 전 세계적으로 계속되고 있습니다. 1960년대 이후로 6·25 피해국인 우리나라를 위해 전 세계를 돕는 데도 사용되었습니다. 이것이 월드비전, 사랑의 열매로 발전되었습니다.

⑤ 크리스마스 양말의 발전
크리스마스이브에는 양말을 걸어두고 선물을 기다리기도 합니다. 이 풍습은 4세기에 동로마 제국 소아시아(지금의 터키) 지역의 성 니콜라우

스로부터 시작됐습니다. 어느 날 니콜라우스는 한 가난한 집의 세 딸이 지참금이 없어 결혼을 못 올리는 딱한 사연을 듣고, 몰래 그 집 굴뚝으로 금주머니를 떨어뜨렸는데 이것이 벽난로에 걸어둔 양말 속으로 들어갔다고 합니다. 산타클로스가 크리스마스 때 선물을 나누어 준다는 이야기는 미국에서 일반화되어 발전했습니다.

⑥ 크리스마스 카드의 발전

크리스마스 카드는 1843년, 찰스 디킨스의 "크리스마스 캐럴"을 듣고 있던 헨리콜의 아이디어로 만들어졌다고 합니다. 이때 처음 최초의 우표 페니 블랙이 탄생했고 주님의 성탄을 알리는 전도용품으로 사용되었습니다. 이제는 카드보다 스마트폰문자카드나 동영상을 카톡이나 메시지로 보냅니다. 평소에 소홀했던 아는 분들과 친구나 친척들 사이에서 서로 성탄절을 축하하는 인사를 전해 보는 것도 아름다운 크리스마스 문화라고 생각됩니다.

⑦ 크리스마스 파티의 발전

크리스마스가 되면 가족들이 모여 파티를 갖습니다. 그때 크리스마스 음식은 칠면조 구이나 크리스마스 푸딩, 케이크를 먹곤 합니다. 나라마다 다양한 크리스마스 요리가 있는데 노르웨이에서는 크리스마스가 되면 레프세라는 빵을 즐겨 먹으며 이탈리아에서는 카폰 마그로를 즐겨 먹습니다. 현대에는 가족들이 적어지면서 이웃이나 특별한 사람들을 초대하는 모임으로 발전되어 파티를 갖습니다.

⑧ 크리스마스 인사의 발전

"메리 크리스마스"는 크리스마스 인사로 전 세계에서 사용됩니다. 메리라는 말처럼 즐겁게만 크리스마스를 지내려고 하다 보니 타락의 극치를 겪는 크리스마스가 되었습니다. 그래서 진정한 크리스마스를 보내자는 인사말들이 등장합니다. "해피 크리스마스", "샬롬 크리스마스", "러브 크리스마스" 등이 있습니다.

⑨ 새로 생긴 "애플 데이"

중국에서는 크리스마스를 종교 활동이라고 단속해 왔습니다. 그래서 크리스마스를 보내기가 힘이 듭니다. 중국 크리스천들이 만든 크리스마스 문화가 있는데 "애플 데이"입니다. 사과가 빨개서 크리스마스의 상징이 되었습니다. 중국에서는 사과가 사랑, 장수, 복을 상징합니다. 그래서 크리스마스이브에 서로 선물하면서 "핑구아"라고 인사를 합니다. "핑구아"는 평화란 뜻을 가지고 있습니다. 크리스마스이브에 "평화로운 밤"이라고 축복하는 것입니다.

영화 OST 찬양 톡톡

영화 OST 찬양 "순종"

♪

1. 기독교인은 영화를 어떻게 생각해야 하는가?

성경은 예수님에 관한 이야기책입니다. 역사란 단어도 History 즉 그의 이야기 곧 하나님의 이야기란 뜻입니다. 영화도 이야기입니다. 그런데 어떤 이야기를 듣느냐에 따라 인생이 바뀝니다. 좋은 이야기를 많이 들어야 합니다. 음란한 이야기를 많이 들으면 음란한 사람이 되고, 도둑 이야기를 많이 들으면 도둑이 됩니다.

지존파가 도둑 이야기 '임꺽정'을 필독서로 읽었다고 합니다. 우리는 예수님의 이야기를 많이 보고 많이 읽어야 합니다. 그리고 좋은 이야기를 많이 만들어야 합니다.

초등학교 시험에 침대는 (　　)이다. 묻는 질문이 있었는데
답은 (가구)입니다.
그런데 초등학생 한 명이 시험지에 이렇게 썼다고 합니다.
침대는 (과학)이다.
매스컴의 영향입니다. 매스컴은 이처럼 아무것도 모르는 우리의 미래 세대의 생각을 바꾸어 놓습니다.

또 이런 이야기가 있습니다.
거북선을 만든 사람? 답이 '이순신'입니다. 그런데 한 초등 학생은 '김명민'이라고 했다고 합니다. 이 처럼 매스컴의 사회적 영향력이 대단합니다. 그래서 좋은 영화가 많이 만들어져야 합니다.

2. 영화 음악 OST의 역할은?

어느 실험에서 공포 영화를 소리 없이 틀어 보았습니다. 그런데 스크린 속에 귀신을 보고도 놀라지 않습니다. 그런데 영상에 공포스러운 소리(음향)를 넣어서 들려주었습니다. 그때 사람들의 반응이 나타났습니다. 사람들이 울기도 하고 눈을 가리며 무서워 했다고 합니다. 그리고 슬픈 영화에서 음악없이 장면을 보여 주었을때는 거의 반응이 없었고 음악을 틀때는 여기 저기서 우는 소리가 들렸습니다. 이처럼 영화에서 소리와 음악이 중요한 역활을 합니다.

글루미 선데이이란 영화가 있습니다. "우울한 일요일"이란 뜻을 가진 영화입니다.

이 노래는 실제, '레조 세레스'라는 여인이 2차 세계 대전 당시에 불렀다고 합니다. 그 노래를 들은 사람 중에 187명이 자살했고 이 영화가 개봉될 때도 세계적으로 200여 명이 자살했다고 합니다. 영화와

글루미선데이

음악은 사회적으로 영향이 큰 것을 발견 할 수 있습니다.

2019년에 '보헤미안 랩소디' 라는 영화가 개봉을 했는데 1,000만이 넘었습니다. 가수 퀸그룹에 대한 영화인데 프레디라는 메인싱어가 양성애자입니다.

이 영화를 본 후에 교회 다니는 청소년, 청년들이 동성애에 대해 호의적으로 바뀌었다는 면담 내용이 많습니다.

3. 기독교 음악이 사회에 좋은 영향을 미친 경우는?

기독교 음악 중에 사회에 지대한 영향을 미친 음악이 많습니다.
'고요한 밤 거룩한 밤'은 1차 세계 대전을 휴전시켰습니다.

영국 노예해방의 원동력이 된 곡이 있었는데 '어메이징 그레스'와 '오 거룩한 밤'이었습니다.

최근에 "You Raise Me Up"은 월드 트레이드 센터가 무너지고, 상처 입은 미국인들의 마음을 치유했고, 걸프전을 멈추게 했습니다. 이 처럼 우리나라에서도 기독교 음악인 "당신은 사랑받기 위해 태어난 사람"이 "가요 톱10" 안에 들어갈 때가 있었는데 그때 기독교 인구가 7% 늘었다고 합니다. 그리고 그 찬양으로 많은 사람이 자신을 소중히 여기고 자살률이 줄었다는 이야기도 있습니다. 이 처럼 기독교 음악은 세상을 바꾸고 위로한 사례가 많이 있습니다.

4. 한국기독교 영화 "순종"의 OST

한국 기독교 영화 중에 "순종"이라는 영화가 있는데 참 신앙에 대해 깊이 생각하게 하는 영화였습니다. 주인공은 하나님에 대해 원망합니다. "아버지를 왜 데리고 가십니까?", "아버지는 하나님께 순종하고 이곳까지 와서 선교하면서 사신 착한 분인데 왜 데려가십니까?" 이것이 주인공의 고민입니다. 그

순종 OST

런 주인공의 고민으로 영화가 시작되고 영화 마지막 부분에 하나님의 마음을 깨닫게 됩니다.

아버지가 묻힌 무덤에 어린 제자와 가게 되는데 그 아이가 아버지 무덤 앞에서 대성통곡을 합니다. "목사님이 보고 싶다"고, "목사님 때문에 자기가 살았다"고, 목사님을 아버지라고 부르는 모습을 보면서 그때 주인공이 깨닫습니다. 아버지가 헛되게 죽은 것이 아니라고 가장 소중한 영혼을 남겼다는 것을 알게 됩니다. 한 알의 밀알이 땅에 떨어져 죽으면 많은 열매를 맺는다는 것을 깨닫게 합니다. 그 많은 아이의 가슴에 아버지가 살아 있다는 것을 보고 주인공은 아버지의 죽음이 헛되지 않음을 알게 됩니다.

그때 순종 OST가 배경으로 나오는 데 정말 감동적입니다.

송정미 찬양사역자가 부른 '순종'이란 찬양입니다.

"빈손으로 왔습니다.
 작은 사랑 가슴에 안고 순종하며 왔습니다"
"가슴이 움직이는 데로 이 곳에 왔습니다"
"나 이제 이 곳에 살아갑니다"
"당신의 사랑 나누며 한 줌의 흙이 되기를 이곳에 나를 묻고
 내 생명 다할 때까지 떠나지 않습니다.
 이 땅에 하늘에 사랑을 심고 생명의 꽃들을 피울 때까지
 나 이제 이곳에 살아 갑니다."
라는 가사에는 참 순종이 무엇인지가 담겨 있습니다. 주인공은 떠나려

했던 그곳에 주님의 사랑 나누며 한 줌의 흙이 될 때까지 남는 순종을 하겠다고 고백합니다. 생명의 꽃 피울 때까지 이제 정말 그들과 함께 살기로 고백합니다.

참다운 순종을 하기까지 주님은 그렇게 참고 기다리며 천천히 아버지의 이야기를 이 영화를 통해 하고 있습니다. 이 찬양이 이 영화의 전체를 요약하고 마지막 감동을 선사했습니다.

이렇게 순종이란 영화는 한국교회 성도에게 큰 사명, 큰 교회가 아니라 그 자리에서 한 영혼을 향한 그 사랑이 참다운 순종임을 일깨워 주었습니다.

영화 OST 찬양
'내 길 더 잘 아시니', 'Nella fantasia'

♪

이집트 왕자 2의 '내 길 더 잘 아시니', 원제목은 'You know better than I'
와 'Nella fantasia 넬라 환타지아' 해석하면 '나는 환상 속에서'를 소개합니다.

1. "내 길 더 잘 아시니"는 어떤 곡인가?

우리는 삶을 살면서 왜 이런 고난을 당해야 합니까?

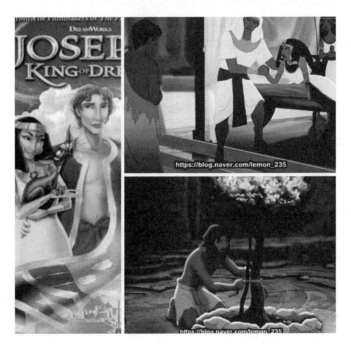

우리는 이유를 알 수 없이 암 투병, 사업실패, 실직의 상태에 놓이고, 배신과 상처를 받을 때가 많습니다. 요셉의 인생이 그랬습니다. 그럴 때 이 찬양을 들어보길 바랍니다.

길을 안다고 OST

You know better than I - David Campbell , Sung by MinorsTereo

1.
I thought I did what's right. I thought I have the answers
옳은 일을 했다고 생각했어요. 답을 안다고 생각했죠.
I thought I chose the shortest road but that road brought me here
가장 짧은 길을 선택했다고 생각했지만 그게 절 이곳으로 이끌었어요
So I put up the fight and told you how to help me
그래서 당신을 이기려 하고 당신께 어떻게 도울 수 있냐고 따졌지만
Now just when I have given up the true is coming clear
포기한 이 순간에야 진리를 깨닫게 되었어요
You know better than I you know the way
당신은 저보다 지혜롭잖아요. 길을 인도해 주세요
I'd let go need to know why for You know better than I
이유를 알고 싶은 마음도 버리려 합니다. 당신은 저보다 지혜로우니까요

2.
 If this has been a test I can not see the reason
지금까지 시험이었다면 전 이유를 모르잖아요
But may be knowing I don't know is part of getting true
그러나 모르는 걸 깨닫는 것이 시험의 한 과정일 것입니다
I tried to do what's best and faith has made it easy to see the best thing
최선을 다하려고 합니다. 믿음은 내가 할 수 있는 최선의 것이

I can do is put my trust in You
당신을 믿는 것이라는 것을 볼 수 있게 했어요
For you know better than I, You know the way
당신은 저보다 지혜롭잖아요. 길을 인도해 주세요
I'd let go need to know why, for you know better than I
이유를 알고 싶은 마음도 버리려 합니다. 당신은 저보다 지혜로우니까요
I saw one cloud and thought it was the sky
구름 한 점을 보고 저는 그것이 하늘이라 생각했어요
I saw the bird and thought that I could follow
새를 보고 전 날 수 있다고 생각했어요
For it was You who thought them how to fly
하지만 새에게 날개를 달아준 건 당신이었죠
If I let You reach me when You teach me
저에게 손을 뻗어 방법을 가르쳐 주세요
For you know better than I, You know the way
당신은 저보다 지혜롭잖아요. 길을 인도해 주세요
I'd let go need to know why
이유를 알고 싶은 마음도 버리려 합니다
I'll take all the answers You'll supply
제게 주시는 답을 받아 들이겠습니다

You know better than I
당신은 저보다 지혜로우니까요

세상엔 이유를 모르는 고통이 참 많습니다. 그런데 그때 이유를 찾아내기 전에 삶을 포기해 버리는 사람이 있습니다. 자살한 사람들의 유서에서는 "왜 이런 일이 내게 생겼는지 모르겠습니다."라는 구절이 많다고 합니다.

그런데 고통을 이기는 방법이 있습니다. 바로 이유를 알면 됩니다. 그 이유가 성경에 있습니다. 욥은 고난의 이유를 몰랐습니다. 요셉도 몰랐습

니다. 성경에 답이 나와 있습니다. 바로 오늘 이 찬양의 가사의 "You know better than I" 의 내용입니다.

"하나님은 나보다 더 잘 아시잖아요"
하나님께서 욥에게 "네가 천지를 만들 때 같이 있었어, 지구의 중심을 어디에 만들어 놓았는지 네가 알면 대답해 봐" 라고 합니다. 이 말은 "하나님은 우리보다 더 많이 아시니 나에게 맡겨놔 봐"라는 뜻입니다.

요셉도 무슨 일인지 모르지만 나쁜 일의 연속입니다. 그런데 성경은 '요셉이 애굽에 팔리는 것은 가뭄에 처한 인류를 구해내고자 하는 하나님의 지혜였다'라고 성경은 이야기하고 있습니다. 그 이유를 성경은 요셉을 통해 우리에게 이야기해 주고 있습니다. 그래서 우리 기독교인들은 자살하지 않습니다.

2. 기독교 영화음악 OST 중에 영향력 있었던 'Nella fantasia'에 대하여

넬라판타지아 OST

영화 미션의 OST '넬라판타지아'입니다.

영화 음악계의 세계적인 거장 '엔니오 모리꼬네'의 음악이며, The Mission이라는 영화에 삽입된 OST입니다. 영화에선 Gabriel's Oboe로 연주되었는데, 사실 원곡은 가사가 없는 오케스트라 음악이었습니다. 나중에 가사를 붙여서 더 유명해진 곡입니다.

몇 년 전에 한국 TV 프로그램에서 합창단 주제곡으로 쓰여서 다시 유명해진 곡이기도 합니다.

이 곡의 작곡가 Ennio Morricone(엔니오 모리꼬네)는 1928년 11월 10일에 이탈리아에서 출생합니다. 그는 2016년 88회 아카데미 시상 음악상을 수상합니다.

그의 곡 '넬라판타지아'를 번역한 것입니다.

Nella fantasia io vedo un mondo giusto
넬라 판타지아 요 베도 운 몬도 주스또
나는 환상 속에서 모두들

Li tutti vivono in pace e in onestà
리 뚜띠 비보노 인 빠체 인 오네스따
정직하고 평화롭게 사는 세상을 봅니다.

Io sogno d'anime che sono sempre libere
로 소뇨 다니메 께 쏘노 쎔쁘레 리베레
나는 떠다니는 구름처럼

Come le nuvole che volano
꼼메 레 누볼레 께 볼라노
항상 자유로운 영혼을 꿈꿉니다.

Pien' d'umanità in fondo all'anima
삐엔 두마니따 인 폰도 (알)라니마
깊은 곳까지 박애로 충만한 영혼을

Nella fantasia io vedo un mondo chiaro
넬라 판타지아 요 페도 운 문도 끼아로
나는 환상 속에서 밤조차도

Li anche la notte e meno oscura
리 앙케 라 노떼 에 메노 오스쿠라
어둡지 않은 밝은 세상을 봅니다.

Io sogno d'anime che sono sempre libere
로 소뇨 다니메 께 쏘노 쎔쁘레 리베레
나는 저 떠다니는 구름처럼

Come le nuvole che volano
꼼메 레 누볼레 께 볼라노
항상 자유로운 영혼을 꿈을 꿉니다.

Pien' d'umanità in fondo all'anima
삐엔 두마니따 인 폰도 라니마
영혼 깊은 곳까지 박애로 충만한 영혼을

Nella fantasia esiste un vento caldo
넬라 판타지아 이시스테 운 벤또 깔도
환상에서는 친구처럼 편안하고

Che soffia sulle città, come amico
께 소피아 술레 치따 꼼메 아미꼬

따뜻한 바람이 불어옵니다.

Io sogno d'anime che sono sempre libere
로 소뇨 다니메 께 소노 셈쁘레 리베레
나는 저 떠다니는 구름처럼

Come le nuvole che volano
꼼메 레 누볼레 께 볼라노
항상 자유로운 영혼을 꿈꿉니다.

Pien' d'umanità in fondo all'anima
삐엔 두마니따 인 폰도 라니마
영혼 깊은 곳까지 박애로 충만한 영혼을

이 곡으로 인생이 바뀐 사람들이 많습니다.

1) 껌팔이 소년 최성봉에게 희망을 준 찬양입니다.
2011년 6월 4일 첫 방송 된 '코리아 갓 탤런트 시즌 1'에서 그의 삶이 알려졌습니다. 이 찬양은 그에게 희망을 주었습니다. 그리고 그의 인생이 바뀝니다. 사람은 어떤 노래를 부르느냐가 중요합니다. 어려운 환경이었지만 환상을 꿈꾸는 그는 새로운 인생을 살게 됩니다. 나중에 '느림보'라는 음반도 내게 됩니다. 환상이 이루어진 것입니다.

갓 탤런트 장면

최성봉 다큐

2) 영화 파파로티의 주인공 김호중은 조폭이었습니다. 그는 이 노래를 배우면서 꿈을 가지게 되어 세계적인 테너가 됩니다.

영화 '파파로티'

3) 영국의 '갓 탤런트'에 출연한 폴 포츠입니다. 그는 핸드폰 외판원이었는데 항상 이 노래를 부르면서 가수가 되는 꿈을 꾸었다고 합니다. 그리고 '갓 탤런트'에 출연하여 이 노래를 부르고 일약 스타가 됩니다. 일설에 의하면 그는 이 노래 외에는 잘 부르지 못한다고 합니다. 그래서 성악 공부를 처음부터 다시 하고 지금은 훌륭한 가수가 되어 세계를 돌며 공연하고 있다고 합니다.

이 처럼 노래의 가사가 현실이 되는 사례는 이렇게 많습니다.
그들이 좋아한 '넬라 판타지아'의 가사의 일부분입니다.

"나는 환상 속에서 밤조차도
어둡지 않은 밝은 세상을 봅니다.
환상에서는 친구처럼 편안하고
따뜻한 바람이 불어옵니다."

폴 포츠

이 구절이 영향을 주었다고 합니다. 그들이 밤에도 밝은 세상을 볼 수 있고 추운 가운데 편안함과 따뜻함을 느낄 수 있었던 것은 꿈과 환상 가운데 있었기 때문입니다.
주님은 사도행전에 "자녀들은 예언하고 청년들이 환상을 보고 늙은이는 꿈을 꾸리라" 정말 이들은 성경에서처럼 이 찬양을 통해 환상을 보고 어려움을 이겼습니다. 그리고 꿈을 이루었습니다.

수련회를 불태우는 찬양 톡톡

수련회를 불태우는 찬양

1. 교회학교 교육 중에서 수련회가 중요한 이유?

여름마다 수련회가 전국에서 열립니다. 그리고 성령의 만지심을 경험한 청소년들이 새로운 결단을 합니다. 이 시대의 많은 찬양사역자와 교역자들은 여름 수련회를 통해 하나님을 만나고 사역의 길에 들어섰습니다. 그래서 수련회는 교회 학교의 1년 농사입니다. 한국 교회 현실상, 평소 예배로는 깊은 성령의 만지심을 체험하기 힘이 듭니다. 시간적인 제

비전파워캠프

약 때문입니다. 현재 교회 교육은 예배 40분, 소그룹 20분이 전국 교회들의 실제 교육 시간의 전부인 것이 현실입니다. 그래서 충분히 찬양하며 성령의 만지심을 경험할 수 있는 수련회가 필요합니다.

2. 찬양을 통한 성령의 임재하심이 필요한 이유?

테제 공동체에 참여하기 위해선 400여 만원의 비용이 필요합니다. 비행기 표와 그 외 비용을 더 한다면 더 나올 수도 있습니다. 왜 그곳까지 그 비용을 들이면서 테제공동체를 찾아갈까요? 바로 성령의 만지심을 경험할 수 있기 때문입니다. 성령의 만지심은 예배와 찬양의 중요한 요소입니다.

예배와 공연의 다른 점은 무엇입니까?
찬양과 노래의 다른 점은 무엇입니까?
예배를 통해 하나님을 만나지 못하면 공연이나 다름없습니다. 마찬가

지로 찬양을 통해 하나님의 임재를 체험하지 못하면 단순한 노래입니다.

하스데반 선교사의 경배와 찬양과 테제의 찬양이 바로 이 점에서 다른 찬양집회들과 달랐습니다. 많은 성도가 경배와 찬양과 테제의 찬양으로 몰려 들었던 이유는 바로 하나님의 임재에 대한 갈급함 때문입니다. 예배는 드리는데 하나님의 임재를 경험하지 못하고, 찬양을 하는데 하나님의 만지심을 경험하지 못했기 때문에 그들은 경배와 찬양으로, 테제 공동체로 몰려든 것입니다. 성령의 만지심을 경험할 수 있다면 비용이 문제가 아닙니다.

찬양은 대상이 분명히 있고 그 대상인 하나님을 만난다면 분명하게 하나님의 만지심을 경험하게 될 것이기 때문입니다. 그래서 찬양은 공연하듯 하면 안 됩니다. 찬양과 기도는 하나님을 만나기 위한 단계가 있어야 합니다.

3. 찬양의 단계

① celebration 찬양(기쁨의 표현)의 단계
② 기도찬양의 단계 : 인카운터 찬양, 성령임재찬양, 치유찬양으로 나눔
③ 교제(축복찬양)찬양의 단계
④ 파송찬양(비전, 소명, 결단) 단계

1) 세레브레이션(celebration) 찬양의 단계

① 중요성

축구 할 때 골을 넣고 모션을 취하는 것을 '세러모니'라고 합니다. 마찬가지로 찬양을 통해 주님과의 만남을 세러모니하는 것입니다. 이 찬양은 주님의 은혜에 감사하여 온 마음·온 몸을 다해 기쁨의 표현을 합니다. 그래서 일명 세레브레이션(celebration) 찬양이라고 합니다. 찬양할 때 마음을 열고 마음을 표현하고 결단하는데 좋은 찬양입니다.

② 왜 사람들이 celebration 찬양을 좋아할까?

함께 찬양하는 즐거움이 있으며, 같이 찬양할 때 파워가 있습니다. 평소 교회에서 맛보지 못하는 곡과 분위기가 있습니다. celebration 찬양은 주로 서로 화답하며 하나 됨을 느낄 수 있어서 축제 분위기로 진행 됩니다. 그리고 맘 놓고 자기를 표현하고 뛸 수 있습니다. 이 celebration 찬양의 파워는 감히 대중인기 가수의 콘서트와 비교할 수 없을 정도로 파워 풀합니다. 인기 가수 중에 아이돌 가수가 어느 수련회에서 celebration 찬양하는 것을 보고 놀랐다고 합니다. 왜냐면 가요를 부르며 뛰는 것과 다른 파워가 있었기 때문입니다.

③ 세레브레이션(celebration) 찬양 베스트 12

비로소워십제공

1. 나는자유해 - 예수전도단(0:00)
2. 나의 왕 앞에서 - 예수전도단(4:27)
3. 멈출 수 없네 - 예수전도단(8:17)
4. 나는 주의 친구 - 예수전도단(12:55)
5. 좋으신 하나님 - 헤리티지ver.(19:20)
6. Nothing is impossible - 예수전도단(25:20)
7. sing sing sing - 예수전도단(29:30)
8. 주의 자비가 내려와 - 예수전도단(34:26)
9. 성령의 불타는 교회 - 디사이플스(38:43)
10. 불을 내려 주소서 - 디사이플스(41:44)
11. 춤추는 세대 - 디사이플스(46:30)
12. Because of you - 비틴즈(50:29)

세레브레이션 찬양 12

2) 기도 찬양

수련회 때는 기도가 가장 중요합니다. 기도하면서 하나님을 깊이 만날
수 있으며 치유를 경험할 수 있기 때문입니다.

① 기도 찬양의 3단계
기도 찬양의 단계가 중요한 이유는 기도할 때 찬양이 마음에 와 닿으
면 하나님께 점점 깊이 있게 나아갈 수 있습니다. 어느 정도 깊이 나아가
느냐에 따라 체험 정도가 다릅니다. 그래서 단계를 잘 밟아 가면 상상할
수 없는 만지심을 경험하게 됩니다.

인카운터 찬양 : 하나님께 나아가는 찬양
성령의 임재 찬양 : 성령님과 교제하는 찬양
치유 찬양 : 성령의 만지심과 치유, 회복을 경험 할 수 있는 찬양으로
　　　　　　나눌 수 있습니다.

② 인카운터 찬양
　하나님과의 만남은 하나님께 나아가는 것과 하나님의 임재가 합쳐져야 합니다. 그래서 하나님께 마음을 여는 찬양에서 하나님의 임재를 경험하는 찬양까지를 인카운터 찬양이라고 합니다.

　개인적인 인카운터 찬양 순위는
1위 원하고 바라고 기도합니다. 민호기 목사
　　(이 세상을 살아가는 동안에 나의 힘을 의지할 수 없느니)
2위 슬픈 마음 있는 자
3위 은혜 아니면 살아갈 수가 없네
4위 고단한 인생길
5위 주 나의 모습 보네 상한 나의 보시네
6위 여호와께 돌아가자(제이어스)

인타운터 찬양 베스트
비컴퍼니 추천

꽃들도 / 조수아
유월절 어린 양의 피로 / 호산나싱어즈
하나님의 세계 / 강중현
아버지께 / 김은현
사랑은 여기 있으니 / 김지훈
부르심 / 노상신
밤이나 낮이나 / 심정선

인카운터 찬양

예수 예수 / 김윤미

나의 피난처 예수 / 호산나싱어즈

Because of who you are by / 소울싱어즈

소중한 꿈 / 한웅재, 에이멘, 조수아

십자가 그 사랑이 / 노상신

채우소서 / 류원재

나는 기도를 쉬는 죄를 범치 않으리 / 김지훈

성령이 오셨네 / 조수아

주님 한분만 / 이고운

영원한 생명의 주님 / 호산나싱어즈

나 여기에(가르쳐 주소서) / 심정선

날 기억하소서 / 강중현

세상 향한 발 걸음들 / 호산나 싱어스

비추소서 / 호산나싱어즈

발걸음 / 안중현

아버지 품으로 / 클래식콰이어

우리 모두 양과 같이 / 김기원

내가 주인 삼은 / 조수아

천년이 두 번 지나도 / 호산나싱어즈

오직 예수(예수 안에 능력있네) / 박동준

여호와는 네게 복을(아론의 축복) / 조수진

은혜 아니면 / 클래식콰이어

내 맘의 눈을 여소서 / 호산나싱어즈

빛 되신 주 / 클래식콰이어

그 사랑 / 강중현

예수 믿으세요 / 호산나싱어즈

믿음 있으면 / 소울 싱어즈

모든 능력과 모든 권세(Above All) by / 클래식콰이어

Born Again by / 김지훈

All the Nations by / 조준모

What the world will never take / 조시영
주 날개 밑 내가 편안히 쉬네 / 김대환
You know me by / 이슬은
감사함으로 그 문에 들어가며 / 호산나싱어즈
오라 / 조수아
마음의 눈 / 호산나싱어즈
그리스도의 계절 / 조수진
그의 빛안에 살면 / 클래식 콰이어
축복의 통로 / 조수아
너희는 가만히 있어 / 호산나싱어즈
마음의 예배 / 김대환
확정되었네 / 호산나싱어즈
끝없는 사랑 / 김은현

③ 성령의 임재 찬양

성령께서 임하는 시간입니다. 사람이 사람을 고치는 것은 한계가 있습니다. 성령께서 만지실 수 있도록 인간적인 우리의 감정을 내려놓고 성령께서 일할 수 있게 내어 드리는 찬양입니다. 성령과 교제하는 데 좋은 찬양들입니다.

성령임재 찬양 베스트
(비컴퍼니추천)

임재 / 시와그림
주의 말씀앞에선 / 조수아
내게로 오라 / 소울싱어즈
찬양할렐루야 / 노상신
은혜 아니면 / 김대환

성령의 임재 찬양

주의 옷자락 만지며 / 김은현

나는 예배자입니다 / 신승희

시편 139 편 / 이고운

그가 오신 이유 / 박상규

나 주님이 더욱 필요해 / 강연희

내 모습 이대로 / 노수미

일상 / 박진희

그 사랑 / 박상규

내 모습 내려놓고서 / 조수아

주님은 산 같아서 / 심정선

이런 교회되게 하소서 / 소리엘

사랑의노래 드리네 / 조혜리

천국 무도회 / 시와그림 & 조수진

주 없이 살수 없네 / 박상규

주 사랑이 나를 숨쉬게 해 / 신승희

그 사랑이 내안에 / 김지훈&강연희

반석위에 / 조수진

생명과 바꾼 주의 사랑을 / 강연희

하나님의 사랑, 주님의 눈물 / 다윗과요나단

회복시키소서 / 이요셉

그의 생각 / 조수아

그사랑 얼마나 / 김승미

이제 역전되리라 / 시와그림

모든 상황속에서

사랑하며

사모곡 / 김종섭

아버지 날 붙들어주소서

성령이 오셨네 / 송승현

주 알기 원하네 / 옹기장이

주 은혜임을 / 박상규

항해자 / 시와그림
주님 손잡고 일어나세요
주를 향한 나의 사랑을
주님과 같이
십자가 그 사랑이 / 노상신
정결한 마음 주시옵소서 / 호산나싱어즈
나의 하나님
예수 사랑하심은 / 호산나싱어즈
주님과 함께 / 조수아
기름 부으심 / 클레식 콰이어
그대와 함께하리 / 에이맨
하나님은 실수하지 않으신다네
그 이름 / 조수아
은혜로만 들어가네
날 기억하소서 / 클래식 콰이어

④ 치유 찬양

사람마다 아픔이 있습니다. 어떤 아픔들은 자기 자신도 모릅니다. 성령의 임재와 함께 성령은 우리를 치유합니다. 이 시간은 우는 것을 넘어서 통곡하는 사람들이 많습니다. 그때 이렇게 고백합니다. "주님! 이렇게 아픈 사람들이 많습니까? 주님이 아니면 누가 치유합니까? 만져 주옵소서, 만져 주옵소서"

치유찬양 베스트
(비컴퍼니 추천)

주 은혜임을
예수 나의 치료자

마음이 상한자를 고치시는
위로송
누군가 널 위해 기도하네
천번을 불러도
나의 피난처 예수
나의기도
하나님의 사랑 주님의 눈물
아버지 품으로

치유찬양

(CTS성경공부 추천)

마음이 상한 자를 / 그레이스 싱어즈
그날이 도적같이 / 김민식
베드로의 고백 / 김석균
내 진정 사모하는 / 김세환
주님예수 나의 동산 / 김숙경
할 수 있다 하신 이는 / 김종국
사랑의 종소리 / 나윤선
나의 아버지 / 다윗과 요나단
지금까지 지내온 것 / 송정미
내 평생 살아온 길 / 안정희
하나님 한번도 나를 / 윤정윤
주님 가신길 / 윤형주
주님을 닮아라 / 이은영
벙어리가 되어도 / 임소리
늘 언제나 늘 가까이 / 전시온

치유찬양

3) 교제찬양(축복) 찬양
수련회의 두 가지 목적이 있습니다. 신앙 생활의 두 가지 목적이기도

합니다.

하나는 하나님을 만나는 것입니다. 다른 하나는 성도의 교제입니다.

"너희가 서로 사랑하는 것을 보면 내 제자인 줄 알리라" 말씀하신 것을 보면 신앙생활은 사랑하며 사는 것입니다. 사랑은 교제입니다. 그리고 신앙인들의 교제는 서로 축복하는 삶입니다. 그때 우리는 우리의 삶을 되찾은 것을 느낍니다. 그래서 거듭남을 본 에게인이라고 합니다. 거듭난 삶은 사랑하고 축복하고 교제하면서 천국을 사는 것입니다. 어떤 행복으로도 비교할 수 없습니다. 초대교회는 바로 이런 성령 충만 속에 깊은 사랑이 있었습니다. 그게 사도행전입니다. 수련회 때 치유된 마음으로 사람을 바라보는 경험을 하는 것이 중요합니다. 왜냐면 다시 미움이 생길 때 이러면 안 되는데 하고 회개할 수 있게 되는 계기가 되기 때문입니다.

교제 축복송 베스트

① 첫모임 때 축복송
서로 부담되지 않는 것이 좋습니다. 자연스럽게 한번 정도 관심을 갖게 하면 됩니다.

기대
하나님께서 당신을 통해
당신은 하나님의 언약 안에
주의 은혜라
축복합니다. 주님의 이름으로
하나님은 실수하지 않으신다네

축복송

② 기도 후에 빠른 찬양 들어가기 전의 찬양
눈물을 정리 할 시간을 주어야합니다. 그리고 눈물에 절제 되었던 몸을 빠른 축복송을 하며 주위 사람들과 교제 할 수 있게 합니다. 천천히 시작

해서 강강술래하며 뛰기도 하며, 소리도 지르고 내면의 것이 표출되도록 돕는 것이 좋습니다. 그래야 세레브레이션 찬양을 할 때 맘껏 뛸 수 있습니다.

야곱의 축복
이삭의 축복
축복의 사람
주님은 너를 사랑해
축복의 통로

③ 서로 다가가게 하는 교제 찬양
맘이 풀린 상태에서는 사람에게 다가가는 것이 자연스럽습니다. 얼굴을 쳐다보면서 찬양하다가 안기도하고, 어깨동무도하고, 손을 잡고 돌기도하면서 서로를 자세히 바라 볼 수 있도록 하는 것이 중요합니다.

그 사랑 얼마나
이 모든 것이 은혜
주 은혜임을
아름다우신

교제송

④ 위로의 축복
섬겼던 사람들의 그룹이나 사람을 소개하면서 손을 내밀어 축복하기도하고, 자연스럽게 찾아가서 기도해 주는 것도 좋습니다. 또 다른 방법으로는 봉사한 팀들을 나오게 해서 음악에 맞추어 춤을 추게 해도 좋습니다. 시간이 부족할 경우는 그 팀을 소개하면 모두 외치면서 "사랑해 아름다운 00"의 표시를 하는 것이 좋습니다.

당신의 그 섬김은
세상이 당신을 모른다하여도
그 외 축복송

4) 결단 찬양

결단 찬양은 참 중요합니다. 은혜만 받고 어떻게 살아야 할지 모른다면 다시 반복되는 삶이 될 수밖에 없습니다. 사사기처럼 은혜받고, 다시 타락하고, 징계받고, 다시 회개하고, 하나님의 용서하심을 맞보고 다시 죄를 짓는다면 무슨 소용이 있겠습니까? 저는 매년 수련회 때마다 방언을 받는 아이들을 보았습니다. 성령 체험을 했으면 그 다음 단계로 가야합니다. 방언을 잃어버리고 수련회와서 다시 방언 받고 반복되는 삶을 하나님은 슬퍼하십니다. 은혜받았으면 그 다음 단계로 결단하여 제자가 되고, 사명자가 되어야 합니다. 그것이 주님께서 은혜를 주신 목적입니다.

파송 결단 사명 찬양 베스트

① 기도 후 결단 찬양
이 시간에는 밤을 샌 사람들이 많기에 동적인 시간을 갖는 것이 좋습니다. 십자가 앞으로 나오게 하거나, 원을 그리고 한명씩 돌아가며 들어가게 하여 기도해 주는 것도 좋습니다. 제 경험으론 간증문을 읽고 찬양과 함께 축복하는 순서를 갖고, 주제별로 헌신자들을 나오게하여 다음 찬양을 부르면서 기도

나의 맘 받으소서

하고, 각 교회별로 제자훈련과 찬양단, 봉사팀에 헌신을 하고 각 교회의 교역자 앞에서 서원을 하게 하는 것이 좋습니다. 왜냐하면 교회에 돌아가서 계속 수련회의 뜨거움을 이어 갈 수 있기 때문입니다.

나의 맘 받으소서
예수 예수
주님만 갈급함 채우네
what a beautiful name (아름다운 이름 예수)
송축해 내 영혼

② 헌신 결단 찬양
이 시간에는 최종 결단의 시간으로 두 명씩 짝지어서 나이가 많은 한 명이 먼저 무릎을 꿇고 발목을 잡고 머리를 발목사이에 대고 기도하면 거의 모든 학생들이 눈물을 흘립니다. 그것이 섬김임을 체험하는 순간입니다. 후에 교역자들이 앞에 나와 회개하며 잘 섬기지 못함을 회개하는 시간을 갖고 자

경배와 찬양

기 교회 교역자들을 향해가서 기도하는 시간을 가지면 온통 눈물 바다가 됩니다. 이렇게 동적으로 마지막 시간을 갖는 것이 앉아서 강의 듣는 것보다 훨씬 아름답게 마지막 시간을 의미있게 보내는 방법이었습니다.

파송의 노래
겸손
사명
Juses Generation

파송의 노래

③ 사랑 결단 찬양

정말 마지막 시간으로 그동안 사랑하지 못한 사람들을 안아주는 시간입니다. 이성간에는 손을 잡게 하는 것이 좋습니다. 사랑의 회복의 마지막 단계입니다. 미움은 반드시 화해되어야 새롭게 시작 할 수 있습니다. 회복하지 않으면 반드시 예전으로 돌아갑니다. 원을 두 개로 만들고 두 원의 사람들을 서로 마주 보게 하고, 반대 방향으로 돌면서 서로 일일이 안아주고, 손을 잡고 고맙다고 미안하다고 인사를 하는 방법을 추천합니다. 여기 저기서 많이 우는 사람들이 생기고, 교회 안의 관계들이 회복되는 것을 보게 될 것입니다.

주 없이 살 수 없네
주님 한 분만
예수
예수 사랑하심은

사명
그의 빛 안에 살면
십자가의 길 순교자의 삶

5) 수련회 후속 프로그램

신앙은 계속 성장해야 합니다. 가만히 있으면 신앙이 제자리에 있는 것이 아닙니다. 가만히 있으면 신앙은 쇠퇴합니다. 그래서 계속 성장하기 위해 후속 프로그램이 더 중요합니다. 마지막 결단 시간에 결단을 후속 프로그램으로 하는 것이 좋은 한 가지 방법입니다. 제자훈련, 찬양단, 봉사 활동, 선교, 개인적으로는 큐티 모임, 하브루타, 학교 중보기도모임, 제이어스처럼 수련회 후에 이런 찬양 성경공부모임을 만드는 것도 좋습니다. 그리고 봉사하면 성장합니다. 봉사하기 위해 더 기도하고 찬양하고 하나님을 더 알아가야 하기 때문입니다.

"Love never fail"의 제이어스

🎼

여름은 청소년·청년들이 수련회를 통해 영적으로 살아나는 계절입니다. 그래서 청소년·청년들에게 불려지는 찬양을 연구해 볼 필요가 있습니다.

요즘은 음반차트를 통해 인기 정도를 판단하지 않고, 유튜브 조회수로 판단합니다.

찬양모음

유튜브 검색(2019년 7월 당시)
"여호와께 돌아가자"를 가장 많이 안다고 하고,
"Love never fails (사랑은 절대 실패하지 않는다)"이 673만 회 검색,
"내 모습 이대로"이 702만 회 검색,
"시편 139편 (주님께서 ~ 나를 더 잘 아십니다)"이 234만 회 검색,
"나의 백성이"이 170만 회 검색, "나는 노래하네"가 131만 회 검색,
"하늘 위에 주님밖에"가 189만 회 검색되었습니다.
이 찬양들이 바로 제이어스의 찬양들입니다.

1. 제이어스는 어떤 사역단체입니까?

2010년 3월 서울예술대학교 캠퍼스 기도 모임으로 시작된 모임이 발전되어 만들어졌으며, 2011년 2월 첫 번째 정기예배와 그해 4월 첫 앨범인 디지털 싱글앨범 "JESUS"를 발매하였습니다. 또한, 2017년 11월 29일에 진행되었던 녹음집회로 'Love Never Fails'의 라이브 앨범을 발매하였습니다. 대표곡들로는 "내 모습 이대로", "Love Never Fails", "시편 139편" 등이 있습니다 미니스트리의 이름은 마태복음 28장 20절 말씀의 Jesus is with us(내가 세상 끝날까지 너희와 항상 함께 있으리라)의 준말입니다.

제이어스는 예배팀 뿐만 아니라, 미디어, 엔터테인먼트 영역을 향한 부르심을 갖고 있습니다. 크리스천을 포함한 오늘날 청년세대들이 영상으로 소통하고, 영상에 반응하는 세대라는 것을 알고 유투브 영상으로 소통하는 찬양팀입니다.

예배영상, 후기영상 등을 통해 다양한 시도를 해보고, 많은 시행착오도 겪어보면서 영상 분야에 관심을 키워왔습니다. 영상을 통해 예배에 참석하지 못하는 크리스천들과 함께 찬양을 나눌 수 있고, 문화와 언어가 다른 이들에게 동일한 은혜가 전해질 수 있다는 사실은 참 놀랍고 감사합니다. 영상과 웹이라는 도구가 복음을 위한 선한 도구로 쓰일 수 있도록 애쓰는 노력을 기울이고 있습니다.

2. 제이어스 특징

타 선교단체와의 다른 점을 굳이 설명하자면, 제이어스는 평신도로부터 시작된 무브먼트라는 점입니다. 목회자로부터가 아닌 청년들의 자발적인 헌신으로 만들어졌고, 만들어지고 있는 그룹입니다. 제이어스가 궁극적으로 세우고자 하는 제자들은 선교사에 국한하지 않습니다. 삶의 각 영역에서 삶으로 예배하는 예배자를 일으키고자 합니다. 선교에 대해 전통적 선교뿐 아니라, 새로운 패러다임으로서의 선교가 무엇일까 고민하고 있습니다."

외국의 힐송(Hillsong)이나 벧엘 워십(Bethel Worship), 플래닛쉐이커즈(Planetshakers), 패션의 크리스 탐린(Passion; Chris Tomlin) 등의 워십팀 뿐만 아니라, 국내외 대중음악에서도 좋은 장점과 아이디어를 찾으려고 노력하고 있습니다.

따라서 음악적인 면에서 가장 현시대의 청년들과 같은 취향이라고 봐야 합니다.

3. 왜 이 찬양을 요즘 청소년, 청년들이 좋아하는 것일까요?

첫째로는 일단 청년들의 반응은 가사가 마음에 와 닿는다는 것입니다. 특히 "여호와께 돌아가자 우리 돌아서도 그는 변치 않네. 여호와께 돌아가자 우리 넘어져도 그 사랑 영원하네" 부분이 좋다고 합니다.

둘째로는 희망을 준다는 의견이 많았습니다.
사람들에게 실망하고 상처받을 때가 있는데 하나님은 절대 포기하지 않는다는 말씀이 와 닿았다고 합니다. 현재 이 시대의 교회가 청년들을 향해 가져야 할 마음이 발견됩니다.
"여호와께 돌아가자 우리 넘어져도 그 사랑 영원하네" 부분이 좋다고 하는 것은 지금의 청년들이 변하지 않는 사랑을 원하고 있다는 것입니다. 교회 안에서 청년들의 예배와 사고방식이 받아들여지지 않는 청년들의 현

주소가 "그 사랑 영원하네" 가사가 마음에 와 닿는 것으로 반영된 것 같습니다. 그리고 교회를 떠나는 청년들이 교회에서 변하지 않는 사랑에 갈급해 있다는 반증이기도 합니다.

4. "love never fail" 에 대한 묵상

1) 가사 묵상
"여호와께 돌아가자. 우린 돌아서도 그는 변치 않네
여호와께 돌아가자. 우린 넘어져도 그 사랑 영원하네
~
사랑은 오래 참고 자신을 내어 주네
서로 사랑할 때 세상은 주 보네
사랑은 절대 지지 않네
사랑은 오래 참고 자신을 내어 주네

서로 사랑할 때 세상은 주 보네
사랑은 지지 않네
여호와께 돌아가지
우린 돌아서도 그는 변치 않네"

돌아가고 싶은 곳이 많습니다. 고향, 어릴 적 친구들, 부모님의 품, 참 여러 가지가 있습니다. 그러나 이런 곳은 돌아가고 싶어도 돌아 갈 수 있는 곳이 하나도 없습니다. 그러나 주님께는 언제나 돌아 갈 수 있습니다. 그것을 알았다는 것이 참 신앙의 시작입니다. 왜냐면 그때서야 하나님을 찾을 수 있기 때문입니다. 하나님만 변치 않는 사랑이 있습니다. 우리가 바르게 진실되게 살 수 있는 이유는 변치 않는 주님의 사랑이 있기 때문입니다. 변하는 세상에 상처 받은 우리는 변치 않는 주님의 사랑이 그립습니다. 그래서 주님께 돌아가고 싶은 것입니다.

2) 영어 제목에 대해

몇 년 전에는 외국 찬양을 번안할 때도 영어를 쓸 수 없었습니다. 가사는 한국어만 가능합니다. 그러나 몇 년 전부터는 뜻이 전달이 안 된다면 영어(외국어) 그대로 번역할 수 있게 하는 법이 통과되어서 영어 제목도 많아졌습니다. 제이어스찬양에 보면 영어 제목이 많습니다. 그것도 또한 현재 청년들의 문화 습관을 그대로 도입해서 청년들에게 다가갈 수 있었습니다.

3) "love never fail"에 담고 싶었던 메시지

제이어스의 인터뷰에 보면 이런 내용이 있습니다. "요즘 교회가 의를 위하여 핍박을 받는 것이 아니라 조롱을 당하는 것을 보면서 이 시대의 젊은이들이 교회를 빠져나가는 답을 찾아보자" 하는 메시지가 있다고 합니다.

김준영 대표가 찾은 답은 사랑이었습니다.
사랑의 변질이 세상의 조롱을 받고, 변하지 않는 사랑의 체험이 없어서 세상의 조롱을 받고 청년들이 교회를 떠난다고 합니다. 교회가 정치적 상황에 빠져 광화문 앞에서 집회하는 것을 보면서 사랑하자는 건지, 배척하자는 건지 분명하게 그 이유가 드러난다는 것입니다.

성경에서의 사랑은 사랑할 수 있는 자만 사랑하는 것이 아니라 반역한 자, 하나님을 향해 돌아서는 자에게 대한 변함없는 사랑이었습니다. 그 사랑이 현재 교회에서 사라졌다는 것입니다.
호세아서를 통해 교회 밖이 아니라 교회에 외치고 싶다는 것입니다. 사실 청년들이 외쳐도 통하지 않으니 이제 제이어스가 선지자가 되어 교회에 외치는 것이라고 생각합니다.

5. "born again"에 묵상

갈 2장 20절을 모델로 만들어졌습니다. "이전 것은 지나고 새롭게 됐

네"라고 선포하면서 청년들에게 세상 사람들과 똑 같아선 안 된다는 메시지를 전하고 있습니다.

그리고 "너희가 나를 택한 것이 아니요 내가 너희를 택하여 세웠나니"라는 가사는 주님의 선택하심을 위로의 메시지로 전합니다. 우리는 거듭난 삶을 청년들에게 도덕적으로 강요합니다. 그런 현대 교회의 행태에 대해 주님의 사랑을 먼저 생각한다는 현대 강단의 회개를 나타내는 메시지이기도 합니다.

6. "내 모습 이대로"에 묵상

"내 모습 이대로 사랑 하시네
연약함 그대로 사랑 하시네
나의 모든 발걸음 주가 아시나니
날 인도 하소서"

초반부의 가사는 참 의미가 있습니다. 현대 청년들의 상황을 있는 그대로 받아주는 주님의 사랑을 전하고 있습니다. 옛날엔 없는 사람들만 좀 힘든 세상이였지만, 이젠 청년들조차도 갈 곳이 없는 세상이 되었습니다. 그런 상황 속에 있는 청년들에게 지금 있는 모습 그대로 받아준다는 주님의 사랑은 참 신선합니다. 사실 이 가사는 오래전부터 존재한 가사입니다. 그러나 지금 더 의미 있고 절실한 상황이 된 것이 아닐까 생각합니다. 그리고 "날 인도하소서"는 간절한 기도의 제목이 스며있습니다.

"주의 날개 아래 거하는 것
주의 임재 안에 거하는 것
나의 가장 큰 소망
나의 가장 큰 은혜"

힐송의 스틸(still)의 한 부분 같은 찬양입니다. 그러나 말씀의 한 부분이기도 합니다. '이스라엘 백성들을 광야에서 주님의 날개로 안고 지나셨다'는 신명기의 말씀입니다. 이스라엘 백성들은 그때 광야를 느꼈지만, 주님의 날개로 안고 왔다는 것입니다. 40년 동안 해어지지 않던 신발과 옷을 생각해 보라고 합니다. 홍해를 가르시고 물을 내신 것을 생각해 보라고 하십니다. 사실은 우리는 광야를 봅니다. 그런데 그 광야 잘 지났습니다. 주님이 함께하셨기 때문입니다. 그래서 광야에서 가장 큰 소망을 가질 수 있습니다. 지금 광야 길을 가는 청년세대를 향한 광야를 보지 말고 주님의 날개와 함께 하심을 보라는 분명하고 강한 메시지가 있습니다.

7. 제이어스의 매달 정기예배를 토요일 6시에 한다는 데 그 이유가 있나요?

매달 넷째 주 토요일 저녁 6시마다 서울성락성결교회(이단 아닌 곳)에서 정기예배를 드립니다. 세상의 문화가 젊은이를 유혹하는 시간대가 토요일 밤이기에 그 날에 예배를 진행한다고 합니다. 오후 4시부터 줄을 서서 대기한다고 합니다. 모두들 앞자리에 앉기를 원하기 때문에 특별한 공휴일이 끼어있지 않는 이상은 대부분 대기 줄이 길다고 합니다.

"불을 내려주소서"의 천관웅 목사

대표곡 : 밀알, 겸손의 왕, 불을 내려주소서, 이집트왕자 2의 주님 내길 더 잘 아시니(번안)

천관웅 CHEON KWAN WOONG

뉴제너레이션 무브먼트 대표
뉴제너레이션 메인 워십리더 및 메인 설교자
연세디지털콘서바토리 CCM 전공 학과장

아세아연합신학대학교 졸업
총신대학원(M.Div) 졸업

뉴사운드교회 담임목사
CKW 미니스트리 대표

한국컨티넨탈싱어즈 3기 싱어
한국컨티넨탈싱어즈 9기 부지휘자
한국컨티넨탈싱어즈 10, 11기 지휘자
한국컨티넨탈싱어즈 컬러1기 리더

(전) 디사이플스 워십리더

방송실활

Album

1집 Jesus Generation	한국컨티넨탈싱어즈 2집 ~ 8집 솔로 및 코러스 녹음
2집 Miracle Generation	디사이플스 1집 RUN 프로듀싱(2001년 9월)
3집 Mighty Generation	디사이플스 2집 It's Coming New Day! 프로듀싱(2004년 8월)
NewSound Worship (뉴사운드위십)	디사이플스 3집 Hero 프로듀싱, 녹음 (2007년 7월)
천관웅 라이브 앨범 ~ Generation To Generation	New Sound Worship with 천관웅 공동 프로듀싱(2010년 2월)
Digital single 'Romance Of God' 발매 (2016년 12월)	Newgeneration worship 정규앨범 1집 발매 (2014년 11월)

1. 천관웅 목사의 사역 시작

천관웅 목사는 1993년 컨티넨탈 싱어즈 3기로 사역을 시작했습니다. 지금도 형이라고 부르는 김명식 사역자가 천관웅 목사를 멤버로 뽑았습니다. 그때 김명식 사역자는 천관웅 목사의 열정을 보고 뽑았다고 합니다. 그래서 천관웅 목사를 "불"이라고 부릅니다.

그리고 98년부터 컨티넨탈싱어즈의 음반 지휘자를 역임했고, 이후 모던워십팀 '디사이플스'의 리더로 활동하다가, 현재는 뉴사운드 교회의 담임목사로 교회 사역과 예배 사역을 병행하며 새로운 예배를 시도하며 전방위적 사역을 감당하고 있습니다. 음반은 3장의 디사이플스 정규 앨범들과 뉴사운드 워십 1집 앨범, 그리고 3장의 솔로 앨범을 발표했습니다. 그의 음악은 CCM과 워십의 경계를 넘나들며 감각적인 편곡과 가장 동시대적인 장르의 선용, 고급스러우면서 웅장한 스케일을 특징으로 합니다. 거기에 2000년대 남성 솔로 사역자 중 최고의 판매고를 기록하는 대중성까지 갖췄습니다.

2. 천관웅 목사의 앨범의 특징

1) 젊은 세대를 향한 부르심

2003년 1집 jesus generation, 2006년 2집 Miracle Generation, 2011년 3집 Mighty Generation이 있는데 공통적으로 geneartion이란 단어가 들어갑니다. geneartion은 "세대"라는 뜻인데, 바울이 '이방인을 위해 부르심을 받았다'면 천관웅 목사는 '이 세대'를 위해 부름을 받았다는 사명을 가지고 있습니다.

그가 존경하는 목사님께서 "하나님의 존재를 믿지만, 하나님의 능력은 믿지 못하는 교회가 되어서는 안 된다"는 말씀을 인용하면서, 지금의 세대의 문제점은 "현세대는 하나님이 그의 아들을 믿는 자들에게 영생을 주신다는 사실을 믿지만, 그 아들 안에서 '부활의 권능'으로 우리 안에 불어 넣어 주신 하나님의 능력은 믿지 못하는 세대인 것 같다"며 아쉬움을 나타내었습니다. 또한 "기름 부음 받은 소년 다윗이 품었던 믿음과 용기가 이 시대 교회 안에도 가득 채워지길 원하며", "거대한 골리앗에 맞서 전쟁은 하나님께 속한 것임을 믿고 선포하고 물맷돌을 던지며 나아간 다윗과 같은 믿음과 확신의 세대가 많이 일어나길 소망한다." 그리고 이 세대가 "권능의 세대, Mighty Generation"로 깨우는 것이 자신의 사명임을 확신한다고 했습니다.

2) 시대를 앞서가는 장르

그는 청바지 목사로 불리며 청소년과 청년과 하나가 되어서 사역하는 사역자입니다. 그는 이 세대를 품기 위해 모던 락, 포크, 팝 발라드, R&B, 블루스, 켈틱, 프로그레시브, 유로팝, 레게..알앤비, 켈틱 발라드, 일렉트로닉 등 다양한 장르를 실험하고 찬양에 접목을 시켰습니다.

그 결과 사회에 뒤지지 않는 가수들이 그의 영향을 받기도 했습니다. 가수 '비와이'가 대표적인 예가 아닐까 생각합니다. '비와이'는 고등학교 때부터 음악적 영감을 준 사람이 천관웅 목사라고 공개적으로 밝히기도 했습니다. "천관웅 목사의 노래를 영어로 번역해서 부르면 종교음악 같지 않고 그냥 밴드 음악 같아요. 그런 면에서도 영향을 많이 받았어요." 라고 랩퍼 '비와이'는 고백합니다.

3) 끊임없는 시도

3집에 "날 향한 주의 뜻이라면"이란 찬양을 선보였는데, 무려 7분이나 됩니다.

대중적으로 접근하려면 5분 이상을 넘기면 안 되는데 이 곡이 가지고 있는 진정성을 살리기 위해 그대로 진행했다고 합니다. 이 곡은 그가 정말 존경하는 짐 엘리엇 선교사님의 일기에서 모티브를 얻어 만든 곡입니다. 29살의 나이에 에콰도르의 아우카 부족의 구원을 위해 한 알의 밀알처럼 자신을 드려 복음을 전하고 순교하신 선교사님의 일기를 보며 마른 막대기 같은 자신의 삶에 불을 붙여 주님을 위해 온전히 소멸하게 해달라는 선교사님의 고백이 천관웅 목사의 가슴을 울렸다고 합니다. "내 삶 또한 주님의 것이니 다 태워주시길" 고백하는 밀알신앙을 담게 되면서 이 곡의 부제 또한 밀알 Part2 가 되었습니다.

기억에 남는 또 다른 장면은 아우카 부족이 "아빠를 죽이려고 하면 총을 쏠거예요." 라고 아들이 묻는 장면이 나옵니다. 이때 짐 엘리엇이 "아빠 죽어도 천국에 갈 수 있지만, 그 사람들은 죽으면 천국에 갈 수 없잖아." 라고 대답합니다. 그가 얼마나 영혼을 사랑했는지 보여주는 장면입니다. 밀알의 한 가사가 생각이 납니다.

"세상을 구원하기 위해 흘려야 할 피가 필요하다면"

마찬가지로 "날 향한 주의 뜻이라면"에도 밀알의 심정이 그대로 녹아 있습니다.

마른 막대기 같은 내게 불을 붙여주소서
재단 번제물처럼 날 드리니
길게 사는 것보다 가치 있는 삶을 살게 하소서
죽어 세상을 살리신 주님처럼

날 향한 주의 뜻이라면 내 뜨거운 피를 취하소서
생명을 버리기 위해 오신 주님처럼
내 삶은 주의 것이오니 희생의 피로 부으소서
살든지 죽든지 주만 위해 살게 하소서 죽게 하소서

3. 싱어송라이터, 천관웅 목사의 찬양 사역 시작

중학교 때부터 작곡을 했는데 사실은 음악을 배운 것이 아닙니다. 다 독학을 했다고 합니다. 그는 음악을 배우지 않았기에 독창성이 누구보다 뛰어났고, 어디에도 얽매이지 않고 자유롭게 음악을 할 수 있었다고 이야기를 합니다. 음악을 배우지 않았던 단점이 도리어 장점이 된 것입니다.

그의 첫 작곡은 중학생 때인데 "목마른 사슴"입니다. 소심한 성격이었던 그는 중학교 때부터 남몰래 작곡했던 곡들이 많았지만 내놓지 못하고 있다가 앨범을 낼 때 자신의 곡이 앨범에 들어가야 하기에 그때서야 이곡을 내어 놓았다고 합니다.
경쾌한 곡입니다. 중학생이 이런 곡을 썼다는 것은 정말 대단한 일입니다. 지금도 그때의 일을 생각하며 중학생, 고등학생들에게 숨겨 놓은 작시나 작곡한 곡을 보내달라고 해서 코칭을 해주고 격려하는 사역을 하고 있습니다.

그리고 그는 어린 꿈나무들을 키우기 위해 "가스펠 C 스타"라는 오디션 프로그램을 만들어 어린 학생들도 하나님께서 주신 재능을 펼칠 수 있도록 돕고 있습니다.

4. 천관웅 목사가 좋아하는 찬양

파수꾼의 노래

"나의 영혼 깊은 그곳에 주를 향한 목마름이
소리 없이 흘러내리는 눈물
오랜 기다림 속에 쇠잔해진 내 영혼
파수꾼이 아침 바라듯 내 영혼이 주를 기다려
그 따뜻한 날개 아래 품으소서"

세상의 문화에 비해 기독교 문화는 골리앗 앞에 선 다윗 같습니다. 세상에선 국내 드라마도 이젠 500억 제작비를 드려서 촬영한다고 합니다. 거기에 비하면 기독교 영화나 드라마는 자비를 드려서 제작하곤 합니다. 음악도 마찬가지입니다. 세상 음악의 엄청난 제작비에 비해 기독교 음악은 굶으면서 하는 사역입니다. 천관웅 목사의 마음이 '이 파수꾼의 마음이 아닐까?' 생각합니다.

세상의 음악과 싸우고 있는 찬양사역자들이 세상 방송과 싸우는 파수꾼, 세상 교육과 싸우는 파수꾼, 그 파수꾼들의 마음을 잘 그린 찬양입니다.

아무것도 우리에게 없지만, 우리가 하는 일이 정말 작아 보이고 하찮게 보이지만 "우린 생명을 살리고 있잖아요." 그 맘이 느껴지는 찬양입니다.

5. 천관웅 목사에게 영향을 받은 연예인

1) 탤런트 신세경
탤런트 신세경은 중학교 때 같은 교회를 다녔고, 디사이플스 때 천관웅 목사가 "싸인"을 해주면서 당부한 말을 아직도 간직하고 있다고 합니다. "하나님이 널 스타로 만드시면 하나님을 위한 사역자가 되어줘" 하며 싸인 해 준 그 싸인을 아직도 책상 앞에 붙여 놓고 방송사역을 하고 있다고 합니다.

2) 원더걸스 선예
원더걸스의 선예가 아이티선교사 제임스 박선교사와 결혼을 하고 선교지로 떠났던 일은 많은 사람을 놀라게 했습니다. 선예는 디사이플스 집회에 영향을 받고 비전을 키워왔다고 합니다.

선예는 결혼식 축가를 천관웅 목사에게 "밀알"을 부탁했다고 합니다. 아무리 결단이 대단하지만 어떻게 결혼식장에서 "죽으라는 찬양을 부르겠느냐." 하여 "내 평생 소원"을 불렀다고 합니다.

인생 절정의 최고의 순간에 가수 생활을 내려놓고 선교지로 떠날 수 있는 힘은 분명 주님을 사랑하기 때문일 것입니다.

6. 천관웅 목사 사역에 대한 견해

1) 천관웅 목사는 세상과 다리를 놓는 사람입니다.
세상과 하나님과의 다리, 윗 세대와 아래 세대와의 다리, 후배의 현대성과 선배들의 영성의 다리, 세상 음악과 예배 음악의 다리를 놓기 위해 삶을 드린 사람입니다.

2) 그의 예배는 자유롭습니다.

콘서트도, 예배도, 여느 찬양집회와도 다른 형식으로 찬양 집회를 인도합니다. 말 그대로 자유 자체입니다. 그래서 이 시대의 10대들과 교회를 잇는 다리를 새로운 형식의 찬양으로 놓는 것이 아닐까? 생각합니다. 그 사명을 끝까지 완수해 가길 바랍니다.

"주님 한 분만으로 나는 만족해"의
어노인팅

𝄞

1. 어노인팅 미니스티리 찬양팀 소개

1) '어노인팅'의 뜻
'어노인팅'이란 '기름 부으심' 이란 뜻입니다. 성령의 기름 부으심이 임하셔서 방언하고, 예언하고 병이 고쳐지는 것만 생각하는 경향이 있는데 사실은 그런 성령의 임재도 있지만, 찬양을 부르고 싶은 맘, 찬양이 입에서 흥얼흥얼 나오는 것도 기름 부음 받은 것입니다. 왜냐면 처음 성령의 은사를 받으면 찬양을 계속 부르고 싶기 때문입니다.

찬양은 예배입니다. '어노인팅'은 예배에 꿈을 가지고 있는 찬양사역팀입니다. "주님 한 분만으로 나는 만족해" 그 뜻을 담고 있는 찬양팀이 아닐까 생각합니다.

2) '어노인팅'의 3가지 비전
첫째는 이 땅에 참된 예배자를 세우는 일입니다.
"우리는 예배를 예배하지 않는다. 우리는 하나님을 예배한다." 모토로 한 사람의 예배자가 되는 것이 어노인팅의 사명입니다.

둘째는 교회를 섬기고 찬양과 경배 사역의 실제적인 필요를 돕는 것입니다.
"예배를 통한 이 땅의 부흥을 꿈꾸며" 교회마다 찬양팀이 없는 곳이 없을 정도로 이미 교회에서 필수가 된 이 사역을 지원하는 일을 합니다.

셋째는 열방이 하나님을 예배하도록 이끄는 것입니다.

"대저 물이 바다를 덮음같이 여호와의 영광을 인정하는 것이 세상에 가득하리라"는 말씀을 이루기 위해 선교지의 찬양과 경배 사역을 지원하고, 사람들을 훈련시켜 단기선교팀을 보내고 선교사역을 지원하는 일을 합니다.

3) 어노인팅 미니스트리의 뿌리

1987년에 시작된 임마누엘선교단에서 찾을 수 있습니다. 80년대 후반 우리나라에서 전국적으로 찬양과 경배 사역이 크게 일어날 당시 그 흐름의 한 축을 담당했던 임마누엘선교단은 앨범제작과 집회를 중심으로 왕성하게 활동했던 팀입니다. 특히 임마누엘선교단의 가치는 국내 창작 예배

곡이 전무했던 90년대 초, 국내 창작 예배 곡으로 3집 '내 입술로', 4집 '내 영이', 7집 '내 기뻐하는 자'를 발표하여 국내 예배 곡의 가능성을 보여 주었습니다.

1994년 팀을 리더했던 정종원 목사가 목회의 길로 들어서면서 박철순 간사를 중심으로 사역해왔던 임마누엘은 1997년 다드림선교단 및 몇몇 단체와 뜻을 같이하여 한 몸을 이루어 통합하게 되는데 그 단체가 바로 "다리를 놓는 사람들"입니다. 다리를 놓는 사람들에서 예배사역 팀으로 예배학교와 집회사역을 하던 중, 2001년 다리를 놓는 사람들의 예배 팀과 클레이 뮤직이 함께 마음을 모아 이 땅의 예배를 섬기기 위해 예배실황으로 앨범을 제작하게 되는데 이 앨범이 "어노인팅(Anointing/ 기름 부으심)"이었습니다.

그 동안 다리를 놓는 사람들의 예배사역팀으로 사역했던 어노인팅은 보다 전문적인 예배사역을 감당하기 위해 2003년에 독립했고, 이때부터 어노인팅 미니스트리의 사역이 시작되었습니다.

어노인팅의 사역은 목요예배(도림교회), 워십캠프, 워십투어, 예배자학교(인도자, 음향, 싱어) 4팀으로 사역이 진행됩니다.

4) 어노인팅 앨범
예배 음반과 인도자
1집 인도: 박철순, 2집 인도:박철순, 3집 인도:정종원, 4집 인도:오재성,
5집 인도: 강명식, 6집 인도:김영진, 7집 인도:박철순, 8집 인도:강동균,
9집 인도: 강명식, 10집 인도:전은주,
11집 인도:josh davis, 전은주, 김재우, 최요한,
12집 인도:최요한, 13집 인도:소병찬

스튜디오 음반편집
《예배자의 노래 Vol.1》《예배자의 노래 Vol.2》

컨퍼런스 실황앨범편집
《예배인도자 컨퍼런스 2002 ~ 2010 예배실황》

예배캠프 앨범편집
《어노인팅 예배캠프 2012 LIVE》-《어노인팅 예배캠프 2019》

베스트 앨범편집
《HYMNS 어노인팅 찬송가 1집~3집 Anointing Best Selection》

5) 어노인팅의 찬양인도자들
인도 : 박철순/정종원/오재성/강명식/강동균/전은주/최요한으로 이어
　　지다가 지금은 소병찬전도사가 인도하고 있습니다.

어노인팅은 박철순 간사의 찬양 색체가 그대로 묻어 있습니다.
박철순 간사는 1989년 임마누엘 선교단에서 사역을 시작하였습니다.
그리고 어노인팅 1집 예배를 인도하였고, 어노인팅 미니스트리 초기 대표
를 지냈고, 대표곡으로 "주님 한 분만으로"를 작곡하였습니다.

지금 예배인도자 및 책임간사는 소병찬 목사가 맡고 있습니다.
소병찬 목사는 2006년 어노인팅의 싱어 사역을 시작했고, 2016년 백석
대학교 대학원 M.div 과정을 졸업한 후 새문안교회 찬양 목사로 섬기고 있
습니다. 이번 앨범에서는 '날마다 주와 함께', '그의 나라는' 등의 작사로 참
여했습니다.

2. 어노인팅의 대표곡

1) 전은주 전도사가 지은 "내 영혼 안전합니다.", "소원"
전은주 전도사는 '선천성 안검하수' 라는 병에 걸립니다. 다섯 살 때에
다리에 있는 근육을 얼굴에 이식해 주는 수술을 했습니다. 다리 근육이 눈

근육보다 힘이 더 센지라, 초등학교 내내 자신의 별명이 '눈 병신' 아니면 '짝눈이'이었다고 합니다. 5학년 때 전학을 갈 때까지 매일 친구들의 놀림으로 인해 울면서 집에 돌아가야 했습니다. 참 힘든 어린 시절이었는데 계속해서 찬양으로 예배하고, 하나님을 경험하면서 놀라운 사실을 깨닫게 되었습니다. 하나님은 하나님께서 만드신 전은주를 있는 모습 그대로를 사랑하신다는 것이었습니다. 그 맘이 그가 작곡한 찬양에 그대로 묻어 있습니다.

내 영혼 안전합니다

"내 아버지 그 품 안에서 내 영혼은 안전합니다.
 주 손길로 내 삶을 안으시니 그 평강이 나를 덮습니다
~ 나 비록 넘어지며 흔들리지만 주 내 안에 거하며 나를 붙드시니"
('내 영혼 안전합니다.' 중에서)

"나의 평생에 단 한 가지 소원 주의 아름다우심 보며 사랑 노래 하는 것
나의 왕 되신 주님의 얼굴 구하며 주 사랑 안에 머물며 사랑 노래합니다."
('소원' 중에서)

전은주 전도사의 삶의 어려움은 이처럼 주님 없이 못사는 사람으로 고백되어 집니다. 어려움 때문에 주님 품에 있게 되었고, 주님만 노래하는 소원을 갖게 된 것입니다. 우리 눈으로 보면 절망인 것들이 하나님의 눈으로 보면 이 처럼 아름다운 사연으로 바뀌어 가는 것을 보며 주님을 찬양합니다.

2) 예수보다 더 큰사랑
이 곡은 2019년 4월 29일에 발매된 [어노인팅 13집]의 타이틀곡이 '예수보다 더 큰 사랑(No Greater Love)'입니다.

[어노인팅 13집]은 2018년 11월 서울예수마을의 예배실황을 녹음한 앨

범입니다. '날 자녀라 하시네' 와 '예수보다 더 큰 사랑'을 제외한 모든 곡을 어노인팅에서 작사/작곡했으며, 소병찬 간사가 인도를 했습니다.

예수보다 더 큰 사랑

" 예수보다 더 큰사랑 그 누구도 줄 수 없네
우리에게 자유 주신 그 큰 사랑 세상의 헛된 보화
곧 사라지지만, 영원한 주님의 사랑 나의 맘에 남으리"

소병찬 간사가 찬양인도를 맡고 나서 예배가 전 보다 훨씬 밝아 졌습니다. 이 찬양을 들으면서 자유를 주신 분이 주님이기에 참 즐거운 맘으로 하나님을 예배하고 찬양해야 하지 않나 생각해 봅니다.

3) "예수 안에 소망 있네"

2007년 예배자 컨퍼런스에 발표된 곡입니다. 이 곡은 미국에 있는 '어노인팅' 팀의 곡인데 " 기름 부으심"이 있습니다.

"예수 안에 소망 있네 내 빛과 힘 나의 노래
환란 중에 도우시는 주 나의 견고한 반석
크신 사랑 크신 평화 두렴에서 날 건지네
내 위로자 내 모든 것 주 사랑 안에 서리라

예수 안에 소망 있네

완전하신 하나님이 우리와 같이 되셨네
주 사랑과 그 공의로 세상을 구원하셨네
십자가에 주 달리사 그 진노를 거두셨네
내 모든 죄 담당하신 주 은혜 안에 살리라

죽임당한 세상의 빛 어둠 속에 누이셨네
영광스런 그의 날에 무덤에서 부활했네
승리하신 우리 주님 원수들을 물리쳤네

나 주의 것 주 나의 것 주 보혈 안에 살리라

주 예수의 능력으로 내 속에 두려움 없네
나의 사는 모든 순간 주께서 다스리시네
어느 것도 주 손에서 날 빼앗지 못하리라
주 오실 날 기다리며 주 능력 안에 서리라"

"굳건한 반석이시니 그 위에 내가 서리라(찬송가 옮김)
그 위에 내가 서리라"

이 찬양 곡은 케이스(Keith Getty)와 크리스틴(Kristyn Getty)이 작사 작곡한 곡입니다. 케이스(Keith Getty)와 크리스틴(Kristyn Getty)은 현대 예배용 찬송가와 합창을 많이 작사 작곡한 저명한 음악가로 부부 음악가입니다.

케이스는 그의 부인, 또는 영국 작사자이며 경배와 찬양 리더인 스튜아트 타운엔드(Stuart Townend)와 함께 많은 곡을 작사 작곡하였습니다. 케이스와 크리스틴은 지난 10년 동안 클래식과 현대 음악의 갭을 메우려 많이 노력하여 왔으며, 현대 성가 운동의 최전선에서 활동하고 있는 부부 음악가라 할 수 있습니다. 크리스틴의 아름다운 음성인 소프라노에 남편 케이스의 부드러운 피아노 반주가 잘 조화를 이루며 환상의 콤비를 이루고 있기에 많은 사람들의 사랑을 받고 있습니다.

케이스와 크리스틴 부부는 신세대를 위해 많은 찬송가를 쓰며 노래를 부르고 있는데 그 목적은 두 가지였다고 합니다. 하나는 사람들이 노래를 부르는 가운데 신앙을 키우게 하려는 데 있다는 것입니다. 성경은 우리에게 여러 가지 믿음의 양상을 보여주고 있는데, 찬송은 우리의 생각과 느낌과 살아가는 방법을 잘 가르치면서 신앙을 키워준다는 것입니다. 그리고 다른 하나는 모든 세대가 과거와 현재와 미래에 관계된 형태를 노래할 수 있는 영원한 예술 세계를 창조해 내게 하려는 것이라고 했습니다.

"우리의 희망은 우리 자신이 아니라 예수그리스도다"라고 말하면서, "교회 음악이 사람들을 처한 환경 넘어 영원한 곳으로 끌어 올리고 사람들의 경험을 믿음으로 이끌어주는 통로가 되기를 원한다."라고 말합니다.

케이스의 유명 앨범으로는 'Awaken the Dawn', 'In Christ Alone' 등이 있다.

"다윗처럼"의 장종택 목사

1. 장종택 목사 소개

<다윗처럼>, <생명과 바꾼 주의 사랑을>의 작곡자이고 <하나님을 감동시키는 예배자><온유야, 아빠야>,<영적외도하는 예배자>의 저자, <데스퍼레이트 밴드>의 리더 그리고 CTS 라디오 <장종택의 예배일기> 진행자입니다.

찬양영상

2. 찬양 사역자가 된 이유

찬양 사역자가 되기 위해 1995년 미국 유학을 갔다가 인생의 막장 속에서 예배사역자로 부름을 받았습니다.

자세한 이야기는 하지 않는데, 그때 핸드폰하고 공중전화 카드 하나만 남았을 정도로 어려웠다고 합니다. 그래서 부모님과 지인들에게 전화를 해서 알리면 위로를 받을 수 있을까 생각을 했지만 걱정을 끼치는 것 같아 포기하고 있는데 이 찬양이 입에 맴돌았다고 합니다.

"죄짐 맡은 우리 구주 어찌 좋은 친군지 걱정 근심 무거운 짐 우리 주께 맡기세"의 찬송 3절이 가장 와 닿았다고 합니다. 관계적으로 힘든 일이 있었기 때문입니다.

"세상 친구 멸시하고 너를 조롱하여도 예수 품에 안기어서 참된 위로 받겠네" 찬송을 부르면서 위로를 받았고 사람이 아닌 예수님만이 위로의 대상임을 알고, 용서를 하게 됩니다.

　그때 주신 말씀이 "내가 나를 위하여 충실한 제사장을 일으키리니 그 사람은 내 마음, 내 뜻대로 행할 것이라 내가 그를 위하여 견고한 집을 세우리니 그가 나의 기름 부음을 받은 자 앞에서 영구히 행하리라"(삼상 2:35)이라고 합니다. 그래서 한국으로 와서 CCM사역을 시작했다고 합니다.

　3. 한국에 와서 많이 힘들었던 점

미국 대형 교회에서 예배사역을 하다가 가끔 한국에 초청받아 캠프에

서 예배사역을 한 적이 있습니다. 한국의 성도들은 찬양할 때의 뜨거운 모습과 설교할 때의 모습이 달랐고, 예배 이후의 삶이 달랐습니다. 캠프에서 설교할 때 핸드폰을 보는 학생들이 절반이나 되었습니다. 그들의 이중적인 신앙 생활을 보며, 하나님이 한국을 향한 사역의 마음을 주셔서, 미국의 모든 사역과 영주권을 포기하고 한국으로 귀국했습니다.

막상 순종하여 한국에 오니, 전혀 수입이 없었습니다. 청빙해서 온 것이 아니라 하나님께 기도하고 그냥 순종해서 온 것이기 때문에 살기가 너무 어려웠습니다. 동두천의 재건축 집에서 살았는데, 목욕도 할 수 없었고, 도시가스비를 못 내서 끊어진적도 있습니다. 그때 순종하면서 고난과 역경이 오는 것을 깨달았다고 합니다.

이런 어려움 속에 태어난 딸이 둘째 딸 온유였습니다. 엎친 데 겹친 어려움이 이어졌습니다. 신기한 것은 그때부터 하나님께서 일하셨다는 것입니다.

4. 어려움 (딸 노아의 혼수상태)을 통해 하나님의 일하시는 방법

1) 딸 노아의 기형 종양
딸의 희소병 기형종양으로 하나님의 기적을 보게 되었습니다.

"8살 둘째 딸에게 특이성 뇌염이 생겼는데, 병원에서 원인도 모르고 치료방법도 없었습니다. CT나 MRI에서도 원인을 찾지 못했는데 우연히 X-Ray를 통해 난소에 아주 작은 기형종양이 발견되었습니다. 종양을 공격해야 하는 항체가 뇌를 공격하는 이상한 병입니다. 뇌는 죽어 있고, 숨만 쉬고, 나머지 신체의 모든 기능이 정지되어 있었습니다.

항체가 공격해서 불면으로 잠을 20일 동안 자지 못하게 되었습니다. 눈을 뜨고 있지만, 앞은 보지 못하는 상태입니다. 눈이 분홍색으로 바뀌어

갔습니다. 그리고 시도 때도 없이 발작했습니다. 발작을 일으키면 2~5시간이 계속되었습니다. 온몸을 비틀고 몸에 있는 주사바늘을 모두 뽑기 때문에 몸을 눌러 막아야 했습니다. 이 모든 일을 아내와 교대하며 해내야 했습니다.

어느 날, 딸이 무언가 씹고 있는 것이 보였습니다. 입안을 살펴보니 자기 입안의 속살을 뜯어서 씹고 있는 것입니다. 딸은 뇌가 정지되어 통증을 느끼지 못합니다. 간호사를 부르는 사이 딸은 한 번 더 크게 씹어 입안의 혈관이 터져 피가 뿜어져 나왔습니다. 간호사가 들어와 마우스피스를 채우고, 피를 뽑고 응급처치를 마쳤습니다. 딸의 피 묻은 얼굴을 닦으려고 하는데 입 근처에 하얀 게 보였습니다. 떼어내어 보니 딸의 이였습니다. 마우스피스를 너무 꽉 물어 이빨이 빠진 것입니다. 이때 저의 이성을 잃었습니다. 하나님에 대한 분노가 일어났습니다. 하나님을 원망하며 '하나님 도대체 이게 뭡니까?'를 소리치며 울부짖었습니다."

2) 하나님과 대화
자녀가 아플 때 부모의 마음은 오죽하겠습니까? 그때 잠깐 하나님의 음성이 지나갔다고 합니다. '너 이래도 나 신뢰하니?', 주저하고 말을 하지 못했다고 합니다. 이때 믿음은 암기하는 것이 아니라는 것을 깨달았다고 합니다. 우리는 '좋으신 하나님', '선하신 하나님', '은혜가 풍성한 하나님'을 암기하지만 이런 일이 닥치면 '좋으신 하나님' 이라고 고백하기가 어렵습니다.

그날 밤의 자신의 모습을 보게 되었다고 합니다. 찬양으로 '좋으신 하나님'을 찬양하지만 이런 일이 생기니 하나님을 원망하는 자신을 보고 그날 밤, 속이고 산 자신을 보게 되었다고 합니다. 많이 회개하며 울었다고 합니다. 특히 자신에게 정직하지 못했음을 회개했습니다. 사람들은 죽음 앞에서 정직해지는 것을 알았다고 합니다.

3) 그 순간의 순종과 기도

다음 날, 아내가 예배사역을 다시 시작하라고 했습니다. "당신이 일해야 하나님이 일하신다"고 했다고 합니다. 아내가 고생할 것을 생각하니 마음이 아프지만, 사역했습니다. 준비하는 동안 힘들지만, 예배를 하고 나면 이상하게 새 힘이 생겼습니다. 딸을 위해 기도할 힘이 생겼습니다.

그리고 인터넷에 딸의 사진을 올리고 중보기도를 요청했습니다. 말치레뿐인 형식적인 중보기도 말고, '정직한 중보기도'를 요청했습니다.

인터넷에 올린 사진을 보고 자신의 딸처럼 기도해 주신 분이 많아졌습니다. 수백 통의 중보기도 문자가 들어왔습니다. 그 문자의 공통점이 있었습니다. 문자를 통해 중보기도의 비밀을 알게 된 것입니다. 딸 때문에 기도하다가 자신의 죄를 회개하는 기도를 했다는 분이 많았던 것입니다. 중보기도 하다가 "나 때문에 기도가 막히면 어떻게 할까?"를 생각하다 회개기도가 나왔습니다.

"그리고 기적이 일어났습니다. 온유가 일어날 때 예수님하고 깨어났습니다. 그리고 엉엉 울었습니다. 그 무의식 속에서 예수님을 만나고 있었던 것이지요. 이 장면을 핸드폰 동영상으로 찍었습니다. 병원이 발칵 뒤집혔습니다. 모든 면역체계가 사라지고 근육과 살이 없어 물 한 방울도 못 넘기는 아이가 말을 한 것입니다."

4) 찬양 "생명과 바꾼 주의 사랑"의 탄생
이 비디오 배경의 음악이 "생명과 바꾼 주의 사랑"입니다. 장종택 목사가 이 찬양을 가장 좋아한다고 합니다. 이때 지은 찬양입니다.

"병원이 뭘 할지 몰랐습니다. 다들 어떻게 할지 몰라 마사지만 했습니다. 8일 후에 대낮에 딸이 신발을 신겠다고 했습니다. 병실에서 딸이 웃으며 걸어 나왔습니다." 유튜브에 생생한 모습이 있습니다. "기적!", "기적!"을 외치며 노아가 같이 걸었습니다. 그 광경을 보고 간호사들이 모두 울었습니다. 한 의사분이 주님이 하셨다고 고백했습니다.

5) 노아가 혼수상태에서 만난 예수님

딸이 "예수님" 하면서 깨어났기 때문에, 딸이 사경을 헤매고 있을 때 어디에 있었는지가 궁금했습니다. 조심스럽게 딸에게 "너 아플 때 어디 있었니?" 물으니 아픈 기억 때문에 대성통곡을 하였습니다. 저는 무릎을 꿇으며 미안하다고 빌었습니다. 다시

새롭게 하소서

는 안 물어보겠다고 빌었습니다. 크면 스스로 말할 때 듣자고 아내와 이야기했습니다.

그런 후 금년에 엄마가 딸들과 이야기하고 있는데, 셋째 딸이 엄마에게 '하나님 음성 들어봤어?' 하고 물으니, 엄마가 '성경 읽을 때 하나님이 말씀

하시지.' 라고 하니, '아니 그거 말고 지금 말하는 것처럼 들어 봤냐구요!'

그때 둘째가 옆에서 그 이야기를 듣고 '하나님 음성은 크고 굵어~' 라고 대답한 것입니다. 엄마가 '뭐라고 했는데'라고 물으니, '내가 울고 있는데, 온유야 내가 너 살려줄게' 하고 말씀하셨다는 것입니다."

지금까지는 장종택 목사의 고백을 간추려서 옮긴 것입니다.

사실 장종택 목사는 딸 중보기도요청으로 더 알려졌습니다. 하나님은 고난 속에 고난을 주면서 하나님의 더 큰 계획을 가지고 있었습니다. 노아의 일이 이렇게 전화위복이 되고 장종택 목사가 찬양 집회 할 때마다 큰 간증이 될 줄 누가 알았겠습니까? 참 주님의 계획은 알 수가 없습니다. 장종택 목사의 일을 통해 끝까지 주님을 신뢰하는 것이 더 중요한 것임을 깨닫습니다.

6) 찬양 "다윗처럼"은 그의 신앙 고백

"다윗처럼" 옷이 내려가는 줄 모르고 춤을 추고 싶은 것이 장종택 목사가 아닐까 생각합니다. "다윗처럼, 다윗처럼 아무것에 구애받지 않고 성령님 주신 자유함으로 노래 부를 거야~"

은혜가 너무 크면 정말 아무것에도 구애받지 않게 됩니다. 그런데 신기한 것은 그 은혜는 평안함이 아니라는 것입니다. 어려움 속에 하나님의 함께 하심이라는 것입니다. 어려움 속에 기도하게 하고 회개하고 하나님의 기적을 맛보며 하나님 없이 살 수 없는 자신을 경험하는 삶일 것입니다.

"원하고 바라고 기도합니다."
민호기 목사

𝄞

방송 원고

수신: 위경환 목사님(순천금당남부교회)
발신: 유영주 아나운서(전남CBS 061-902-1000, 010-2305-2328)
프로그램: 가스펠 산책
진행자: 유영주 아나운서/전남CBS
방송일시: 8월 21일(수), 오후 12시 15분~13시
    (FM 102.1 or 순천 89.5 MHz)

[찬양톡톡 코드]

유영주 ANN : '토크가 있는 찬양'
목사님 : '찬양과 관련된 모든 이야기를 하는 시간!'
함께 : 찬양 톡톡 시간입니다!

목사님 : 안녕하세요. 주님을 몹시 사랑하여 찬양하는 사람들을 소개하는
    것을 행복해하는 위경환 목사입니다.^^

유영주 ANN : 목사님 이 시간에는 서로 좋아하는 찬송 하나씩 부르는 것은
    어때요.

목사님 : 좋죠. 안 웃자고 약속하면 부르지요. 레이디 퍼스트 ㅎㅎㅎ

유영주 ANN : 목사님! ㅎㅎㅎ
　　　　　　목사님께서 본을 보이셔야죠…….

목사님 : 주여 저들의 죄를 용서하여 주소서, 십자가를 목사가 먼저 지는 본을 보여야 겠죠. (기타치며) "이 세상을 살아가는 동안에 나의 힘을 의지할 수 없으니 기도하고 낙심하지 말 것은 주께서 참 소망이 되심이라 하나님의 꿈이 나의 비전이 되고 예수님의 성품이 나의 인격이 되고 성령님의 권능이 나의 능력이 되길 원하고 바라고 기도합니다."
저는 요즘 민호기 목사님의 '원하고 바라고 기도합니다.' 가 참 좋습니다.
제가 너무 못 불렀죠…. 그래서 음반으로 준비했어요. '원하고 바라고 기도합니다.' 듣고 오시죠

------ (음반 :원하고 바라고 기도합니다.)-------

유영주 ANN : 정말 좋은 찬양이네요. 우리가 정말 원하는 것은 예수님 닮아가는 것이 되어야겠죠.

목사님 : 네 맞습니다. 이제 유영주 아나운서 찬양을 들을 차례입니다. 제가 방송하면서 잠깐잠깐 들었는데 정말 수준급이었어요. 오늘 기대합니다.

유영주 ANN : '하늘소망' 부를 께요.

목사님 : 역시 은혜가 충만합니다. 왜 이 찬양을 좋아하세요?
------ (생략)-------

유영주 ANN : 민호기 목사님을 간략하게 소개 부탁합니다.

목사님 : CCM 가수 '소망의 바다'의 멤버로 잘 알려진 민호기 목사는 작·편
곡가, 음악 프로듀서, 교수, 칼럼니스트, 캠프 전문 강사 등 음악 사
역의 전 방위에서 헌신하며 한국을 대표하는 사역자의 한 사람으
로 손꼽히고 있습니다.

　　그가 만든 '하늘소망', '십자가의 전달자', '그댄 다시 시작할 수 있
어요', '보좌 앞으로', '난 여호와로', '더욱 사랑' 등의 노래들은 뛰
어난 음악성과 깊은 묵상으로 많은 이들에게 감동을 주었고, 근
래에는 말씀에 대한 통찰력과 세상을 향한 강력한 메시지를 선포
하는 설교자로도 주목받고 있습니다. '세상을 향한 착한 노래'를
통한 크로스오버 음반의 발매와 <작은 예배자>, <오래된 영원, 찬
송가>, <예수전> 세 권의 책을 저술하였으며, '신학'과 '음악'의 양
날 선 검으로 무장한 그는 다윗의 심장을 가진 예배인도자로 불

Profile | 민호기 프로필입니다.

"사람을 얘기하고, 사랑을 노래하며, 일상에서 영원까지
　　　　그 분을 알고 그 분을 닮고 그 분을 전하기 원합니다."

Profile
. 아름다운 전수현의 남편
. 사랑스런 지음知音, 이음理흠의 아빠
. 멋진 민충남, 박정숙의 아들
. CCM 듀오 '소망의 바다' 멤버
. 찬미워십 대표 & 찬미 목요찬양예배인도자
. 대신대학교 교회실용음악과 주임교수
. 고신대학교 기독교 교육과, 교회음악과 초빙교수
. 대구 나눔과 섬김의 교회 목사
. 가야대학, 가정복지회 음악 홍보대사

학력&경력
. 영남대 철학과 졸
. 총신대 신학대학원 졸(M.Div)
. 한국 컨티넨탈 싱어즈 사역
. 제 1회 COMLOOK 주최 전국 CCM 대회 입상
. 세계적인 베이시스트 [아브라함 라보리엘]
　내한공연 리드보컬
. CCM 문화 칼럼니스트
　(복음과 상황, 문화매거진 오늘 인뜨니스 음반리뷰)
. CCM 작편곡가 & 음반 프로듀서
　(하늘소망 작사작곡 / '예배합니다' 번역 등,
　PK, 한스밴드, 송정미, 김명식, 김도현, 강찬,
　남궁송옥, 예이렌, 유헌, 예수원가는길 등)

려지고 있습니다. 주님 앞에서 작은 예배자가 되려 하는 그의 삶은 하나님을 예배하는 자리에서 가장 빛이 납니다.

유영주 ANN : 정말 많은 일을 하고 계시네요. 찬미워십대표 라고 들었는데 어떤 단체인가요?

목사님 : "찬미워십"이라고 매주 목요일에 드리는 소망의 바다의 민호기 목사의 인도로 매주 목요일 저녁 7시 대구중부교회(밀리오레 옆)에서 열립니다. 문화선교 찬미의 목요찬양예배는 중, 고등학생에서 청년 대학생들을 포괄하는 젊은이들을 주 대상으로 삼으나, 장년층에게도 거부감이 없이 모든 세대를 아우르는 '동시대적 예배(Contemporary Worship)'를 지향합니다.

영상과 드라마, 콘서트, 워십 댄스, CCD 등의 다양한 매체를 접목한 문화적 도전이 있고 시대와 공명하는 '젊은 예배'로 드립니다.

유영주 ANN : 민호기 목사님의 '난 여호와로'를 듣고 계속합니다.

음악큐: 난 여호와로

목사님 : 2011년에 원인을 알 수 없는 질병으로 1년간 누워있었다고 합니다. 그때 작사 작곡한 것인데 하박국의 고백을 그대로 찬양으로 만들었습니다.
그때 그 고백을 했다고 해요. 그동안 아프기 전에는 메니저를 두고 큰 교회만을 찬양하고 있었는데 "이제부터는 조건을 따지지 않고 부르시면 어디든지 가서 찬양하겠습니다. 그래서 사례비가 없어도 찬양을 하러 가기로 결단했다고

합니다." 강원도 탄광촌에 초대받은 적이 있는데 차가 미끄러지는 가운데 간신히 그곳에 도착했는데 동네 이장님이 방송까지 해줘서 동네 어르신까지 다 모여서 찬양도 하고 노래방 기계 갖다 놓고, 가요·뽕짝까지 부르며 불신자들과 즐거워했던 것이 가장 기억에 남는다고 하더군요. 민호기 목사님의 지론이 찬양 뿐만 아니라 모든 노래로 주님을 높이고 싶으시다고 합니다.

유영주 ANN : 조건 없이 어디든 가는 것으로 민호기 목사님이 유명하신데요. 2011년, 주일마다 유치원 교실을 빌려 예배드리는 대전의 한 개척교회에서 7명의 성도와 함께 마이크도 없이 2시간 동안 찬양하고 2012년 여름, 몇 해 동안 목사님이 안 계신 채 총각 전도사님이 지키고 있던 군산 인근의 시골 어촌 교회에서 연로하신 어르신들과 찬양예배를 드리고 축도를 하니 권사님들이 눈물을 쏟으시면서 "5년 만에 축도를 받으셨다고"… 하는 이야기를 하시던데 목사님께서 이런 모습에 대해 어떻게 생각하세요.

목사님 : 저도 그 부분에서 많이 생각하게 되었는데요. 사실 찬양사역자나 목사는 선지자적인 면이 있어야 한다고 생각합니다. 부르시는 곳이면 재정에 상관없이 가야 한다고 생각합니다. 최인혁 사역자님과 그런 이야기를 나눈 적이 있었는데 모 방송국 재정이 3,000억이 넘는데 출연진들에게 한 푼도 안 준다고 안타까워하더군요. 사실 성경에도 마땅히 수고한 삯을 받으라고 이야기합니다. 맞습니다.

그러나 또 한 가지가 있어야 하는데 대한민국의 교회 중 100명 이하의 교회가 전체 교회의 97%라고 합니다. 그런 교회들은 유명부흥 강사, 유명 CCM가수들을 모시고 싶어도 못 모시죠. 그래서 작은 교회들을 위해서 CCM, 복음성가 1세대들의 열정이 다시 살아나야 한다고 생각합니다.

그래서 선지자적인 접근이 필요하지 않나 생각합니다. 쓰임 받는 것만으로도 기뻐하는 사역자들 말입니다. 하나님께서 채워주실 것을 믿고 뛰는 사역자들. 그런 민호기 목사님을 보면서 저도 참 부끄러웠습니다. 저는 찾아다니지는 못 하거든요.

유영주 ANN : 목사님의 삶에 대해서 이야기 듣고 싶은데요. 지금의 민호기 목사가 있기까지 목사님의 삶은 어떠하셨나요?

목사님 : 모태신자로 태어나, 부모님의 서원으로 목사가 되기 위한 강도 높은 신앙훈련을 받으며 자라났으나, 사춘기 시절 방황하다 철학과 1학년이던 스무 살에 하나님을 인격적으로 영접하고 헌신하게 되었다…는 뻔하고도 전형적인 스토리입니다. ^^ 그러나 중년에 접어들어 돌이켜보니 그 시절의 뻔한 스토리로 인도하신 것은 현재의 튼튼한 믿음의 토양으로 다져져 있음에 감사하게 되었습니다. "어릴 때부터 음악을 듣고 책을 읽을 때 가장 행복했어요. 그렇게 하나하나 모으다 보니 어느새 음반은 10,000장이 넘어갔고, 책도 얼마 전에 5,000권을 돌파했습니다. 제가 꿈꾸던 음악 감상실 같은 도서관이 완성되어가고 있습니다." 라고 좋아 했습니다.

유영주 ANN : 민호기 목사님께서 영남대학교 철학과를 졸업하셨다고 하셨는데, 그렇다면 찬양사역은 어떤 계기로 시작하시게 되었나요?

목사님 : 스무 살에 찬미워십(당시엔 찬미선교단)에 단원으로 들어가 훈련을 받았습니다. 그 후 전국 CCM 대회 입상, 컨티넨탈싱어즈 사역 등을 경험하고, 평생의 동역자 전영훈 목사를 만나 '소망의 바다'를 결성하며 정식 데뷔를 했습니다. 동아리 활동처럼 가벼운 마음으로 시작한 찬양사역이 어느 순간 평생의 부르심이 되었다고 합니다. 사도 바울처럼 뭔가 드라마틱하고 즉각적인 부르심은 없었지만, 점진적인 부르심으로 자기를 조금씩 하나님의 도구로 다듬

어 왔다고 합니다.

유영주 ANN : 마지막 곡 하나 추천해 주시죠?

목사님 : 개인적으로 가장 아끼는 노래는 소망의 바다 3집에 수록된 <영원>
이라고 합니다. '훗날 제 묘비명에 들어갈 글을 미리 쓴다'면 하는
마음으로 만들었다고 합니다. 자기의 삶과 생애를 함축하는 노래
라고 합니다.

> "한 사람이 모든 사람일진대,
> 천하보다 귀한 한 생명을 위한 기꺼운 삶.
> 사람을 얘기하고
> 사랑을 노래하며
> 그렇게 영원에 잇대어 가리.
> 그렇게 영원을 앞서 살으리."

유영주 ANN : '영원' 듣고 오늘은 마무리합니다.
다같이 : 감사합니다.

민호기 다큐

셀 리더십으로 살아나는 교회

출판사 : NCD

지은이 : 한소망교회 사역팀

한국교회의 정체 현상을 극복하기 위해 구역, 목장(셀)이 회복하는 구체적인 방법과 정신을 제시한 책입니다. 초대교회의 교회 모습을 다루었으며, 교회의 본질을 회복을 다룬 책입니다.

성장하는 10교회 중고등부 수련회 전략

출판사 : 기독신문사

지은이 : 위경환 외 9명

중고등부 수련회는 청소년 교육의 일 년 농사라 할 정도로 중요한 행사입니다. 10개교회의 중고등부수련회를 통해 청소년 목회와 비전을 나눈 책입니다. 그리고 수련회의 구체적인 프로그램들을 제공하고 있습니다.

가족모임지침서

출판사 : 리더십코리아

지은이 : 위경환

구역, 모임을 성경에서 가정에서 모였습니다. 그리고 교우들은 서로 가족이었습니다. 그래서 교회 모임을 가족모임으로 모이는 방법과 프로그램을 제시한 책입니다.

하나님의 나라(제자훈련 교재)

출판사 : 리더십코리아

지은이 : 위경환

예수님은 하나님 나라가 가까이 왔다고 선포하며 사역을 하셨습니다. 제자훈련은 하나님 나라를 이루는 사역자를 만드는 것입니다. 하나님 나라를 전하기 위한 제자 양육을 위한 제자 훈련 교재입니다.

새가족 매뉴얼

출판사 : 교회 성장소

지은이 : 위경환

새가족 97% 정착한 노하우를 다룬 책입니다.

새가족 프로그램, 새가족 예배, 새가족 섬김이에 대한 자세한 내용을 다루었습니다.

청년리더쉽 스타트

출판사 : 꿈꾸는 제자
지은이 : 위경환
청년 리더교육과 제자 훈련을 위한 교제입니다.
청년 현실과 청년 리더의 활동, 청년 소그룹 인도법과 청년 활동들을 구체
적으로 다룬 책입니다.

청소년 부흥의 광맥을 뚫어라

출판사 : 기독신문사
지은이 : 조성의, 위경환 공저
청소년 부흥을 일으키고 있는 교회들과 구체적인 방법 소개

관계끝

출판사 : NCD
지은이 : 위경환
청소년 · 청년 소그룹을 위한 아이스브레이크 모음집
소그룹 시작 모임에서 파송 모임까지 구체적으로

본 어겐

출판사 : 꿈꾸는 제자
지은이 : 위경환
구원과 구원이 후의 삶에 대해 훈련하고 예배, 소그룹, 큐티, 성도와의 교
제를 다루고 있는 책

그 외 저서들)
예수님의 열두 제자 비전 공저(서로사랑)
치유수양회 공저(서로사랑)
미래세대를 위한 준비 공저(실용목회원)
청소년 아이스브레이크모음집 관계끝(NCD)
내적치유매뉴얼 (집필중)
행복한 사람(집필중)
CTS와 함께하는 탈무드스토리(집필중)